동아시아 고유한자와 사전편찬

사전학총서 2

동아시아 고유한자와 사전편찬

동양학연구원 편

단국대학교출판부

간 행 사

동양학연구원은 한국문화를 기축으로 한 동아시아의 인문학 연구를 목적으로 1970년 가을 설립되었으며, 2011년 교책연구원으로 승격하였다. 동양학연구원에서는 설립 목적을 수행하기 위해 여러 가지 일을 추진하여 왔다. 동양학학술회의(東洋學學術會議)의 연차적 개최, 전문학술지 『동양학(東洋學)』의 정기적 간행, 귀중 자료를 집성한 『동양학총서(東洋學叢書)』의 간행 등이 그 주요 사업이었다. 그러나 무엇보다 가장 역점을 두어 추진한 사업은 『한한대사전(漢韓大辭典)』 편찬이었다.

이 사업은 1977년 동양학연구원에 한한대사전편찬실을 신설하고 그 이듬해부터 본격적으로 시작되어, 30여 년간의 공력을 기울인 끝에 2008년 9월 전 16권이 완간됨으로써 그 결실을 보았다. 같은 한자문화권에 속해 있으면서도 중국이나 일본에 필적할 만한 대형 한자사전을 갖고 있지 못하였던 우리로서 『한한대사전』이 완간됨으로써 문화적으로나 학문적으로 다른 나라와 어깨를 나란히 할 수 있게 된 것이다.

동양학연구원에서는 그간 사전편찬 작업을 진행해오면서 이에 대한 지식과 정보를 공유하고 학계에 의견을 묻고 수렴하기 위하여 여러 노력을 기울여 왔다. 『동양학간보』의 발간과 〈사전학학술회의〉의 개최는 바로 그러한 노력의 일환이었다. 특히 사전학학술회의는 한자사전 편찬과 관련한 특정 주제를 설정하여 집중적으로 검토하는 기회로 삼았다. 그동안 개최되었던 사전학학술회의의 공동 주제는 다음과 같다.

제1회 "동아시아 사전의 역사와 미래"(2008. 12. 17)
제2회 "동아시아 한자사전의 현황과 과제"(2011. 2. 18)
제3회 "동아시아 고유한자의 국제표준화와 사전편찬"(2012. 2. 10)
제4회 "동아시아 한자사전의 웹정보화 현황과 미래"(2013. 2. 1)
제5회 "한국학 사전 편찬의 회고와 전망"(2014. 2. 7)

이러한 과정을 통하여 축적된 사전 편찬에 대한 지식과 연구 성과는 사전학의 기초를 다지는 밑거름이 될 것이다. 지난해에 간행을 시작한 사전학총서(辭典學叢書)도 그 같은 노력의 산물이다. 여기에는 그동안 『동양학간보』와 동양학연구원 주최 사전학학술회의에서 발표되거나 『동양학』지에 실렸던 글들이 주제에 맞게 집성되었다. 이번에 발간하는 사전학총서 2집도 그 같은 내용을 담고 있다.

이번 총서의 주 내용은 동아시아 각국의 고유한자에 대한 분석과 우리나라 한자사전의 편찬과정에서 나타나는 실제적인 문제 몇 가지에 대한 고찰이다. 이를 계기로 숱한 공력을 요하는 사전 편찬 작업에 대한 정보교류가 일부나마 이루어지고 새롭게 출발하는 사전학 분야의 연구도 활성화되기를 기대한다. 끝으로 사전학총서 제2집에 옥고(玉稿)를 수록하도록 허락해 주신 필자 분들께 감사의 말씀을 드린다.

2014년 2월

단국대학교 동양학연구원장 서영수

머 리 말

단국대학교 동양학연구원은 1977년 한한대사전편찬실을 설치하여 사전 편찬작업을 시작한 이래, 1996년에 총 4권으로 『한국한자어사전』을 완간하였고 2008년 9월에는 총 16권으로 『漢韓大辭典』을 완간하여 동아시아 한자문화권의 한자 사전 편찬 연구에 매우 큰 기여를 하였다. 2009년부터는 『한국한자어사전』과 『漢韓大辭典』을 통합하는 편찬 작업을 진행하여 『漢韓大辭典』을 명실상부한 세계 최고의 한자 사전으로 탄생시키는 작업을 진행하여 오고 있다.

한편, 단국대학교 동양학연구원은 사전 편찬의 기본 방향을 정립하고, 사전 편찬에 대한 지식과 정보를 공유하기 위해 1984년 12월부터 2004년 12월에 이르기까지 『동양학간보』를 15차례 간행하여 왔다. 이러한 『동양학간보』 발행의 취지를 발전시키고 동양학연구원의 사전편찬실을 사전학의 세계적 메카로 육성하기 위하여 2008년부터는 매년 사전학술회의를 개최하여 2014년에 2월에는 제5회 사전학학술회의를 개최하였다.

이 사전학학술회의는 세계의 사전학 연구자들과 폭넓은 네트워크를 구축하여 사전 편찬에 대한 연구 역량을 강화하는 것을 목표로 기획된 것이다. 더 나아가서 이 학술회의에 발표된 논문들과 『동양학간보』에 실린 논문들을 일정한 주제로 엮어서 사전학총서를 간행하는 목적도 가지고 있다. 이러한 기획에 따라 2013년에는 사전학총서 제1집 “동아시아 한자사전과 한한대사전”을 간행하였으며 금년에는 사전학총서 제2집 “동아시아 고유한자와 사전 편찬”을 간행하게 되었다.

사전학총서 제2집 “동아시아 고유한자와 사전 편찬”은 동양학연구원 주최 제1회와 제3회 사전학학술회의에서 발표되고, 『동양학』지에 실렸던 4편의 논문을 ‘동아시아 고유한자’란 주제의 제1부로 묶었고, 『동양학간보』에 실렸던 10편의 논문을 5편의 글로 ‘한국 한자사전 편찬의 실례’란 주제의 제2부로 묶은 것이다.

제1부에 실린 이건식의 「한국 고유한자 字形 構成 方法 연구 二題 -기존연구의 비판적 검토와 形聲으로 만들어진 한국 고유한자의 몇 가지 사례」는 2012년 『동양학』 52집에 게재되었던 논문이다. 이 논문은 한국 고유한자 자형에 대하여 두 가지 문제를 고찰하고 있다. 하나는 명백한 근거를 가지고 한국 고유한자를 규정할 필요성에 대해 논의하고 있다. 중국 자서나 운서에 수록되지 않았다는 점만으로 한국 고유한자로 규정하는 것은 오류의 가능성이 있음을 강조하여 한국 고유한자가 함유한 자형 형성의 고유성을 객관적으로 입증할 필요성이 있음을 제기하였다. 그리고 자형 형성의 고유성을 밝히게 되면, 한국 고유한자에 투영된 우리말 어형을 복원할 수 있음을 강조하였다.

다른 하나는 형성에 의해 구성된 한국 고유한자의 새로운 사례를 확인한 것이다. 기존의 논의를 활용하여 한국 고유한자 ‘⿰衤飛, ⿰糸飛, 襨’ 등이 형성에 의한 것임을 확인하였으며, 한국 고유한자 稤가 형성에 의해 구성된 것임을 새로이 밝혔다. 특히 稤의 경우에는 우선 稤가 가지는 세 가지 의미 즉 ‘정부, 곡식, 창고’ 등에서 ‘곡식’이 기원적인 의미이며, 문맥적 환경에 의해 ‘곡식’의 의미에 ‘정부, 창고' 등의 의미가 첨가된 것으로 설명하였다.

제1부에 실린 笹原宏之의 「日本製 漢字의 變遷과 形成方法」은 2012년 『동양학』 52집에 게재되었던 논문이다. 이 논문은 日本製 漢字의 실태를 해명하고 배경을 파악하는 연구를 발전시키기 위하여 日本製 漢字의 발생사를 밝힌 것이다.

이 논문은 日本製 漢字가 奈良時代 이전부터 발생하고 시대의 변화에 부응하면서 만들어졌음을 강조하고 있다. 그리고 日本製 漢字를 造字法 관점에서 會議文字가 많음을 지적하고 있다. 또한 日本製 漢字는 일본어와 외래어를 표기하려는 목적에서 발생한 것으로 파악하였다.

제1부에 실린 吳英喆의 「거란 대·소사의 유형 및 연구현황」은 2012년 『동양학』 52집에 게재되었던 논문이다. 이 논문은 거란 대·소자에 대하여 자료의 발굴 현황과 연구의 역사를 간략히 소개하였으며, 최근 연구의 동향을 간명하게 정리·소개하고 있다.

이 논문은 지난 90년 동안 거란문의 원시 자료가 지속적으로 발굴되었으며, 중국, 일본, 호주, 미국, 네덜란드, 한국, 러시아 등의 학자들이 역사학, 언어학, 문자학 등 다방면에서 연구하고 있음을 말하였다. 그리하여 최근 90년간의 연구를 통하여 거란 소자 200여 자의 原字, 1,300여 개의 어휘, 수십 종의 부가 성분 및 몇 백 개에 달하는 문장의 기본 의미를 해독하였음을 설명하고 있다. 거란 대자의 경우에는 200여 자가 해독되었으며, 일부 문장 및 부가 성분이 해독되었음을 말하고 있다.

제1부에 실린 정우봉의 「유니코드 한자 정보 및 異體字 사전의 편찬과 그 의미」는 2009년 『동양학』 46집에 게재되었던 논문이다. 이 논문은 유니코드의 국제적 활용을 위해 유니코드 한자 75,753자

전체에 대한 한자 정보와 이체자 정보가 필요함을 역설하였다.

이 논문은 유니코드 한자 75,753자 전체에 대해 기초 정보와 한자 자음 및 자의 정보를 제공하고, 가능한 범위 내에서 중국어 병음과 일본어 자음을 제공할 필요가 있음을 강조하였다. 그리고 유니코드 내에 수록된 한자를 대상으로 하여, 正字・異體字・略字・簡體字로 구분하여 이체자 관계를 설정하여 제공하는 것이 필요함을 강조하였다.

제2부에 실린 이강로의 「사전편찬에 있어서의 한문해석의 중요성 -임자말과 풀이말의 관계에서-」는 1987년 『東洋學簡報』 7집에 게재되었던 논문이다. 이 논문은 이중언어 사전으로서의 성격을 가지는 『한한대사전』을 편찬할 때에 원문이 되는 한문의 정확한 해석이 중요한 문제임을 설명하였다.

이 논문은 한문의 정확한 해석 방법의 하나로 임자말과 풀이말의 관계를 정확하게 파악하는 방법에 대해 논의하였다. 한문의 임자말과 풀이말의 관계를 정확하게 파악하기 위해서 이 논문은 첫째로 자료의 성격을 파악하여 임자말과 풀이말의 관계를 파악해야 하며 둘째로 한문의 짜임새는 그 핵심이 통어론적 짜임새에 있는 사실을 중시해야 함을 강조하고 있다.

제2부에 실린 이충구의 「漢字의 音讀과 國語 註釋」은 2001년 『東洋學簡報』 12집에 게재되었던 논문이다. 이 논문은 제경전 등을 비롯하여 한문을 독해할 때, 한자의 의미에 따라 한국음이 차이 나지 않는 경우, 그 의미를 보다 세밀하게 살필 것을 강조하였다.

이 논문은 한자에서 一字多音인 경우 성조에 의해 변별되는 것이 많은데 임진왜란 이후 성조가 폐기되어 중국음의 一字異音으로 변별되는 음이 한국음으로는 1음으로 통합된 모습을 보이게 된 결과, 한국음은 차별이 안 되어 중국음보다 듣고 인지하는 데에 불리함을 강조하고 있다.

제2부에 실린 김동길의 「歪字音考」는 1985년 『東洋學簡報』 2집에 게재되었던 논문이다. 이 논문은 '의, 외, 왜' 등의 세 음으로 쓰이는 歪의 표준 현실음을 '외'로 할 것을 주장하였다.

이 논문은 歪의 표준 현실음을 '외'로 설정하기 위하여 중국과 한국의 문헌을 두루 조사하여 주장의 논거로 삼았다. 그리고 歪의 음을 '왜'로 설정한 鄭在道의 논거를 비판하였다. 비판의 논거로 첫째로 半切에 의한 초성의 추정에 한하여서는 탈락현상의 이론이 적용되는 글자는 없다는 사실, 둘째로 『三韻聲彙』는 我音과 正音으로 『奎章全韻』은 華音과 東音으로 각각 갈라서 그 音을 달았는데, 我音과 東音은 수용하여 정착한 우리의 音을 뜻하는 사실을 들었다.

제2부에 실린 박성훈의 「單位語의 쓰임에 대하여 -묶음이나 덩이, 낱개, 거리, 넓이, 용량, 무게, 짝이나 벌, 기타-」는 1986년 『東洋學簡報』 5집, 1987년 6집, 1987년 7집, 1988년 8집, 1989년 9집, 1990년 10집에 게재된 글을 하나로 묶은 것이다. 이 논문은 우리의 문헌을 대상으로 '묶음이나 덩이'를 표시하는 단위어 32개, '낱개'를 표시하는 단위어 53개, '거리'를 표시하는 단위어 15개, '넓이'를 표시하는 단위어 10개, '용량'을 표시하는 단위어 68개, '무게'를 표시하는 단위어 33개, '짝이나 벌'을 표시하는 단위어 20개, 기타의 단위어 14개 등 모두 245개의 단위어를 발굴하고 그 의미를 풀이하였다.

이 논문에서 발굴한 245개의 단위어는 한어에서 온 것도 있지만 우리말을 차자 표기한 것도 있어 우리말 분류사의 목록을 확장하는 데에 큰 도움이 될 것이다. 또한 美利久覽과 先知久覽은 mg과 cg

를 표기한 것인데, 이러한 음차 표기가 『증보문헌비고』에 사용되었음을 보고한 것은 우리의 차용어 연구에 귀중한 업적이 된다.

제2부에 실린 박성훈의 「단위어 箇자에 대하여」는 2001년 『東洋學簡報』 12집에 게재되었던 논문이다. 이 논문은 단위어 箇의 용법을 고찰하였다.

이 논문은 단위어 箇가 『노걸대언해』와 『박통사언해』에서 기존의 사전에서 말한 바와 같이 60가지의 구별되는 용법을 보여 주고 있음을 설명하였고, 우리 나라 문헌에서 사용된 29가지 용법을 소개하였다. 그리고 추가적으로 『노걸대언해』와 『박통사언해』에서 단위어 箇가 특별하게 사용된 용법을 설명하였다.

이상으로 사전학총서 2집에 실린 9편의 논문을 개관해 보았다. 이 책에 실린 글들을 통하여 한자문화권에 속한 동아시아 각국 고유 한자의 생성과 발전에 대한 이해가 증진되었으면 한다. 더불어 한국 한자사전의 편찬과정에서 나타날 수밖에 없는 번역이나 고유음에 대한 문제점들을 점검해 볼 수 있는 계기가 되었으면 한다.

끝으로 사전학총서 2집에 귀한 글을 게재하도록 허락해 주신 필자 분들께 감사의 뜻을 전한다. 아울러 교내외의 어려운 여건 속에서도 『한한대사전』의 편찬과 사전학총서를 간행할 수 있도록 지원을 아끼지 않으신 張忠植 단국대학교 이사장님과 張湜星 총장님 이하 학교 당국에 심심한 감사의 말씀을 올린다. 또한 난해한 내용의 책을 보기 좋도록 일목요연하게 만들어주신 단국대학교 출판부 관계자 여러분에게도 고마운 마음을 전한다.

2014년 2월 25일

단국대학교 동양학연구원 편찬실장 이건식

동아시아 고유한자와 사전편찬

제1부

동아시아 고유한자

한국 고유한자 字形 構成 方法 연구 二題

-기존 연구의 비판적 검토와 形聲으로 만들어진 한국 고유한자의 몇 가지 사례-

이 건 식*

Ⅰ. 서 언

中國 字書나 韻書에 수록되지 않았다는 점만으로 어떤 한자를 한국 고유한자로 규정하는 것은 오류의 가능성을 내포하고 있다. 한국 고유한자로 규정된 것이 중국의 失傳된 한자일 가능성이 있기 때문이다. 따라서 한자인 것을 한국 고유한자로 오해하는 것을 방지하기 위해서 한국 고유한자의 자형 구성 방법이 가진 고유성을 입증하는 일이 필요하다. 이러한 일은 한국 고유한자에 투영된 우리말 어형을 복원하는 일이 되기도 한다. 이러한 연구의 일환으로 이 글에서는 한국 고유한자의 자형 구성 방법에 대한 기존의 연구 성과를 비판적으로 검토하고, 형성의 방법으로 만들어진 한국 고유한자의 몇 가지 사례에 대해 논의하고자 한다.

* 단국대학교 교수 / leeksl@dankook.ac.kr

한국 고유한자에 대한 그 동안의 연구[1]로 한국 고유한자의 목록에 포함된 글자수는 비약적으로 증가하였다. 특히 김종훈(1992)과 한국한자어사전(1997)의 연구로 한국 고유한자의 목록이 비약적으로 확대되었다. 그러나 이 연구들은 한국 고유한자에 대한 고유 의미를 풀이하고, 한국 고유한자를 國字, 國義字, 國音字 정도로 분류하는 것에만 주력하였다.[2] 이들의 연구는 한국 고유한자 판정의 객관적 기준을 가지고 있지 않아서 한국 고유한자로 규정된 일부는 후속 연구에 의해 한국 고유한자가 아닌 것으로 판정되는 경우가 발생하게 되었다. 특히 한국한자어사전(1997)에서 기존에 한국 고유한자로 취급하던 것들의 상당수가 고유한자가 아닌 것으로 재규정되었다.

한편 鮎貝房之進(1931)은 한국 고유한자의 목록을 확대하면서도 한국 고유한자의 자형 구성 방업에 관심을 기울여 合字, 象形,

1) 한국 고유한자에 대한 전통적인 연구에서 鄭東愈(1744~1808)가 『晝永編』에서 "俗用雜字, 兩字合爲一(字)"라 하여 한국 고유한자 43자, 李圭景(1788~1856)이 『五洲衍文長箋散稿』 東國土俗字辨證說에서 한국 고유한자 98자, 池錫永이 『字典釋要』(1909)에서 '(朝)鮮(字)'라 하여 한국 고유한자 56자, 朝鮮光文會가 편찬한 『新字典』(1915)에서 朝鮮俗字라 하여 한국 고유한자 106자에 대하여 그 의미를 풀이하였다. 한편 20세기 들어와서 근대적인 연구에서 鮎貝房之進의 『俗字考』(1931)에 이르러서는 한국 고유한자에 해당하는 俗字와 俗訓字의 목록이 184자로 확대되었다. 홍기문(1957)의 연구에 이어서 김종훈(1992)에서 國字 136자, 國音字 45자, 國義字 115자 등 모두 600자, 한국한자어사전(1997)에서 國字 199자, 國義 401자 모두 600자가 연구되었다. 하영삼(1999)의 연구가 있었으나 한국한자어사전(1997)의 논의를 크게 벗어나는 것은 아니었다. 최동언(2000)은 '조선식 한자'라 하여 198자에 대해 논의하고 있다.

2) 물론 박성종(2005)의 경우는 한국 고유한자를 한자 표기와 차자 표기를 통합한 일원적인 관점에서 파악해야 한다는 주장을 발전시켜 한국 고유한자를 國造字, 國義字, 國變字 등으로 분류하여 파악해야 된다는 발전적인 주장을 내어 놓았다.

諧聲, 會意, 會意 겸 諧聲, 假借 造字 등으로 한국 고유 한자의 자형 구성 유형을 규정하고자 하였다. 남풍현(1989: 109)은 한자 표기와 차자 표기가 구별되는 체계이나 오늘날 차자 표기가 사라진 점을 감안하여 차자 표기 영역에 속하는 한국 고유한자도 한자 표기의 관점에서 파악할 수밖에 없다는 점을 지적하면서, 한국 고유한자 畓을 포함하여 太, 矣 등이 合字에 의한 것임을 밝혔다.

鮎貝房之進(1931)과 남풍현(1989: 109)의 연구처럼 한국 고유한자가 가지는 고유성에 기반하여 한국 고유한자를 규정하는 일이 매우 필요하다. 따라서 이 연구에서는 한국 고유한자 자형 구성 방법에 대한 기존 연구를 비판적으로 검토하여 한국 고유한자의 자형 구성 방법에 대한 연구의 방향을 모색하고자 한다. 또한 한국 고유한자 ⿰衤飛, ⿰糸飛, 襨 등이 형성의 방식으로 만들어진 글자임을 재차 확인하고, 稤가 형성의 방식으로 만들어진 글자임을 새로이 주장하고자 한다.

Ⅱ. 한국 고유한자 자형 구성 방법에 대한 기존 논의의 비판적 검토

1. 李睟光『芝峯類說』의 文字部

李睟光의『芝峯類說』文字部에는 다음과 같이 몇 가지 한국 고유한자의 의미를 풀이하고 이들이 會意의 방식으로 구성된 글자임을 말하고 있다.

(1) a. 金時習의 『遊金鰲錄』에, 北椧寺에서 모란을 본다는 시가 있다. 상고하여 보니 椧이란 글자는 韻書에는 보이지 않는다. 지금 세속에서 나무의 속을 파서 물을 끌어오는 것을 椧이라고 한다. 즉 方言에 소위 홈[亯音]이라고 하는 것이다. 우리나라에서 만들어 쓰는 한자에는 水田을 畓이라 하고, 한 섬이 못 되는 곡식의 양을 𨑨라 하고, 묶음이 큰 땔나무를 迲이라고 한다. 모두 뜻으로 만든 것이다[意作].[3][4] 〈芝峯類說 卷七 文字部 字義〉

b. 柳公 祖訒[5]의 上疏에 말하기를, "東夷 · 西戎 · 南蠻 · 北狄이라고 한 글자에는 모두 뜻이 있습니다. 夷는 大弓, 즉 활이 크다는 뜻이고, 戎은 十戈, 즉 창이 열 개, 즉 싸움을 잘한다는 뜻이며, 蠻은 짐승[虫]이 변한 것이라는 뜻이고, 狄은 개[犭]가 화(化=火)한 것이란 뜻입니다. 倭는 人의 道를 버림[委棄] 하였다는 뜻입니다. 활이 크다[大弓]는 까닭에 우리나라 사람들은 활을 잘 쏘는 것입니다"라고 하였다. 이 말이 어디에서 나왔는지는 알 수 없다. 혹은 公이 창조한 말인가.[6] 〈芝峯類說 卷七

---

3) 『芝峯類說』, 卷七, 文字部, 字義, "金時習遊金鰲錄 有北椧寺看牡丹詩 按椧字不見於韻書 今俗以刳木引水爲椧 卽方言所謂亯音也 我國用字以水田爲畓 米穀未滿石者爲𨑨 柴束之大者爲迲 皆意作也"

4) 여기 『芝峯類說』의 번역문은 한국고전번역원(http://db.itkc.or.kr)에 제시된 것을 활용한 것임을 밝혀 둔다. 이하의 내용도 동일하다. 『日省錄』, 『靑莊館全書』 등의 번역문도 한국고전번역원(http://db.itkc.or.kr)에 제시된 것을 활용한 것임을 밝혀 둔다. 또 이하의 내용에서 제시된 『朝鮮王朝實錄』의 번역문은 국사편찬위원회의 조선왕조실록(http://sillok.history.go.kr/main/main.jsp)에 제시된 것을 활용할 것임을 밝혀 둔다. 한편 『高麗史』의 경우에는 『譯註高麗史』의 번역을 활용하였음을 밝혀 둔다.

5) 柳祖訒(1522~1599)은 조선 중기의 문신이다.

6) 『芝峯類說』, 卷七, 文字部, 字義, "柳公祖訒上疏 有曰東夷西戎南蠻北狄

文字部 字義〉

(1b)는 (1a)의 연속된 내용으로 한자 夷, 戎, 蠻, 狄, 倭 등의 의미를 회의 방식으로 설명하고 있다. 따라서 (1a)에서 말한 意作에서의 意는 會意를 말한 것이 된다. 결국 이수광은 (1a)에서 榌, 畓, 迲 등의 한국 고유한자가 會意로 만들어진 글자임을 말한 것이다.

그러나 그 논거는 제시하지 못하고 있다. 물론 畓의 경우 중국과 한국의 문헌에서 '水田'의 어휘가 쓰였고, 畓의 의미가 '水'와 '田'의 뜻을 모은 것과 일치하므로 한국 고유한자 畓이 會意의 방식으로 구성된 글자로도 파악할 수 있다. 그러나 榌과 迲의 경우에는 어떠한 점에서 會意로 구성된 글자인지 설명될 필요가 있으나 (1a)에서는 그러한 설명이 결여되어 있다.

2. 黃胤錫의『頤齋亂稿』

黃胤錫(1729~1791)의『頤齋亂稿』1780년(정조 4) 4월 25일 기사에 '大豆'를 뜻하는 한국 고유한자 太의 자형 구성 방법에 대하여 기술한 내용[7]이 있어 주목 된다.

(2) a. 豆字는 옛날 중국어이고 음은 '타'이다. 지금은 太 음으로 변해서 大豆를 太라고 한다. 또 어떤 사람은 말하기를 大

字皆有意 夷者大弓也 戎者十戈也 蠻者虫所變也 狄者犬所化也 倭者委棄人道也 以大弓故我國人善射云 未知此言出於何處 抑公創造語耶"

7) 비슷한 내용의 기술이 黃胤錫의『頤齋遺藁』卷之二十五 雜著 華音方言字義解에 실려 있다. 내용 작성일이 밝혀진『頤齋亂稿』의 내용을 활용한다.

[太]란 것은 大豆의 두 글자가 줄어든 것이다. 大[太]字의 아래 一点은 大豆의 형상이다. 一點이 大에 첨가되어 太字를 이룬 것이라고 말한다.[8] 〈頤齋亂稿, 권32, 1780년(정조 4) 4월 25일〉

b. 太는 黃豆를 속칭으로 太라 한다. 대개 黃豆는 콩 가운데에서 큰 것이므로 大字의 아래에 콩의 모양을 본 뜬 점을 붙인 것이다.[9] 〈震覽 行用吏文〉

黃胤錫은 (2a)에서 한국 고유한자 太의 자형 구성 방법에 관한 두 가지 설을 진술하고 있다. 하나는 자신의 견해이고, 다른 하나는 세속에 널리 유포된 속설이다.

太가 豆의 변화된 음을 표기한 것이라는 黃胤錫의 주장은 납득하기 어렵다. 大豆의 '大'에 대해서는 납득할 만한 설명을 하고 있지 않기 때문이다.

太의 자획에 있는 '점'획은 콩의 형상을 본뜨되 생략하여 표기한 것이라는 당시의 속설은 (2b)에서도 볼 수 있다. 그런데 이 속설은 부분적으로는 합리적으로 생각되지만 부분적으로는 합리성이 결여된 것으로 생각된다. 이에 대해 남풍현(1989: 98-99)은 太의 점이 콩을 象形한 것이라는 견해는 후대인이 부회한 속설로 파악하면서, 일본 正創院에 보존된 第二新羅文書에 나오는 大豆의 豆가 之자처럼 쓰인 것을 근거로 太는 大豆가 合字가 된 것이며 太의 점은 豆에서 온 것으로 파악하였다.

---

8) 『頤齋亂稿』 권32, 1780년(정조 4) 4월 25, "豆字 古華語 有타音 而今轉太音 故呼大豆爲太 或曰 大者 大豆二字之省也 大字下一点 大豆之形 而因以一點 並于大成太字云"

9) 『震覽』, 行用吏文, "太 太俗稱黃豆爲太 盖黃豆 豆之大者 故於大字下着一點如豆形 象以省文 ㅇ콩 大豆古無此字"

太의 자형 구성 방법에 대한 남풍현(1989)의 견해는 매우 합리적으로 판단된다. 다만 '之'의 획이 '·'으로 변형되는 과정을 보여주는 다른 전거[10]가 확보된다면 남풍현(1989)의 견해는 보다 확실해질 것이다.

3. 李德懋의『靑莊館全書』「盎葉記」

『靑莊館全書』「盎葉記」에도 한국 고유한자의 구성 방법과 관련된 언급이 있어 주목된다.

(3) 韻會[黃公紹가 지었다]에, 栿의 音은 伏인데, 들보[梁栿]이다. 하였고, 正字通[張自烈이 지었다]에, 작은 나무를 큰 나무 위에 덧붙이는 것이 栿이다고 하였고, 舊唐書 裵延齡傳에, 德宗이 연령에게 浴堂院殿(욕당은 宮禁 안에 있는 욕실)의 栿 한 개가 좀[蠹]에 상한 것 같다고 하였는데, 우리나라에서도 廳事의 대들보를 輔木이라 하니, 이 栿을 말한 것이다. 실제로는 중국에서 쓰이는 어휘를 써 오면서도 지금 사람들에게 栿자를 보이면 도리어 까마득하게 모르고 있다.[11] 〈靑莊館全書

---

10) '之' 가 '·'로 변형되는 보충적인 자료는 최근 복원이 완료된 고려 시대(11세기)「釋迦塔墨書紙片」에서 찾을 수 있다.「釋迦塔墨書紙片」의 68과 73에는 大豆와 小豆가 표기되었는데, 大와 小 아래 豆가 흘려쓴 형태로 기입되어 있다. 豆의 '一'과 'ㅁ'의 획이 흘려 써져 'ㄱ'의 형태로 기입되어 있고 'ㅛ'는 '之'의 형태로 기입되어 있다.「釋迦塔墨書紙片」은 11세기에 작성된 것으로 알려져 있다.「第二新羅文書」와「釋迦塔 墨書紙片」에 大豆가 쓰여진 형태를 비교해 보면,「第二新羅文書」의 豆는 'ㅛ' 획만을 '之' 형태로 쓴 것이어서 매우 이른 시기부터 생획의 과정을 밟았던 것으로 생각된다.

11) 『靑莊館全書』 卷之六十 盎葉記[七] 栿, "韻會 黃公紹撰 栿音伏 梁栿也 正字通 張自烈撰 以小木附大木上 爲栿 舊唐書裴延齡傳 德宗謂延齡曰

卷之六十 盎葉記 七 栿〉

이덕무는 (3)에서 우리말 輔木[보목 또는 보나무]이 한어 栿[들보]과 같은 의미를 가지고 있음을 설명하고 있다. 이덕무의 이러한 진술은 비록 한국 고유한자의 자형 구성 방법을 논의한 것은 아니지만 '들보'를 뜻하는 한국 고유한자 椺의 형성 과정을 이해하는 데에 중요한 단서를 제공하고 있다. 이규경이 『오주연문장전산고』「동국토속자변증설」에서 (3)을 인용하여 한국 고유한자 椺를 설명한 것[12]이 그러한 증거가 된다.

輔木은 조선 후기 관문서 자료에서 保木으로도 표기된다.[13] 이는 輔木의 輔는 음차자로 우리말 '보' 정도를 표기한 것임을 말해주는 것이다. 輔[보]의 의미가 '들보'이므로 이 輔[보]를 15세기어에서 '들보'를 의미하는 '봏[14]'와 연관 지을 수 있다. 한어 栿의 音이 '복' 정도인 '伏'이라는 점에서, 또 이기문(1998: 88)이 말한 것처럼 봏(栿)도 '쇻(俗), 욯(褥), 뎧(笛), 봏(襆), 잫(尺)' 등과 동궤의 것으로 생각된다. 이를 근거로 15세기어 우리말 '봏'는 한어 栿에서 오래 전에 차용된 것임을 추정할 수 있다.

浴堂院殿 一栿似有損蠹 我國以廳事大樑 爲輔木 盖栿也 宗從華語 而今示人栿字 反茫然不省"

12) 『五洲衍文長箋散稿』「동국토속자변증설」, 椺, "【音保 梁也 見《戶曹定例》卽栿字之譌 黃公紹《韻會》栿 音伏 梁栿也 張自烈《正字通》以小木附大木上爲栿《舊唐書 · 裴延齡傳》德宗謂延齡曰 浴堂院殿一栿 似有損蠹 是也 我東以廳事大梁爲輔木 蓋栿也 實從華語 而今示人栿字 爲正而無人知之 誰能强辨】"

13) 예컨대 장서각 소장의 『御營廳謄錄(K2-3349)』 권55 甲戌九月初一日의 기사에 나오는 '兵曹保木一百同'을 들 수 있다.

14) '보ᄆᆞᆯ리/梁棟 〈법화경언해 2:56〉, ᄆᆞ金와 보콰 셔와 길괘/棟梁椽柱 〈법화경언해 2:124〉' 등의 예에서 梁을 뜻하는 '보ㅎ' 어형을 확인할 수 있다.

한어 栿에서 차용된 15세기어 '봏'는 '복〉봏〉보' 라는 음의 변화를 보여 주고, 15세기에 한글로 표기된 점에서 우리말에 완전히 정착된 차용어로 볼 수 있다. 따라서 한국 고유한자 椺를 '봏' 또는 '보'를 차자 표기한 保에 意符 '木'을 추가하여 형성의 방식으로 구성한 글자로 파악할 수 있다. 즉 鮎貝房之進(1931)이 말했듯이 우리말 '엄나무'의 '엄'을 嚴으로 차자 표기 하고, 이것에 意符 '木'을 추가하여 구성한 欕과 동일한 방식으로 구성된 글자이다. 鮎貝房之進(1931: 214)이 椺를 형성에 의한 한국 고유한자라 하였으나 鮎貝房之進(1931)은 椺負商에 대해서만 논의하였다.

4. 鮎貝房之進의『俗字考』

鮎貝房之進(1931)에서 俗字라 하여 149자, 俗訓字라 하여 35자, 모두 184자의 한국 고유한자의 의미를 설명하면서, 한국 고유한자에 해당하는 俗字에 대하여는 그 구성 방법도 함께 설명하고자 하였다. 鮎貝房之進(1931)은 한국 고유한자의 형성 유형을 규정하고자 하였다. 鮎貝房之進(1931)이 자형 형성 유형을 확정적으로 제시한 것들에 대해서 대표적인 것을 제시하면 다음과 같다.

(4) a. 合字

夻, 畓, 襨 등

b. 象形

太, ㇏ 등

c. 諧聲 造字

獷, 堗, 垈, 楝, 洞, 垌, 董, 洑, 褓, 枇, 莎, 椝, 銈, 媤, 柞,

胖, 楸, 喏, 怾, 柀, 栍, 棵, 椳, 椵, 榺, 楦, 槎, 欕, 沎, 磚,
縇, 菁, 蓤, 藁, 錁, 轀, 櫟, 抓, 棖, 炑, 艅, 鐗, 魟, 鮏, 䲈,
䲉, 緋 등

d. 會意

糖, 鰱, 搬, 茸, 岾, 嚽, 娚, 椘, 㭱, 橇, 硳, 𧞤, 迣, 仔, 迲 등

e. 會意 겸 諧聲

櫶, 碶, 閪 등

f. 假借 造字

𡋶, 㽗, 旀, 𡊀, 乭, 廌, 廛, 𥳖, 㐎 등

g. 俗(體)字

仗, 岁, 㭘, 穇, 边, 远, 夛, 𢂚, 朴, 㹨 등

(4a)의 合字 유형과 (4b)의 象形 유형은 기존의 연구에서 언급되었으므로 새로울 것은 없다. 그런데 襨를 衣와 對의 합자로 파악하는 것에는 문제가 있다. 鮎貝房之進(1931: 264)이 예로 든 『고려사』의 衣對[15]와 『신증동국여지승람』의 衣襨[16]의 대응 관계를 고려하면, 襨는 衣對의 對에 衣符를 첨가하여 구성한 형성자로도 파악할 수 있기 때문이다. 이에 대해서는 제3장에서 자세히 논의하기로 한다.

(4c)의 諧聲 造字 유형은 鮎貝房之進(1931)이 처음 언급하는 것이다. 이러한 방식으로 구성된 글자 중에서 대표적으로 垈를 들 수 있다. 鮎貝房之進(1931)은 고려 시대 『淨兜寺造塔形止記』의 寺代[절을 위한 터]와 조선 시대 자료에 나타나는 家垈[집터]의 대

---

15) 『高麗史』 志26, 輿服 조의 "肅宗二年十二月遼主賜冠冕章服圭, 九年四月遼主賜衣對" 등에 나오는 衣對이다.

16) 『新增東國輿地勝覽』 京都 下 文職公署 尙衣院 조 '掌御衣襨'의 衣襨이다.

비를 통하여, 한국 고유한자 垈가 차자 표기 代에 意符 土를 첨가하여 형성된 자형임을 밝혔다. 그러나 (4c)에 제시된 한국 고유한자를 鮎貝房之進(1931)은 諧聲 造字 유형으로 분류하였지만 논거의 제시를 불충분하게 하였다. 따라서 앞으로의 연구에 따라서 (4c)에 제시된 한국 고유한자는 諧聲 造字의 유형이 아니라 다른 방식의 유형일 가능성도 있다.

(4d) 會意의 경우 鮎貝房之進(1931)은 나름대로의 논거를 제시하고 있으나 대개의 경우 비약이 심한 것으로 생각된다. 예컨대 논거의 제시없이 榌를 회의자로 규정한 것을 들 수 있다. 더군다나 이덕무가 「盎葉記」에서 榌의 의미를 木桛로 풀이하였는데, 이를 오독하여 木梯로 파악하면서 榌의 의미를 '사다리'로 파악하는 오류[17]를 범하고 있다. 이러한 오류는 김종훈(1992), 한국한자어사전(1997), 하영삼(1999) 등에서도 답습되어 있다.

이규경은 「東國土俗字辨證說」에서 榌를 '木材'로 풀이하고 있다. 조선 후기 官文書에는 '榌木 二同'과 같은 표현이 나온다. '二同'의 同은 일정한 단위[18]를 나타내는 것이므로 榌의 의미가 '사다리'일 수는 없다. 조선 후기 관문서에서 '飛木'이 쓰이고, 이 '飛木'을 『표준국어대사전』에서 '자귓밥'으로 풀이한 것[19]에 기대면 榌는 '飛木'의 '飛'에 木符를 추가하여 구성한 글자로 이해되어 그 의미는 '자귓밥' 또는 '대패밥' 정도의 의미가 된다. 따라서 榌는 형성으

17) 鮎貝房之進(1931: 192)의 이 같은 오류는 木桛의 의미 파악이 어려워 『新字典』에 '榌 木梯 사다리'으로 기술된 오류를 답습한 것으로 추정된다.

18) 韓國漢字語辭典(1997)에서 同을 "피륙 50필, 나무토막 100개, 먹 10자루, 붓 10자루, 볏짚, 약초, 풀 1백단, 물고기 1천 마리 또는 2천 마리, 미역 2500 오리, 새끼 1500 발, 공지깃 100개" 등의 단위로 설명하고 있다.

19) 『표준국어대사전』, 비목01(飛木), "비목만[-몽-]「명사」=자귓밥."

로 구성된 글자이다.

(4f)의 假借 造字 유형은 재론의 여지없이 논거가 명확한 것이다. 한편 (4g)의 俗(體)字 유형은 과연 한국 고유의 생획형인지가 더 검토되어야 할 것이다.

鮎貝房之進(1931)의 연구로 한국 고유한자의 목록이 『신자전』의 106자에서 184자로 비약적인 증가가 있었다. 그러나 鮎貝房之進(1931)은 일부의 한국 고유한자에 대해서는 한국 고유한자가 가지는 고유성 판단을 위한 충분하고 객관적인 논거를 제시하지 못했다. 따라서 鮎貝房之進(1931)이 제시했던 한국 고유한자 중 일부는 후일의 연구인 한국한자어사전(1997)에서 한자로 수정되었다. 대표적으로 磢, 艍, 艌 등을 들 수 있다. 한국한자어사전(1997)에 의해 磢, 艍, 艌 등이 중국 문헌에서 사용되었음이 확인되었다.

5. 남풍현(1989)의 合字에 의한 한국 고유한자 논의

남풍현(1989: 98-101)은 다음과 같이 신라 시대와 통일신라시대에 合字된 한국 고유한자를 기술하고 있다.

(5) a. [大/舍](大舍), [小/舍](小舍) [上/干](上干) [一/伐](一伐), [一/尺](一尺), [大/烏](大烏) [小/烏](小烏) [上/人](上人) 〈南山新城碑(591)〉
b. [大/舍](大舍) 〈新羅華嚴經寫經造成記(755)〉
c. 朶(乃末), 巭(功夫) 〈永川菁堤碑貞元銘(798)〉
d. 奈(大等) 柰(大末) 〈興法寺眞空大師塔碑陰記(940)〉
e. 奈(大等) 柰(大末) 〈龍頭寺幢竿記(962)〉

(5)는 2자로 구성된 신라 관직명이 합자된 예들이다. 이러한 유형의 한국 고유한자는 鮎貝房之進(1931)에서 일부 논의되었지만 남풍현(1989: 98-101)에서 그 목록을 추가한 것이다. 또한 남풍현(1989: 98-101)은 특히 柰의 木은 等의 생획자로 정자와 생획자가 합자된 사례를 강조하고 있다. 또한 [大/舍]의 경우는 2자로 합자되면서 '舍'의 'ㅅ' 획이 생획됨을 강조하고 있다.

(5)에 제시된 합자의 한국 고유한자 사례에 근거하여 남풍현(1989)은 畓, 太, 夞 등의 한국 고유한자가 合字에 의해 만들어진 글자임을 언급하면서, 이 글자의 구성 방법에 주목하고 있다. 남풍현(1989)이 제시한 太의 자형 구성 방법은 이미 앞에서 언급하였으므로 여기에서는 夞가 合字에 의해 구성된 글자임을 설명한 내용에 대해서만 소개하도록 한다.

남풍현(1989)이 夞를 합자에 의한 것으로 파악한 것은 鮎貝房之進(1931: 58-60)의 '상형' 설보다 진일보한 것이다. 鮎貝房之進(1931: 58-60)은 다음 자료 (6a)에 근거하여 夞를 상형에 의해 만들어진 글자일 가능성을 제안했다.

(6) a. 夞 凡民名作夫時?[20]以筆勾圈, 故俗因取以듀비爲夞字从ㅿ从取象形如太字例 〈輯覽吏文補 稻葉君藏 寫本單〉

b. 夞. 주비 ○ 官物을 거두고 나누어 줄 때의 統首를 말하는 것이다. 백성의 이름을 作夫할[한 夫로 조직하여 결세를 거두어들일][21] 때에 붓으로 勾圈을 표시한다. 그런 까닭에

20) 원문에 ?으로 되어 있다.

21) 『표준국어대사전』, 作夫, 「명사」 『역사』, "조선 시대에, 토지 여덟 결(結)을 한 부(夫)로 조직하여 결세를 거두어들이던 일. 또는 그 징세 책임을 지던 사람."

> 그 모양을 본떠 '주비'로 夫라 한다. 마땅히 厶을 따르고 夫를 따라야 한다.[22] 〈震覽 行用吏文〉

(6a)의 내용을 기록한 稻葉君 藏 寫本의 『輯覽吏文補』는 현재 그 행방을 찾을 수 없다. 유사한 내용을 기록한 (6b)의 내용을 가지고 夫를 象形字로 파악하는 鮎貝房之進(1931: 58-60) 견해의 문제를 들어보기로 한다.

(6b)의 내용으로 '주비'를 뜻하는 夫가 勾圈인 厶 또는 ○ 정도의 부호가 夫자 위에 찍혀 夫의 자형이 형성된 것임은 이해할 수 있다. 이 내용도 (6a)의 내용만으로는 쉽게 이해할 수 없다. 조선 시대 八結作夫 제도를 이해하지 못한다면, 夫[주비]가 統首의 뜻을 가지게 된 경위와 夫가 무엇을 상형한 것인지를 이해할 수 없다. 그럼에도 불구하고 鮎貝房之進(1931: 58-60)은 조선 시대 八結作夫 제도에 대한 진술없이 (6a)의 '取象形如太字例'를 근거로 夫가 象形字일 가능성을 제안한 것이다.

夫에 대한 설명이 (6a)보다는 (6b)가 체계적이지만 (6b)조차도 夫의 자형 구성 방법을 구체적으로 기술한 것은 아니다. 남풍현(1989)은 夫의 자형 구성 방법을 구체적으로 기술한 다음 자료를 인용하여 夫가 합자에 의해 형성된 자형임을 논의하였다.

> (7) 또 結夫의 夫는 夫字의 위에 圈으로 표시하였다. 드디어 夫가 圈에 이어져서 夫가 되었다. 속칭하여 注非[주비] 夫라고 한다.[23] 〈萬機要覽 財用編二 田結 田制〉

---

22) 『震覽』 行用吏文, 夫, "주비 ○ 官物斂散之時, 統首謂之夫. 民名作夫時, 輒以筆勾圈, 故取其象形, 以주비爲夫 當从厶从夫"

23) 『黃胤錫』, 財用編二, 田結, 田制, "又如結夫之夫 加圈以標之於夫字之

(7)은 '주비'를 뜻하는 '夫+○'의 자형 구성 방법을 명쾌하게 설명하고 있다. 즉 圈標인 ○와 夫가 이어져서 夫+○의 자형이 형성되었다는 설명이다.

그런데 ○와 夫가 합자된 夫+○가 어떻게 15세기어에서 '떼' 또는 '무리'의 뜻을 가진 '주비'와 연관될 수 있을까? 이에 대한 해답은 이영훈(1980: 80-88)에서 자세히 논의되었다. 이영훈(1980: 80-88)은 조선 후기 八結作夫制를 검토하면서 作夫의 夫가 다음과 같은 의미를 가지고 있음을 언급하였다.

(8) a. 夫란 여러 片의 田土를 모아 8결로 만든 것이며 결과적으로 여러 납세자를 조직한 것으로 하나의 인적 조직(주비)이었던 것이다.

b. 夫라는 납세주의 주비를 만들고 戶首로 하여금 結稅를 수납케 한 제도가 作夫制, 八結作夫制, 혹은 八結戶首制인 것이다. 지방에 따라 作夫는 作夫+○, 作結 혹은 結戶, 束戶, 打戶 등 다양하게 불리었다.

(8a)는 여러 납세자를 일정한 규모로 조직한 것이 夫임을 설명하고 있다. 夫는 경우에 따라서 4결을 기준으로 하거나[24] 8결을 기준으로 할 경우가[25] 있다. 夫+○를 구성한 夫가 이러한 의미를 가지고 있으므로 한국 고유한자 夫+○에 '떼' 또는 '무리'의 의미를 갖는 '주

上 遂以夫連圈 爲夫+○ [俗稱注非夫+○]"

24) 『承政院日記』 1807년(순조 7) 5월 29일, "而每四結作一夫, 名之曰注非, 注非, 卽其中結卜稍多者也 結內各樣稅納 專責於注非 爲注非者 計卜收捧於結內諸人 以應一年惟正之供 則源其設施"

25) 『肅宗實錄』 1684년(숙종 10) 8월 20일, "作夫【俗以一八結 爲一夫云】之時"

비'가 연결된 것은 자연스런 일이다.

(8b)는 여러 납세자를 일정한 규모로 조직한 이유를 설명하고 있다. 곧 소유한 전토가 적어 세액이 적은 납세자를 일일이 상대하기보다는 그 대표자만을 상대하여 結稅를 거둬 들이겠다는 것이다. (8b)로 우리는 '떼' 또는 '무리'의 의미를 갖는 중세어 '주비'가 8結 경제 조직의 統首 또는 戶首를 지칭하게 되었는지를 이해할 수 있다.

조선 시대 관리 등용 제도에서 圈點 ○를 표시하는 방법으로 관리를 선발[26]한 경우에, 圈點 ○의 의미는 '선택'의 의미를 가졌다고 할 수 있다. 따라서 한국 고유한자 夨를 형성한 圈點 ○도 '선택'의 의미를 가진 것으로 파악할 수 있다. 따라서 '○+夫'로 구성된 夨의 의미는 8結로 묶인 여러 夫[납세자] 가운데에서 대표로 '선택'된 夫를 뜻한다고 하겠다. 1883년에 작성된 장서각 소장의 『昌陵位田畓量案』 권1의 다음 자료는 이를 증거하고 있다.

(9) a. 第三 北犯 五等句畓[十八夜味 長七十二尺 活三十八尺] 五卜五束[二方同位田 南走非畓 北已日畓] 〈昌陵位田畓量案 권1 深字〉

b. 第四 西犯 六等直田[長十五尺廣八尺] 三束[東同位畓 南走非畓 二方路] 〈昌陵位田畓量案[27] 권1 深字〉

(9a)와 (9b)의 南走非畓이 주목된다. 이 표현은 深字 第三 北犯

26) 『한국민족문화대백과사전』, 圈點, "추천권자들이 한자리에 모여 추천대상자들의 명단 위에 각기 권점(○표)을 하고, 그 수를 집계하여 소정의 점수에 이른 사람을 이조에 추천하여 임명하게 하던 예비선거제도였다."

27) 『昌陵位田畓量案(K2-3245)』는 장서각 소장 자료이다.

五等句畓과 深字 第四 西犯 六等 直田의 남쪽 경계는 走非[주비]의 논임을 말한 것이다. 深字 第三의 논과 深字 第四의 논의 作人이 자신들의 대표를 走非[주비]라 한 것이다.

Ⅲ. 形聲으로 만들어진 한국 고유한자의 몇 가지 사례

1. 䄎

다른 연구에서 다루지 못한 䄎를 한국한자어사전(1997)에서 國字로 규정하고 있다. 䄎의 용례는 다음과 같다.

(9) a. 飛補其十四五歲四字 〈中宗實錄 1530(중종 25) 5월 4일〉, 而置簿冊皆飛補改書 〈明宗實錄 1547년(명종 2) 7월 5일〉

b. 䄎補其妻家文書, 有同姦吏之爲 〈宣祖實錄 1574년(선조 7) 2월 13일〉

(9a)의 飛補는 중세어형 '비븨-〉비비-'를 음차 표기한 것이다. 이는 한국한자어사전(1997)에도 설명되어 있다. '飛補其十四五歲四字'는 VO 구성의 한문 구성인데, 이러한 구성에서 우리말 동사가 음차 표기된 것은 그동안 논의된 바 없는 특이한 것이다. '飛補其十四五歲四字'는 문서를 위조하기 위하여 '(문서에 씌여진) 十四五歲의 四 글자를 비비다' 정도를 표현한 것이다. (9b)의 䄎補도

우리말 '비븨 -'를 음차 표기한 것으로 (19a)의 飛褙와 동일하게 '위조하기 위하여 (문서를) 비비다' 정도의 의미를 표현한 것이다.

⿰衤飛褙에서 ⿰衤飛의 意符 衣는 褙의 衣에서 기원한 것으로 파악할 수 있다. 즉 褙의 意符 衣에 영향을 받아 飛에 意符 衣가 첨가되어 ⿰衤飛의 자형이 형성된 것이다. 즉 ⿰衤飛는 형성의 방식으로 만들어진 글자가 된다.

2. ⿰糸飛

한국 고유한자 ⿰糸飛는 鮎貝房之進(1931)에서는 形聲의 방법으로 만들어진 글자로 파악되었다. 여기에서는 鮎貝房之進(1931)이 설명하지 못한 것을 보충하고자 한다.

김종훈(1992)과 한국한자어사전(1997)에서는 단순히 國字로만 규정하였다. ⿰糸飛의 용례는 다음과 같다.

(10) a. 脫舊着白紬縷飛袷衣〈承政院日記 1720년(숙종 46년) 6월 8일〉
b. 而縷非長衣二件四幅〈承政院日記 1701년(숙종 27) 10월 3일〉
c. 二百兩, 縷⿰糸飛工錢 〈宣堂下記〉

(10)의 縷飛, 縷非, 縷⿰糸飛 등은 우리말 '누비 -' 정도를 음차 표기한 것이다. 앞에서 논의한 한국 고유한자 ⿰衤飛와 마찬가지로 縷⿰糸飛에서 ⿰糸飛의 意符 糸는 縷에서 기원한 것으로 파악할 수 있다. 즉 縷의 意符 糸에 영향을 받아 飛에 意符 糸가 첨가되어 ⿰糸飛의 자형이 형성된 것이다. 즉 ⿰糸飛는 형성의 방식으로 만들어진 글자가 된다.

3. 襨

지금까지의 한국 고유한자 관련 연구에서 모두 襨를 한국 고유한자로 파악하고 있다. 그런데 襨를 國字로 규정하는 것에만 만족하고 있다. 다만 鮎貝房之進(1931: 264)은 다음 자료를 근거로 한국 고유한자 襨를 衣와 對의 합자로 구성된 것으로 규정하고자 하였다.

(10) a. 肅宗 (중략) 九年 四月 遼主賜衣對 〈高麗史 志26 輿服〉
b. 尙衣院[(중략) 掌御衣襨] 〈新增東國輿地勝覽 京都 下 文職公署 尙衣院〉

襨가 衣와 對가 합자된 것이라면, 衣가 없이 襨로만 사용되어야 한다. 그런데 실제 문헌 자료에서는 (10b)에서 보는 바와 같이 반드시 '衣'를 동반하고 있다. 즉 襨는 水와 田이 합자된 畓과는 다른 성격을 보여 주고 있다. 한편, 鮎貝房之進(1931)은 衣對의 對를 '(옷)감'으로 파악하여 襨를 '御衣資料'로 파악하는 오류를 범하고 있다.

정동유가 『주영편』에서 '임금의 의복을 바치는 것을 衣襨라 말한다[28]'라고 한 것이 衣襨에 대한 바른 해석이다. 鮎貝房之進(1931)이 衣對의 對를 '옷감'으로 파악한 것은 근거가 없는 것이다. 『고려사』에는 '御衣二對'와 같은 표현[29]도 보인다. '御衣二對'는 '御衣 2벌'의 뜻이다. 對는 "두 짝이 합하여 한 벌이 되는 물건을

28) 정동유, 『주영편』, "上御衣服稱衣襨"
29) 『高麗史』 권14 睿宗3 乙丑, "省所差人進奉御衣二對等事具悉"

세는 단위[30]"를 나타내는 것이다. 따라서 衣對란 '옷 한 벌' 정도를 뜻하는 것이다. 한국 고유한자 襨가 사용된 衣襨 역시 '의복'을 뜻한다.

한국 고유한자가 사용된 어휘로 衣襨와 동衣襨가 있는데, 이 어휘에 특수 의미가 보존되어 있어 주목된다. 즉 衣襨는 '임금의 옷'을 지칭하고[31], 동衣襨는 '궁중에서 저고리나 조끼'를 지칭하는데[32] 衣對에 없었던 '임금'이나 '궁중'의 의미가 衣襨에 보존되어 있다.

『고려사』에 衣對뿐만 아니라 衣襨의 襨를 이체자 [示對]로 표기한 衣[示對]가 동시에 나타나고 있어 주목된다.

(11) a. 이제 閤門通事舍人 徐亶을 보내어 그곳에 가서 宣諭케 하고 너에게 衣對 綵段 銀器를 하사하고[33] 〈高麗史 文宗 1년 9월 己酉〉

b. 王이 乾德殿에 거동하여 引見하고 近臣에게 命하여 (東京)留守의 安否를 묻고 酒食과 衣對를 하사하였다.[34] 〈高麗史 獻宗 元年 5월 癸丑〉

(12) a. 知京山府事 殿中內給事 李成美가 새로 판각하여 만든 隋書 680板을 올리니 詔하여 祕閣에 두게 하고 각기 衣[示對]을 하사하였다.[35]〈高麗史 文宗 12년 2월 甲戌〉

---

30) 『표준국어대사전』, 대12(對), "(생략) [Ⅱ] 「의존명사」 「1」두 짝이 합하여 한 벌이 되는 물건을 세는 단위."

31) 『표준국어대사전』, 의대02(衣襨), "임금의 옷을 이르던 말"

32) 『표준국어대사전』, 동-의대(-衣襨) "궁중에서, '저고리01'나 '조끼01'를 이르던 말."

33) 『高麗史』 7卷-世家7-文宗1 九月己酉, "今差閤門通事舍人徐亶往彼宣諭賜爾衣對綵段銀器"

34) 〈獻宗 元年 5월 癸丑〉 王御乾德殿引見命近臣問留守安否賜酒食衣對

b. 우리 태조가 與神德王와 함께 왕을 위해 잔치를 열었다. 왕이 태조에게 衣[示對], 갓 보배로 장식한 갓끈, 안장 갖춘 말을 하사하였다[36] 〈高麗史 恭讓王 3년 7월 己亥〉
c. 7월 己卯에 都堂이 禑의 생일이므로 三司左使 趙仁璧과 同知密直 具成老를 江華에 보내어 衣[示對]을 진상했다.[37]〈高麗史 列傳 辛禑〉

(11)은 衣對의 용례이고 (12)는 衣[示對]의 용례이다. 모두 '의복'의 뜻을 가졌다. 그런데 (11)의 모든 용례와 (12a), (12b) 등의 衣對와 衣[示對]가 '임금이 하사하다[賜]'와 관계되고, (12c)의 衣[示對]는 '임금께 진상하다[獻]'와 관계된 점이 주목된다.

조선 전기 『朝鮮王朝實錄』에는 衣對와 衣襨로 나타난다. 『高麗史』와 마찬가지로 衣對와 衣襨는 '왕' 또는 '궁궐'과 관련된 용법으로만 발견된다. 『조선왕조실록』을 비롯한 조선 시대 문헌 자료에서 衣對와 衣襨가 사용되는 문맥은 '왕이 신하에게 하사했다', '신하가 왕께 진상했다' 등의 문맥에서 사용되는 경우이거나 중궁전이나 동궁전의 '의복'을 지칭하는 경우만 발견된다. 衣對[의복] 또는 衣 二對[옷 2벌] 등이 일상적인 문맥에서 사용되는 경우를 찾을 수 없다.

이상의 논의에 기초하여 한국 고유한자 襨의 자형 형성 과정과 의미를 정리하기로 한다. 衣對의 對는 본래 '단위를 나타내는 어휘'

35) 『高麗史』 文宗 12年 二月 甲戌, "知京山府事殿中內給事李成美進新雕隋書六百八十板詔置秘閣各賜衣[示對]"
36) 『高麗史』 恭讓王 3년 7월 己亥, "我 太祖與神德王后享王王賜太祖衣襨笠子寶纓鞍馬"
37) 『高麗史』 列傳 辛禑, "七月己卯都堂以禑生日遣三司左使趙仁璧同知密直具成老于江華獻衣襨"

로 衣對는 '1벌의 의복 일체'를 의미하던 것이었다. '1벌의 의복 일체'의 의미를 '衣一對'로 표현하지 않고, '衣對'로 표현하게 됨으로써, '단위를 나타내는 어휘' 對가 '衣'에 영향을 받아 襨의 자형이 형성된 것으로 생각된다. 즉 襨는 형성의 방식으로 만들어진 글자로 파악된다.

그리고 衣對와 衣襨가 왕과 관련된 문맥에서만 사용하게 되어 한국 고유한자 襨가 '임금'의 의미를 흡수하여 襨가 '임금의 의복'이란 의미를 가지게 된 것으로 생각된다. 한편 정동유가 『주영편』에서 '임금의 의복을 바치는 것을 衣襨라 말한다'는 풀이는 衣襨가 이것과 결합된 동사 즉 上, 進 등의 의미까지도 흡수했음을 보여 준다.

4. 椋

襨의 자형 형성 경위와 특수 의미 획득 방식은 한국 고유한자 椋에서도 찾을 수 있다. 그런데 椋의 경우에는 매우 복잡한 문제가 얽혀 있다. 몇 가지로 나누어 椋가 가진 특질을 분석하도록 한다.

1) 椋에 대한 기존 해석의 비판적 검토

문헌 자료에서 한국 고유한자 椋에 대해 설명한 것은 다음과 같다.

(13) a. 창고를 椋라 칭한다. 음은 '수'이다[38] 〈晝永篇 下〉
b. 椋倉 살펴보건대 椋는 음이 漱[수]이고 字書에 보이지

않는다. 본국의 畓과 乶 二字와 같다. 대개 稤倉은 戶曹 賑恤廳 常平廳 三司의 곡식을 저장하는 창고이다. 무릇 祭享, 진휼, 인부·쇄마의 비용이 다 이 창고에서 나온다. 39) 〈南漢志〉

(14) a. 稤 음은 叔[숙]이다. 각 궁방에는 稤宮의 직임이 있다. 또 창고의 이름이다. 廣州牧에 稤倉이 있다.40) 〈五洲衍文長箋散稿 東國土俗字辨證說〉41)

b. 奄人과 稤宮[稤은 音이 肅[숙]이다. 俗字이다]42) 〈牧民心書 卷三 貢納〉

c. 稤宮 [쉬궁 ○ 궁방 員役43)의 이름이다.]44) 〈震覽 行用吏文〉

d. 稤 조선자이다. 各宮의 幹事者가 稤宮이다. '숙궁숙'이다.45) 〈字典釋要 稤〉

e. 稤 [숙] 각궁 소임. 궁소임. 또 창고 이름이다. 광주목에 稤倉이 있다.46) 〈新字典〉

(13)은 稤가 '창고'의 의미를 가졌고, 이 경우 음이 '수'임을 말하

---

38) 『書永篇』 下, "倉庫稱稤(音수)"

39) 『南漢志』, "稤倉 按稤音漱 不見字書 猶本國之畓乶二字也 蓋稤倉卽戶曹賑恤廳常平廳三司各穀所儲庫也 凡諸祭享之需 賑濟之資 夫刷之價皆出於此庫"

40) 『五洲衍文長箋散稿』 東國土俗字辨證說, "稤 [音叔 各宮有稤宮之任 又倉名 廣州牧有稤倉 (생략)]"

41) 『新字典』 朝鮮俗字部에 동일한 내용이 보인다. 즉 '稤 【숙】 各宮所任궁소임 又倉名廣州牧有稤倉'이다.

42) 『牧民心書』 卷三 貢納 "奄人稤宮[稤音肅俗字也]"

43) 『표준국어대사전』, 원역01(員役), "벼슬아치 밑에서 일하던 구실아치."

44) 『震覽』 行用吏文, "稤宮 [쉬궁 ○ 宮房員役之名]"

45) 『字典釋要』, 稤, "[鮮] 各宮幹事者稤宮 숙궁숙"

46) 『新字典』 朝鮮俗字部, "稤 【숙】 各宮所任궁소임 又倉名廣州牧有稤倉"

고 있다. (14)는 稤宮에 나타난 稤에 대해 설명하고 있다. (14c)는 稤宮의 稤가 그 음이 '쉬'임을 말하고 있으나 (14)의 나머지 것들에서는 稤宮에 사용된 稤의 음이 '숙'임을 말하고 있다. 한편 (14a), (14c), (14e)는 稤宮의 의미를 구체성 없이 '궁방의 직임' 또는 '궁 소임'으로만 풀이하고 있다. (14d)는 稤宮의 의미를 보다 구체적으로 '궁방의 幹事者'로 풀이하였으나 이것 역시 추상적이긴 마찬가지이다. 幹事와 稤의 관계가 설명되지 않아 (14d) 역시 추상적인 풀이로 생각된다.

鮎貝房之進(1931: 179-180)은 (13a)와 (13b)에다 다음과 같은 자료를 활용하여 稤에 대해 논의하고 있다.

(15) a. [庫秤雇役侵欺]凡倉庫務場局院庫秤斗級若雇役之人(原文) / 凡諸倉庫局院等司稤公斗人使令人等亦(譯文) 〈大明律直解 太祖四年頒行〉

b. 倉稤部曲[在府西三十里] 〈新增東國輿地勝覽 寧海都護府 古蹟〉

c. 慈殿稤奴 〈文獻備考 刑考〉

鮎貝房之進(1931: 179-180)은 稤를 회의자로 규정하고 稤의 의미를 '京穀', 정확하게는 '서울(정부)의 곡식 창고'로 풀이하고 있다. 鮎貝房之進(1931)은 앞의 (13a)로 '창고'의 의미를, (13b)로 '곡식'의 의미를 도출한 듯하다. 그리고 稤가 私家의 창고로는 사용되지 않는 것에 근거하여 稤의 의미를 서울 즉 '정부의 창고'로 이해한 듯하다. 그리고 '稤宮'에 대해 '궁(방)의 회계를 처리하고 여러 일을 처리하는 것이다'는 속설을 소개하고 있으나 이를 구체적으로 검토하지 않고 있다.

이상의 논의에서 다음과 같은 의문점이 제기된다.

(16) a. '창고'를 뜻하는 稤와 '궁방의 직임'을 뜻하는 稤 사이에는 어떠한 관련이 있는가?
b. 稤宮의 의미를 '궁방의 직임'으로 이해할 때, 稤宮의 稤는 과연 '직임'의 뜻을 가진 것인가? 그리고 稤宮의 宮은 과연 宮房의 뜻을 가진 것인가?
c. 稤宮을 '쉬궁'이라 하고 '숙궁'이라 한 것의 차이는 무엇인가?

2) 稤宮의 기원과 의미 해독

(16)에서 제기된 의문점은 稤宮의 의미를 제대로 파악하지 못한 것에서 비롯된다.[47] 『대명률직해』 이두문에 나오는 '司稤公斗人'을 「吏讀略解」에서 '司稤'과 '公斗人'으로 이해한 것이 잘못된 것임을 밝히면서 稤宮의 기원과 의미에 대해 해독하기로 한다.

(17) a. 凡倉庫務場 局院 庫秤 斗級 若雇役之人 〈大明律直解 7:7b〉
b. 凡諸倉庫 局院等 司稤公 斗人 使令人 等亦 〈大明律直解 7:7b〉

47) 이것은 「吏讀略解」와 鮎貝房之進(1931: 180)에서 稤宮의 의미 해석과 관련된 속설을 무시한 것에서 비롯된 것이다. 즉 稤宮은 『대명률직해』에 나오는 稤公과 관련이 있다는 속설을 「이두약해」에서 무시했고, 稤宮'의 의미는 '궁(방)의 회계를 처리하고 여러 일을 처리하는 것이다'는 속설을 鮎貝房之進(1931: 180)이 소개하면서도 稤宮에 대한 정확한 이해 없이, 稤이 단독으로 쓰인 것의 의미만 京穀으로 파악하고자 한 것에서 비롯된 것이다.

(17a)는 『대명률직해』의 원문이고, (17b)는 원문을 이두문으로 번역한 것이다. 한어 斗級은 『대명률직해』의 다른 곳에서는 우리말 斗尺(1:43b, 7:8a, 7:8b, 7:9a)에 대응한다. 斗尺의 尺은 사람을 나타내는 '자이'를 표시한 것이므로 (17a)의 斗級은 (17b)의 斗人에 대응된다. 그렇다면 (17a)의 한어 庫秤과 (17b)의 우리말 '司倧公'이 대응된다. '司'는 '일을 관장한다'의 뜻이다. 庫秤과 倧公이 대응된다고 할 수 있다.

그런데 倧公이 비록 고려 시대의 2차 자료이지만 「大安寺形止案」에서도 발견되어 주목된다.

(18) 倧公房梗 4間 〈大安寺形止案〉

(18)의 倧公房梗에서 房은 '장소'의 뜻으로 흔히 쓰이며, 梗은 '집채, 안 채' 등의 '채'[48]를 나타내는 것이다. 이제 남은 것은 '公'인데, 『대명률직해』의 倧公을 고려하여 倧公房梗을 倧公+房+梗으로 분석하고자 한다.

『대명률직해』의 庫秤과 倧公의 대응에서 倧가 '곡식 창고'의 뜻을 가지므로 庫와 倧을 대응시킬 수 있다. 따라서 秤과 公이 대응된다. 秤은 稱[저울]의 이체자이다. 따라서 秤과 公은 의미 상 일맥상통 한다고 파악할 수 있다. 이러한 근거로 公을 『吏學指南』 吏員 조에 말하는 公人을 들 수 있다. 『吏學指南』에서 公人이란 창고의 곡식을 수납하는 관리로 풀이하고[49] 있다. 倧과 公의 의미가

48) 梗은 1401년(태종 1)에 작성된 것으로 알려진 太祖家屋許與文記에도 '身梗 二間'으로 나온다. '身梗 二間'을 노명호 외(2000: 140)에서 '몸채 두 칸'으로 풀이하고 있다.

49) 『吏學之南』 卷之一 吏員, "公人[謂倉庫秤掐[稻] 諸司祗侯 · 公使 · 禁卒

적절하게 어울리게 된다.

이상의 논의를 통해 볼 때, 稤公이란 '창고의 곡식을 수납하는 것을 관장하는 일이나 그 일을 담당하는 사람'의 뜻으로 이해된다.[50] 곳간의 곡식 수납을 관장하는 사람인 '稤公'은 오늘날의 용어로 이해한다면, 어떤 조직의 회계 담당자일 것이다. 한어 庫秤의 秤을 고려할 때, 『한국한자어사전』에서 司稤만으로 '곡창의 일을 맡아보는 직임 또는 그 직임에 있는 사람'으로 풀이한 것과 『표준국어대사전』에서 '고지기'로 풀이한 것은 잘못된 것으로 판단된다.

다음에는 稤宮의 정확한 의미를 분석하여 稤宮과 稤公의 관련성을 고찰하도록 한다. 『표준국어대사전』에서 稤宮의 의미를 '宮房의 일을 맡아보던 사람'으로 풀이하고 있지만 이 풀이에는 구체성이 없다. 문헌 자료에서 稤宮이 사용된 용례를 통하여 稤宮이 가지는 의미를 추출하도록 한다.

(19) a. 龍洞宮 小次知 尹興莘에게는 帖加를 작성해 주고, 掌務 2인, 稤宮 1인, 서원 3인에게는 각각 목 2필을 주며, 고지기 1명에게는 목 1필과 포 1필을 주고, 대청지기노[大廳直奴] 2명, 色掌奴 6명, 入役奴 27명, 여종 15명에게는 각각 목 1필과 미 2말을 주며, 청지기노[廳直奴] 3명에게는 각각 포 1필을 주었다.[51] 〈日省錄 1793년(정조 17) 3월 7일〉

之類"

50) 稤公房에 대해서 박혜범(2009: 88)은 '궁중의 사무를 맡은 관리가 거처하는 집'으로 풀이하였으나 이는 근거가 박약한 것이다.

51) 『日省錄』 1793년(정조 17) 3월 7일, "龍洞宮 小次知 尹興莘 帖加 掌務二人 稤宮 一人 書員 三人 各木二疋 庫直 一名 木一疋 布一疋 大廳直奴 二名 色掌奴 六名 入役奴 二十七名 婢子 十五名 各木一疋米二斗 廳直奴 三名 各布一疋"

b. 載寧啓下節目[52)]

明禮宮上

啓下節目 甲午三月 日

(전략)

吳奉秋三斗落內二斗落 白(手決)

李上已三升落內二升落 白(手決)

已上元落種一百五十三石十二斗四升

減種實落一百一石十一斗五升一合

載寧官 (押)

乾隆三十九年三月 日 明禮宮稤宮前同知李 (押)

一千五百二十六石八斗內

執綱四十石

(중략)

(載寧郡守之印 九七個處)

(19a)는 龍洞宮에 소속된 여러 사람들의 職名을 보여 주고 있다. 稤宮의 직무를 맡은 사람이 1인인데, (19a)만으로는 稤宮의 직무가 무엇인지를 구체적으로 알 수 없다. 그런데 (19b)는 稤宮의 직무가 宮房田을 관리하는 것임을 알려 준다. (19b)의 『載寧啓下節目』은 載寧郡에 소재한 명례궁 田畓의 소출 내역을 明禮宮에 보고하는 내용을 기술하고 있다. 이 문서에 재령 군수와 明禮宮 稤宮이 함께 押[싸인]을 하고 있다. 이로 보아 稤宮은 明禮宮 소유 田畓을 관리하여 그 소출을 수납하는 직무임을 알 수 있다. 결국 稤宮도 오늘날의 관점에서 보면 어떤 조직의 회계 담당자로 이해

---

52) 『고문서』 14책 (奎18288의23)

된다.

이상의 논의로 우리는 고려 시대의 䅘公과 조선 시대의 䅘宮이 같은 의미를 가졌음을 이해하였다. 䅘宮이 䅘公에서 기원한 것임을 말하기 위해서는 䅘公과 䅘宮의 발음 차이를 해명해야 한다. 䅘公은 '수공' 또는 '수궁' 정도로 읽히나 䅘宮은 왜 '숙궁'으로 읽히는가의 문제를 해소해야 한다.

국어의 표기법이 '뿌그로'와 같은 연철 표기에서 '뿍그로'와 같은 혼철 표기의 단계를 거쳐 '뿍으로'와 같은 분철 표기로 변화되었음은 주지의 사실이다. 혼철 표기인 '뿍그로'가 나타나는 이유는 연철 표기인 '뿌그로'에서 제1음절에 'ㄱ'이 발음되었을 것이라는 의식에서 나타나는 것임은 주지의 사실이다. 따라서 '숙궁'은 '수궁'의 혼철 표기로 이해된다.

현재 䅘宮은 조선 시대 宮房의 직명에서만 발견된다. 조선 시대 宮房의 직무명으로 䅘公이 흔히 사용되어 公이 宮으로 바뀌어 표기된 것으로 이해된다. 결국 䅘宮의 宮은 '궁방'과는 관련이 없는 음가자 표기이다. 숙궁[䅘公]이 궁방의 직무에서 흔히 사용되었기 때문에 '公'을 '宮'으로 바꾸어 표기한 것으로 이해된다.

3) 조선 시대 문헌 자료에 나타난 䅘의 의미 분석

앞 절에서 䅘宮의 䅘가 본래는 '수'로 읽혔다는 것을 밝혔다. 이 절에서는 조선 시대 문헌 자료에 나타난 䅘의 용례를 검토하여 䅘의 의미를 분석하도록 한다. 『표준국어대사전』에는 䅘宮, 䅘奴 등의 어휘가 수록되어 있고, 『한국한자어사전』에는 䅘庫, 䅘倉, 䅘宮, 䅘奴, 䅘尺, 䅘館 등의 어휘가 수록되어 있다.

稤庫의 의미를 파악하는 데에 중요하게 활용될 수 있는 용례는 다음과 같다. 『朝鮮王朝實錄』의 용례를 주로 이용하고, 필요할 경우에 한하여 다른 문헌 자료의 것을 활용하도록 한다. 『조선왕조실록』의 용례는 정확한 사용 시기를 보여 주므로 稤의 의미 변화를 파악하는 데에 유리하기 때문이다.

(20) a. 임금이 조정에게 명하여 갑산에 사는 康吉 · 雲尙 등 各戶를 刷出하여 深遠한 여러 州에 옮겨 두게 하고, 그 農作의 소출은 稤庫의 쌀로써 서로 바꾸어서 주게 하였다[53] 〈太宗實錄 1418년(태종 18) 2월 20일〉

b. 지난번에 慶尙道 蔚山郡의 庫子 佛生 · 甫見 등 10명이 맡고 있는 稤庫의 곡식을 도둑질한 것에 연좌되었는데[54] 〈成宗實錄 1476년(성종 7) 6월 12일〉

c. 靈泉館이 (중략) 이미 있는 館舍는 다시 지을 것이 없고, 새로 지어야 할 것은 단지 稤庫 · 官廳 · 公廨뿐이어서, 옮겨 설치하기 편리함이 이러합니다[55] 〈中宗實錄 1525년(중종 20) 9월 28일〉

d. 강의 서쪽 언덕에 한 절이 있었는데, 누각이 높으면서 즐비했다. 물으니 즉 楡岾寺 稤庫라 한다. 세조께서 창건한 것이다 봄과 가을로 비쌀 때에 쌀을 사들이고 가격이 쌀 때에 쌀을 팔아 아침 저녁으로 부처님을 모시는 비용으로 삼는다.[56]〈再思堂先生逸集卷之一 雜著 遊金剛錄〉

---

53) 『太宗實錄』 1418년(태종 18) 2월 20일, "上命定刷出甲山住康吉 雲尙等各戶 移置深遠諸州 其農作所出 以稤庫之米相換以給"

54) 『成宗實錄』 1476년(성종 7) 6월 12일, "頃者慶尙道蔚山郡庫子佛生、甫見等十名, 坐盜稤庫之穀"

55) 『中宗實錄』 1525년(중종 20) 9월 28일, "已有館舍, 不可更構, 所可營造者 只稤庫 官廳 公衙而已 移設之利如此"

(20a)의 稤庫는 이 稤庫가 매우 이른 시기부터 사용된 용어임을 알려 주고 있다. (20b)는 稤庫에 '곡식이 보관되어 있음'을 알려 주고 있다. 그리고 (20c)는 稤庫가 건물임을 알려 주고 있다. 결국 稤庫가 '곡식 창고'의 의미임을 알 수 있다. (20d)는 稤庫가 '임금'과 관계 있는 것임을 암시하고 있다. (20)의 용례를 통해서 볼 때, 稤는 '곡식'의 의미를 가진다.

稤倉의 용례는 다음과 같다.

(21) a. 본부 각 창고의 支用[官司에 필요한 물품의 지급 · 지출]으로 군량을 꾸어 준 것이 매년 1천 2백여 석이 되는데 稤倉에서 또 8백여 석을 꾸어 간 것이 있다.[57] 〈正祖實錄 1796년(정조 20) 1월 11일〉

b. 서명응이 말하기를, "稤倉을 설립한 뜻은 대개 戶曹 · 賑恤廳 · 常平廳의 例와 같습니다. 모든 祭享의 비용과 진휼의 비용과 인부 · 刷馬의 삯이 다 여기에서 나오는데 잡곡이 모두 4천여 석입니다"[58] 〈正祖實錄, 1779년(정조 3) 8월 7일〉

(21a)는 稤倉이 일반적 창고와는 다른 목적의 것임을 말하고 있다. (21b)는 稤倉의 기능을 구체적으로 언급하고 있다. 즉 祭享과 진휼의 비용으로 쓰일 곡식을 저장하는 창고임을 말하고 있다. 祭

56) 『再思堂先生逸集』 卷之一 雜著 遊金剛錄, "江之西岸有一寺 樓觀峻整 倉庫豐隆 問之則乃楡岾寺稤庫也 我世祖所建 春秋斂散 以爲朝夕奉佛之資"

57) 『正祖實錄』 1796년(정조 20) 1월 11일, "本府各庫支用之以軍餉貸下者, 每年一千二百餘石, 稤倉又有八百餘石貸去者"

58) 『正祖實錄』, 1779년(정조 3) 8월 7일, "命膺曰 稤倉設立之意 蓋如戶曹賑恤廳 常平廳之例 凡諸祭享之需 賑恤之資 夫刷之價 皆出於此 而雜穀 合爲四千餘石"

享이란 조선 왕조의 열성조를 제향하기 위한 것이므로 椋倉이란 '임금'이 특별 관리하는 창고라 하겠다.

椋庫와 椋倉의 용례를 검토해 본 결과 우리는 단순히 '곡식 창고'를 의미하던 椋庫와 椋倉에 '임금'의 의미가 첨가된 현상을 관찰할 수 있다.

椋宮과 椋奴의 용례는 『조선왕조실록』뿐만 아니라 다른 문헌 자료에서도 특별한 문맥에서의 용례만 발견된다.[59] 연대가 이른 것만 제시하면 다음과 같다.

(22) a. 明禮宮의 椋宮 趙德壽를 司鑰에 제수하다.[60] 〈承政院日記 1779년(정조 3) 2월 12일〉

b. 그때 臨海君房의 椋奴로 이름하는 사람도 갔습니다.[61] 〈宣祖實錄 1593년(선조 26) 8월 13일〉

(22)에서 보는 바와 같이 明禮宮이나 臨海君房과 같이 궁방과 관련한 내용을 기술할 때에만 椋宮과 椋奴가 출현한다. 앞에서 椋宮은 본래 椋公으로 궁방의 회계 책임자 곧 '곡물을 관리하는 아전'의 의미임은 앞에서 설명하였다. 椋奴에 대해 『표준국어대사전』에서 추상적으로 정의하여 '궁방에 딸린 종'으로 풀이하였으나 椋宮을 고려할 때, 椋奴는 椋宮 휘하의 종으로 생각된다.

椋館의 용례는 『東國文獻備考』에서 발견되는 용례인데,[62] 『大

---

59) 椋宮은 『朝鮮王朝實錄』에서는 발견되지 않는다. 대신 『承政院日記』의 용례를 제시하도록 한다.

60) 『承政院日記』 1779년(정조 3) 2월 12일, "柳義養曰, 明禮宮椋宮, 趙德壽, 司鑰除授"

61) 『宣祖實錄』 1593년(선조 26) 8월 13일, "其時臨海君房椋奴稱名人亦往"

62) 동일한 내용이 『林下筆記』, 『增補文獻備考』, 『東國文獻備考』 關防 海

東地志』의 것을 소개하기로 한다.

(23) 신라가 백제를 평정하고 다시 옛 창고터에 다시 창고를 설치하였다. 또 䨼山의 동쪽 제방에 館을 설치하여 곡식을 많이 저축하였다. 백성들은 椋館이라 불렀다. 무릇 당나라에서 오는 사신과 장사치들은 모두 館에 묵게 되었다.[63] 〈大東地志 忠淸道 沔川〉

(23)에서 창고와 館을 설치한 주체는 명확하지 않으나 '民呼爲椋館'으로 보아 중앙 정부가 그 주체가 된 것으로 이해된다. 신라와 당나라의 교역을 위한 창고가 館이었으므로 설치의 주체는 중앙 정부였을 것이 틀림없다. (23)에 제시된 椋의 용례에 '정부'의 의미가 추가되어 있음을 알 수 있다.

椋尺은 『조선왕조실록』에 단 1회 나온다. 다른 문헌 자료에서는 전혀 발견할 수 없다. 다음이 그것이다.

(24) 河永의 良賤에 대한 일을 너희들이 기한 내에 신정(申呈)하지 아니하였다고 하여 수리(受理)하지 아니하나, 하영의 어미의 祖는 오랜 帳籍에 白丁으로 시행되어 오다가, 50년 이후부터 椋尺으로 시행되어 왔으니[64] 〈太宗實錄 1411년(태종

路 三 西海亭館 등에도 실려 있다. 이 중에서 연대가 가장 이른 것은 『東國文獻備考』이다. 『東國文獻備考』는 1770년(영조 46)에 편찬이 완성되었으나 내용에 오류가 많아 18세기 말에 개수 작업을 거쳐 19세기 말에 『增補文獻備考』로 개수된다.

63) 『大東地志』 忠淸道 沔川, "新羅平百濟 復置倉於古址 又置館於䨼山之東堰 多積穀 民呼爲椋館 凡唐舶之使价商賈皆就館"

64) 『太宗實錄』 1411년(태종 11) 1월 3일, "河永良賤事, 汝等謂以限內未呈, 不當受理, 然永母之祖, 於久遠帳籍, 以白丁施行, 五十年以後, 乃

11) 1월 3일〉

(24)의 椋尺을 『표준국어대사전』과 『한국한자어사전』에서 椋奴와 같은 뜻으로 파악하고 있으나 이는 椋尺의 의미를 잘못 파악한 것이다. (23)에서 椋尺의 전신은 白丁이라 하였으므로 椋尺은 흔히 '禾尺, 水尺'의 이표기로 '양수척'을 표시하는 것이다. 이 경우 椋는 차자 표기로 쓰인 것으로 椋가 '슈' 또는 '쉬'로 읽히는 것을 알려 주는 자료라 하겠다.

椋이 단독으로 쓰이는 용례는 다음과 같다.

(25) a. 大椋[65] 3間, 三寶椋 2間 〈白嵓寺傳帳受〉
b. 天順元年 戊寅 八月 日來 二月爲始 所用米麵 附近各官椋上米五千石 〈靑莊館全書 盎葉記 海印寺藏經〉

(25a)의 「白嵓寺傳帳受」 백양사 소장의 자료로 김문경(2007)에 따르면 1393년(태조 2)에 작성된 것이라고 한다. 후행한 '間'으로 보아 (25a)의 椋이 '창고'의 의미임은 확실하다. 그러나 이 창고가 '곡식 창고'인지는 확인되지 않는다.

(25b)는 조선 세조 시 해인사 대장경 인출에 관한 전말을 기록한 『搨印節目』에 출현한 椋의 용례이다.[66] (25)는 해인사 대장경의

以椋尺施行, 則不無疑慮也 宜更辨正"

65) 김문경(2007: 89)에 따르면, 「白嵓寺傳帳受」의 작성 연대는 1393년(태조 2)이며, 이 문서에는 白羊寺 가람의 건물 내역이 기술되어 있다. 또 김문경 씨에 따르면, 「白嵓寺傳帳受」는 현재 백양사에 소장되어 있지만 공개되어 있지 않다고 한다.

66) 『搨印節目』은 현재 전하지 않으나 그 내용이 이덕무의 『靑莊館全書』 「盎葉記」의 海印寺藏經 조에 전한다.

인출 작업이 天順 元年 즉 1457년(세조 3)에 시작되었고, 인출 시의 비용으로 부근 官稤에서 쌀 오천석을 보낸 사실을 기록하고 있다. (25b)의 官稤은 '관아의 곡식 창고'로 해석된다.

이상으로 稤의 용례를 통하여 稤에 '정부(임금, 궁방), 곡식, 창고' 등의 의미가 부착되어 있음을 확인하였다. 그리고 '정부'의 의미는 稤의 사용 문맥에 따라 발생한 것임을 이해하였다. 즉 稤庫가 임금이 직접 관할하는 창고의 뜻으로 사용되었고, 稤宮이 궁방의 직명으로만 사용된 것에 기인하여 稤에 '정부(임금, 궁방)' 등의 의미가 발생된 것으로 이해된다.

4) 稤의 기원적 의미와 자형 구성 방법

稤가 '곡식'과 '창고'의 두 가지 의미를 가진 것에 착안하여 鮎貝房之進(1931)은 稤를 회의자로 규정하였음을 앞에서 언급한 바 있다. 그런데 稤에 관련하여 鄭東愈가 『晝永篇』에서 '倉庫稱稤(音수)'라 한 것에서 '수'가 정말 稤의 字音인지의 문제를 더 검토해야 한다. 『晝永篇』에서 稤의 음으로 '수'로 제시한 것이 稤의 訓일 가능성도 있기 때문이다. 예컨대 정동유가 『晝永篇』에서 우리말 '탈'을 표시하는 頉의 음을 '탈'로 제시했는데, '탈'은 頉의 자음이 아니고 訓이기 때문이다.

稤와 관련된 '수'가 字音이 아니고 訓인 증거를 다음 자료에서 찾을 수 있다.

(26) a. 安山郡 修理山의 稤巖이 무너졌는데, 길이가 30척, 너비가 25척이었다.[67] 〈太宗實錄 1408년(태종 8) 12월 5일〉

b. 鎭山은 鷲岩이다 [군의 동쪽에 있으니] 〈世宗實錄 地理志 安山〉, 鷲巖 수리산에 있다. 〈新增東國輿地勝覽 安山郡 山川〉

c. 修理山은 동쪽 5리에 있다. 太乙山이라기도 하고 見佛山이라기도 한다. 자못 가파르고 높은 곳에 鷲岩峯이 있다. 방언에 鷲를 수리[修理]라 한다.[68] 〈大東地志 安山 沿革〉

d. 秀岩峰 〈朝鮮地誌資料 安山 郡內面〉

(26a)에서 말한 䅵巖은 (26b)와 (26c)에서는 鷲巖[수리바위]로 표기되었다. 그리고 20세기에 이르러서는 (26d)에서 보는 바와 같이 秀岩[수암]으로 그 표기가 바뀌었다. (26c)의 '방언에 鷲를 수리[修理]라 한다'는 기술은 鷲岩의 鷲가 훈차 표기임을 말해 주는 것이다. 곧 鷲岩이 '수리바회' 정도를 표기한 것임을 알려 준다. 한편 (26d)의 秀岩은 鷲岩을 음차 표기로 읽고 이에 따라 한자를 바꾼 표기이다.

(26)에서 鷲岩과 䅵巖의 대응은 조선 후기에 䅵가 '수' 정도로 읽혔으나 15세기에는 '쉬' 였음을 말해 주는 것이다. 䅵巖의 䅵가 '수'를 표기한 것으로 본다면, 鷲岩과 䅵巖의 대응 관계를 성립 시킬 수 없다. 즉 '수리'와 '수'는 음운론적으로 대응시키기가 곤란하기 때문이다. 그런데 䅵가 '쉬'를 표기한 것으로 본다면, '수리'와 '쉬'는 음운론적으로 대응시킬 수 있다. '수리'와 '쉬'의 대응에서 '쉬'

67) 『太宗實錄』 1408년(태종 8) 12월 5일, "安山郡修理山䅵巖頹 長三十尺 廣二十五尺"

68) 『大東地志』 安山 沿革, "修理山 東五里 一云太乙山 一云見佛山 頗峻高有鷲岩峯 方言謂鷲爲修理"

는 '수리'에서 'ㄹ'이 탈락한 것인데, 이와 같이 모음과 ㅣ모음사이의 'ㄹ'이 탈락하는 경우는 15세기어에서 발견된다. 즉 유창돈(1973: 91-92)은 15세기어에서 '나리[川] 대 내, 누리[世] 대 뉘, 도리[廻] 대 되' 등의 공존형을 소개하고 있다.

䅵가 기원적으로 '수'가 아니라 '쉬'에 관계된다는 사실은 䅵의 기원적 의미가 무엇인지를 알려 준다. 즉 『訓蒙字會』 下:3에서 禾의 훈과 음을 '쉬 화'로 제시된 것을 고려하면, 䅵가 가진 '곡식'과 '창고'의 두 의미 중에서 '창고'보다는 '곡식'을 䅵의 기원적인 의미로 추정할 수 있다. 䅵의 기원적인 의미를 '창고'로 볼 경우 '쉬'와의 관계를 설명할 수 없기 때문이다. 또, 鮎貝房之進(1931)처럼 䅵를 회의자로 보아 䅵의 기원적인 의미를 '곡식 창고'로 볼 경우에도 䅵와 '쉬'의 관련성을 입증하기가 어렵다.

䅵의 기원적인 의미를 '곡식'으로 볼 경우에 장점이 있다. 즉 「行用吏文」에서 䅵宮을 '쉬궁'으로 제시한 것을 쉽게 이해할 수 있다. 䅵宮의 䅵를 '곡식 창고'로 볼 경우, 䅵宮을 '곡식의 출납을 관리하는 아전'의 뜻으로 이해하기 어렵다. '창고'의 의미가 이러한 해석을 방해하기 때문이다. 䅵宮의 의미는 䅵를 단순히 '곡식'의 뜻으로만 이해할 경우에 명쾌하게 이해될 수 있다.

그렇다면 䅵의 기원적 의미가 '곡식'이라면 䅵은 '창고'의 의미를 어떻게 가지게 되었을까?

(27) a. 禾倉 在禾回坊[今屬監營] 〈輿地圖書 黃海道 瑞興〉
　　b. 穀食樓梗 5間〈修禪社形止案[69]〉

69) 노명호 외(2000: 373)에 따르면 「修禪社形止案」은 1221년부터 1223년 사이에 작성된 것으로 추정되고 있다.

c. 大口 땅에 왜적 10여 명이 밤을 타고 돌격하여 들어와서 먼저 죄인을 가둔 토우(土宇)를 부수고 난 다음 穀倉에 불을 지르고[70] 〈宣祖實錄 1598년(선조 31) 2월 23일〉

(27a)의 禾倉, (27b)의 穀食樓梗[樓梗은 樓 형식의 채], (27c)의 穀倉 등은 모두 '곡식+창고' 등의 형식을 가진 말로 모두 '곡식 창고'의 뜻을 가진다. 특히 禾倉은 한국 고유한자 稤의 자형 형성을 증거하는 자료이다. 즉 禾倉에서 禾는 본래 '곡식'의 뜻만 가졌으나 후행한 倉의 의미를 흡수하여 '창고'의 의미까지 가지게 되고, 이것을 표시하기 위해 禾에 창고의 뜻인 '京'을 첨가한 것으로 생각된다. 衣對에서 對가 衣의 의미를 흡수하여 한국 고유한자 襨의 자형을 형성한 것과 동궤의 것이다. 결국 稤은 형성의 방식으로 만들어진 글자로 이해되는데, 意符인 京을 첨가하는 방식이 襨와는 다른 점이 특색이다. 意符인 京이 한자의 部首가 아닌 점도 특색이다.

70) 『宣祖實錄』 1598년(선조 31) 2월 23일, "大口之地, 倭賊十餘名, 乘夜突入, 先破囚人土宇, 次焚穀倉"

Ⅳ. 결 언

이 글은 중국 자서나 운서에 수록되지 않았다는 점만으로 한국 고유한자로 규정하는 것은 오류의 가능성이 있음을 강조하였다. 그리하여 한국 고유한자가 함유한 자형 형성의 고유성을 객관적으로 입증할 필요성이 있음을 제기하였다. 그리고 자형 형성의 고유성을 밝히게 되면, 한국 고유한자에 투영된 우리말 어형을 복원할 수 있음을 강조하였다.

제2장에서는 한국 고유한자의 자형 구성 방법에 대한 기존 연구를 비판적으로 검토하였다. 李睟光『芝峯類說』의 文字部, 黃胤錫의『頤齋亂稿』, 李德懋의『青莊館全書』「盎葉記」 등에서 한국 고유한자 자형 형성 과정을 기술한 내용을 검토하였다. 이러한 검토 결과 한국 고유한자 椺가 우리말 '봏' 또는 '보'를 차자 표기한 保에 意符 '木'을 추가하여 구성된 글자로 파악할 수 있게 되었다. 鮎貝房之進(1931)이 제안한 한국 고유한자의 자형 구성 방법을 소개하고, 鮎貝房之進(1931)이 ⿰木飛의 의미를 '사다리'로 파악한 것은 오류임을 밝히고 이를 자귓밥으로 풀이해야 바른 것임을 언급하였다. 이영훈(1980)을 활용하여 남풍현(1989)에서 미진하게 논의했던 한국 고유한자 矣의 의미인 '統首'의 의미 형성 과정을 기술하였다.

제3장에서는 형성에 의해 구성된 한국 고유한자의 새로운 사례를 확인하였다. 기존의 논의를 활용하여 한국 고유한자 '⿰衤飛, ⿰糸飛, 褙' 등이 형성에 의한 것임을 확인하였으며, 한국 고유한자 稤가 형성에 의해 구성된 것임을 새로이 밝혔다. ⿰衤飛의 경우에는 우리말 '비븨-'를 차자 표기한 飛褙에서 褙에 있는 衣에 영향을 받아 ⿰衤飛의

자형이 형성되었음을 논의하였다. 絥의 경우에는 우리말 '누비 -'를 차자 표기한 縷飛에서 縷에 있는 糸에 영향을 받아 絥의 자형이 형성되었음을 논의하였다. 襨의 경우에는 衣對의 한자 표기에서 衣에 영향을 받아 襨의 자형이 형성되었음을 논의하였다. 稤의 경우에는 우선 稤가 가지는 세 가지 의미 즉 '정부, 곡식, 창고' 등에서 '곡식'이 기원적인 의미이며, 문맥적 환경에 의해 '곡식'의 의미에 '정부, 창고' 등의 의미가 첨가된 것으로 설명하였다. 그리고 稤가 형성의 방법으로 만들어진 글자임을 새로이 논의하였다. 즉 禾倉과 같은 결합 경험에서 후행한 倉[창고]에 영향 받아 禾에 京[창고]의 意符가 첨가되어 만들어진 글자로 파악하였다.

〈참고문헌〉

1. 資料

『康熙字典』(http://tool.httpcn.com/KangXi)

『高麗史』, 아세아문화사, 1972.

『救急簡易方(동양학총서 제9집)』, 단국대학교부설 동양학연구소, 1982.

『重訂南漢志』(한국학중앙연구원, 장서각디지털아카이브, http://yoksa.aks.ac.kr)

『大東地志』(金正浩, 국립중앙도서관, 古貴0235-2)

『(校訂)大明律直解』(朝鮮總督府中樞院, 1936, 국립중앙도서관)

『老朴集覽』(동국대학교, 貴D494.2노13)

「大安寺形止案」(盧明鎬 외, 『韓國古代中世古文書研究(上)』, 2000, 서울대학교출판부)

『萬機要覽』(徐榮輔, 한국고전번역원, http://db.itkc.or.kr)

『牧民心書』(丁若鏞, 한국고전번역원, http://db.itkc.or.kr)

『飜譯老乞大』(대제각, 1985)

『飜譯朴通事』(대제각, 1985)

『法華經諺解』(대제각, 1985)

『三國史記』(대제각, 1987)

『釋譜詳節』(대제각, 1985)

『星湖僿說類選』(李瀷, 한국고전번역원, http://db.itkc.or.kr)

「修禪社形止案」(盧明鎬 외, 『韓國古代中世古文書研究(上)』, 2000, 서울대학교출판부)

『承政院日記』(국사편찬위원회, http://sjw.history.go.kr/main/main.jsp)

『新字典』(朝鮮光文會, 1915)

『新增東國輿地勝覽』(景文社 1978)
『御營廳謄錄』(장서각 K2-3349)
『輿地圖書』(大韓民國文敎部 國史編纂委員會, 1973)
『五洲衍文長箋散稿』(李圭景, 한국고전번역원, http://db.itkc.or. kr)
『譯註高麗史』(東亞大學校 古典硏究室編, 東亞大學校出版社, 1966)
『頤齋亂藁』(한국학중앙연구원, 장서각디지털아카이브 http://yoksa.aks.ac.kr)
『頤齋遺稿』(黃胤錫, 한국고전번역원, http://db.itkc.or.kr)
『吏學指南』(徐元瑞 纂, 국립중앙도서관, 古6026-3)
『日省錄』(서울대규장각, http://e-kyujanggak.snu.ac.kr)
『字典釋要』(池錫永, 1909)
『載寧啓下節目』(『고문서』 14, 奎 18288의23, 서울대 규장각)
『再思堂先生逸集』(한국고전번역원, http://db.itkc.or.kr)
『典律通補』(具允明 編, 국립중앙도서관, 古6022-11)
『朝鮮王朝實錄』(국사편찬위원회, http://sillok.history.go.kr/main/main.jsp)
『朝鮮地誌資料』(국립중앙도서관, 古2703-1-1-7)
『晝永編』(鄭東愈, 국립중앙도서관, 古091-7)
『芝峯類說』(李睟光, 한국고전번역원, http://db.itkc.or.kr)
『震覽』(서울대 규장각, 가람古903 J563)
『昌陵位田畓量案』(장서각, K2-3245)
『青莊館全書』「盎葉記」(李德懋, 한국고전번역원, http://db.itkc.or.kr)
「太祖家屋許與文記」(盧明鎬 외, 『韓國古代中世古文書硏究(上)』, 2000, 서울대학교출판부)
『표준국어대사전』(국립국어연구원, http://www.korean.go.kr)

『한국민족문화대백과사전』(한국학중앙연구원, http://encykorea.aks.ac.kr)
『訓蒙字會』(단대출판부, 1983년 재판 영인본)

2. 논저

국립가야문화재연구소, 『韓國木簡字典』, 국립가야문화재연구소, 2011.
국립중앙박물관 · 대한불교조계종, 『불국사석가탑 유물2 - 중수문서』, 2009.
김문경, 「朝鮮後期 白羊寺의 僧役에 대한 고찰」, 『禪文化研究』 2, 한국불교선리연구원, 2007, 81~110쪽.
金鍾塤, 『韓國固有漢字研究』, 集文堂, 1983.
南豊鉉, 『借字表記法研究』, 檀大出版部, 1981.
南豊鉉, 「韓國의 固有漢字」, 『국어생활』 17, 국어연구소, 1989, 96~109쪽.
南豊鉉, 『吏讀研究』, 태학사, 2000.
盧明鎬 외 『韓國古代中世古文書研究(上)』, 서울대학교출판부, 2000.
檀國大東洋學研究所 編, 『韓國漢字語辭典』, 단국대 동양학연구소, 1997.
檀國大東洋學研究所 編, 『漢韓大辭典』, 단국대 동양학연구소, 1999~2008.
도수희, 『한국의 지명』, 아카넷, 2003.
稻葉岩吉, 『釋椋』, 大阪屋號書店, 京城, 昭和 11.
柳在泳, 「韓國漢字」, 『국어국문학』 30, 원광대학교 국어국문학과, 1976.
朴盛鍾, 「韓國漢字의 一考察」, 『口訣研究』 14, 2005, 51~82쪽.
박혜범, 『동리산 사문비보』, 박이정, 2009.

신상현, 『조선시대 한자 자형 연구』, 고려대학교 박사학위논문, 2008.

유창돈, 『李朝國語史研究』, 선명문화사, 1973.

이건식, 「한국 고유한자의 발달 - 지명의 후부 요소 표기를 중심으로 -」, 『구결연구』 22, 구결학회, 2009ㄱ, 219~259쪽.

이건식, 「조선 전기 문헌 자료에 나타나는 어류명 표기에 대한 연구」, 『국어학』 55, 국어학회, 2009ㄴ, 125~172쪽.

이기문, 「高句麗의 言語와 그 特徵」, 『白山學報』 4, 백산학회, 1968, 101~142쪽.

李基文, 『國語史概說 改訂版』, 탑출판사, 1980.

李丞宰, 『高麗時代의 吏讀』, 태학사, 1992.

이영훈, 「朝鮮後期 八結作夫制에 대한 研究」, 『한국사연구』 29, 1980, 75~137쪽.

李忠九, 「書永編에 蒐集된 韓國漢字의 分析研究」, 『首善論集』 8. 成均館大學校 大學院 學生會, 1983.

鮎貝房之進, 『俗字攷』, 雜攷, 東京 圖書刊行會, 1931.

諸橋轍次, 『大漢和大辭典』, 昭和 六十年.

최동언, 『조선식한문연구』, 북한 사회과학원, 2001.

하영삼, 「한국 고유한자의 비교적 연구」, 『중국어문학』 33, 1999, 185~224.

漢語大詞典編輯委員會 編, 『漢語大詞典』, 漢語大詞典出版社, 1991~1993.

홍기문, 『리두연구』, 과학원출판사, 1957.

[『東洋學』 52집(2012) 수록]

日本製漢字の変遷と形成方法*

笹原宏之**

Ⅰ. はじめに

本稿では、日本製漢字(国字)とされるものについて、その発生と史的変化に関して、現存資料から構築された歴史をまとめて述べる。日本製漢字に関する従来の研究成果は他の分野に比して多くはないが(笹原2007a)、それらを踏まえつつ、大局的な観点からその動態とそれを生み出す背景とを客観的に把握することを目的とするものである。それに付随して、日本製漢字の位置を明確化するために、日本製字体(日本製の異体字)や日本製の字音、字義を随時参照する。

続けて、それらの使用者層、生成パターンなど、新たな観点からそれらについての分類を行う。それらに具体的な例を示すことに

* 本稿は、科学研究費補助金課題 「現代における和語名詞の表記の実態とその背景に関する調査研究」(基盤研究(C)) の成果を含むものである。

** 早稲田大学 社会科学総合学術院 教授 / sasa@waseda.jp

よって日本製漢字のもつ主要な傾向を解明する。さらに個々の字に関して判明したことがらについても明らかにする。出自や字源解釈などの認定にまま見受けられる安易な俗解を引き起こさないために、今後注意すべき点についても述べる。

Ⅱ. 日本製漢字の歴史の概要

日本製漢字の通時的変化に関する体系的な捕捉は、なお見受けられないため(ライマン1990、佐藤1999ほか参照)、本稿で記述を試みる。1世紀に日本は、中国(後漢)から漢字の書かれた金印を授けられ、続いて古代の中国や韓国から渡来した人々や伝来した文献を通して漢字を本格的に移入しはじめた。5、6世紀ころには、日本語(和語) を漢字によって表記し始める。それ以来、漢字は日本列島において、その形・音・義から用法にいたるまで、あらゆる面で日本化を伴いながら、日本語を表記するための文字として変容してきた。

その時には、大和言葉(和語)に対する音読みによる仮借、続けて大和言葉による訓読みが行われた。これらは当時、韓国からの渡来人による影響を強く受けて成立したもので、日本語の単語だけでなく、日本語の文法に従った文章までが漢字だけで、漢文風の変体漢文で表記されるようになっていく。

「京」という字が倉の意としても中国で用いられるようになり、それを受けて韓国ではそれに木偏を付けて、みやことしての用法と区別をし、「椋」を用いた。それが、日本にも影響して、「椋」を「くら」と読ませて使うことが起こった(笹原2007a)。現在でも、近畿地方を中心として、その用字が地名や姓に多く残っている。なお、「まら」と読むとされた「閛」も日本製漢字とされることがあったが、実際には「閉」の異体字「閇・閈」の「門」が「冂」のように中国北部・韓国で書かれたものと解される(笹原2007a)。

７世紀には、中国ではチャンチンという木や伝説上の霊木を指した「椿」を「ツバキ」と読ませた日本製字義(国訓)が観音寺遺跡出土木簡に現れるが、これは、日本人の風土と感性に即して漢字を改造した早期の行為と見なすことができる。

とりわけ劇的な改変は、漢字の新作である。「鞆」で武具の「とも」を表す日本製漢字も、やはり木簡や『古事記』に現れている。この「鞆」は素材を表す「革」と、「とも」の形を象るために選ばれたと考えられる「丙」とからなる最古層の日本製漢字である。これは、和語の物の名前や名詞、固有名詞を表記するためである。日本では、単音節の漢語ではなく、和語を表記するためには、いわゆる六書では形声文字よりも会意文字が好まれる傾向がある。

奈良時代には、『万葉集』において柿本人麻呂が「嬬嬬」(おとめ)の1字目などの字を個人で造って用いたことが知られている。また、正倉院文書では、「日下」で「くさか」と読む熟字訓をさらに縦に一字にした合字も起こった。こうした仮借や熟字訓は、「本来的、一般的な字音や字訓、字義に従わずに」行われる「語の表記」[1]の一つとして位置づけうるものであり、広い意味での「当て字」(笹原

1) 笹原宏之,『当て字・当て読み　漢字表現辞典』, 東京: 三省堂, 2010b, pp.892参照。

2010b) と呼ぶこともできる。

奈良時代の前後には、「鵤」(いかるが 鳥の名)「鯰」(なまず 魚名)「鮑」(あわび 貝の名) のように、古代中国の漢字が、漢籍や仏典などによって伝わってきたと考えられるものも金石文や文書、書籍などに使われている。後代の『和名抄』には『漢語抄』や『本草』など漢籍と思しい資料が引用されている。しかし、それらに現存する種々の資料からの検討を加えると、たとえば「鮑」とその部首を置換した「蚫」は、出土木簡や史書、随筆など伝来文献などの現存資料に下記のように記録が出現している(詳細は笹原2011参照)。枠囲みは、漢字圏において最古の例があることを示す。

	鮑	蚫
日本	7世紀	8世紀
韓国	10世紀	8世紀
中国	7世紀	14世紀

中国では古い記録を失ったため、日本製漢字のように見えるが、中国製であるため日本製漢字ではなく、「佚存文字」として区別すべきものである。「畠」(はたけ)も、その可能性がある。「畓」の日本への伝来は古く、8世紀の正倉院宝物に記された例が確認できる(笹原2007a)。

中国	田(水田・白田・火田)		
韓国	畓	田	
日本	田	畠	□・畑

８世紀の奈良時代には、漢字の「橿」(キョウ　材料となる木) を「樫」(かし)、漢字の「鷸」(イツ)を「鴫」(しぎ) と、日本人が和語で理解しやすく、またイメージも豊かに表現できるように改造した日本製漢字も金石文や『万葉集』などに現れ、漢字から日本製漢字へと交替していく。

主として固有名詞の表記に用いられる「俣」(また) は漢字「俟」(まつ) を変形させたものと考えられるが、「矢」を「天」のようにした異体字や、別の字の異体字としては中国にもすでにあった(字体のみが衝突した例、あるいは応用を加えた例といえる)。現存する『古事記』『日本書紀』『万葉集』『風土記』には、異体字で記されているが、正倉院文書など当時の肉筆ではすでに「俣」と記されており、転写の誤りにすぎなかった。

こうした現象は、漢字が日本化していく過程といえる。万葉仮名で「伊和之」などと記されていた魚名は、平城京木簡に出現する「鰯」(いわし) のように、意味が対応する漢字が見つけにくい物にも日本製漢字が造られていく。他の魚名の表記との対称性が求められたことも一因と考えられる。日本独自の神事に用いる「さかき」という木の名も「賢木」などから「榊」「梻」へと日本製漢字が生み出される(下記の「小学篇」に収められている)。地方の役人が造ったと思われる地域独自の日本製漢字も、すでに各地の『風土記』に見られる。変体漢文、万葉仮名交じりの文や、漢詩文という漢文体でも音読みだけでなく、訓読みを前提として使用されるようになった。

こういった日本製漢字を集めた「小学篇」という辞書も編纂されていたことが、後代の『新撰字鏡』にうかがえる。奈良時代においては、日本製漢字はすでに数百字にまで増加していた。金石文や文献、文書などさまざまな資料にそれが現れている。

ここまでに出てきた字を中心として、用法別に出自などを分類を試みると下記のようにまとめることができる。魚偏など、種々の部首においても、同様に6通りの分類が可能となる。

〈表 1〉漢字・日本製漢字の用法別の出自などの分類

例字	音訓	類別	属性
木	「ボク・モク」 「き」	漢字 漢字義	音読み　(象形文字) 訓読み
椿	「チュン・チン」 「つばき」	漢字 漢字義 日本製字義	音読み　(形声文字) (霊木・チャンチン) 訓読み　(会意文字)
榊	「さかき」	日本製漢字	訓読み　(会意文字)
魚	「ギョ」 「うお・さかな」	漢字 漢字義	音読み　(象形文字) 訓読み
鮎	「ネン・デン」 「あゆ」	漢字 漢字義 日本製字義	音読み　(形声文字) (なまず) 訓読み　(会意文字)
鰯	「いわし」	日本製漢字	訓読み　(会意文字)

8世紀末の平安時代以降、さまざまな文化が日本風に発展する。表音文字である平仮名(ひらがな) と片仮名(カタカナ) が漢字から派生し、インドの梵字の影響を受けて、それらによる五十音図も形成される。仮名は簡易であるために庶民に広まっていくのだが、あくまでも「仮名」であり、「真名」つまり本当の文字であると認識された漢字の方がより価値がある、格が高いという意識が強く残っていく。

空海の筆跡には「円」(圓)のような日本独特の異体字も現れ始め(笹原2006)、貴族の詠む和歌などに使われる「匂」(におい・動詞は「におう」)は、「韻」の異体字の一つ「匀」が定着したもので、漢字のもっていた意味が限定され、かつ音読み「イン」を失い、日本製漢字らしさを増していく。『江談抄』における「畠」は日本製漢字ではないという言及など、日本製漢字に対する意識も萌芽し、研究も始まっている。同書には渤海国の使者の名前の造字「丼」(どぶり)「丼」(ざぶり)も見られる(後に『節用集』などにも登録される)。これらは実際には日本製漢字であろうが、異国の造字を扱う点と後代への影響(丼)という点で重要である。

さらに、名詞は漢字で書きたい、単語(概念)は漢字一字で書きたいという日本人の知識層の意識が、日本製漢字を生み出し、使っていくための原動力となる。当時、漢字を造りだす層は概して漢籍の素養があり、「辻」(つじ)は中国の「十字街」(『北史』など)を、「榊」(さかき)は、中国での「蚕」の俗字「蠒」を踏まえたものと思われる。「辷」(まろぶ、後に「すべる」)「梻」(しきみ)「俤」(おもかげ)も、仏教説話集である『今昔物語集』に登場する。

このように11世紀後半からの院政期における新興漢字の萌芽を経て、12世紀末からの鎌倉時代以降、武家が政権を握る中世の時代となり、漢字の使用層が広がっていくことにより、公家や僧侶だけでなく、武士、連歌師など新しい時代の新興の文芸家、職人など社会集団ごとに、造字が広く行われるようになっていく。

武器の「槍」(やり　鎗)には「鑓」という訓読み(遣：やり)を利用した日本製漢字が現れる。「畑」(はた)は、鎌倉時代に、焼き畑農業の進展とともに登場し、次第に「畠」(はたけ)との区別を失って混用されていくようになる。「働」は、前述のとおり「はたらく」が「動」と書かれていたことを踏まえて、やはり中世に「にんべん」が付加されたものであり(後述する)、『平家物語』などの軍記物では相次ぐ合戦での功績を表していた。

14世紀からの室町時代には、魚名の「タラ」には公家日記などに「鱈」が現れ、また、礼儀を身に付けさせることを意味する「しつけ」には礼法書などに「躾」と「躾」とが現れる。山道の最も高いところは、日本では道祖神が置かれ、境界となる特別な地であった。日本製漢字の「峠」(とうげ)は、「嶺」とは異なる概念の語であり、「峠」は中国の「弄」の俗字「挊」を踏まえつつ、日本独自の概念を「山」「上下」と絵画的に表したものともいえ、この時代に諸書に登場する。「畑」や「峠」のように、自然にかかわる会意の造字が目立つのは、概して日本人が花鳥風月や雪月花などの自然の風物に寄せて情緒やイメージを尊重する傾向をもつことと関わる可能性がある。『下学集』や『節用集』などの通俗性を帯びた辞書では、それまでの『和名抄』などの「俗」に変わって、より限定的で厳密性をもつ「倭字」という出自を示す術語が現れる。

重さの単位の「匁」(もんめ)は、中国で生じた「銭」の俗字が日本において変形し、訓読み(モンは字音由来であるが)の字として定着していく。地名にも造字が各地に現れ始める。京都では「椥辻」(なぎつじ)という地域独自の「椥」という会意の日本製漢字も造られた。これは、日本製漢字だけの地名である。なお、ベトナムのチュノムにも「ビンチェ省」のチェに「椥」(tre 竹)があるが、暗合したものと考えられる(暗合については後述する)。

室町時代から江戸時代に入る前辺りに、「笹」が植物名や地名などの「ささ」として、文書、文芸作品などに現れる。筆者の名字は江戸時代の富山における屋号からである。この字は、「竹」と「葉」からできたと考えられている。古くは「ささ」は「小竹」「篠」(しのとも)が多く、「笋」という「篠」の声符を置換したか会意化によるものも中世期にあった。なお、中国の金文にも見られる字体であるが、それは「世」としての使用であり、かつ後代には絶えていることから、日中で別個に造られた文字が、たまたま形だけ一致したものである。こうしたものは字義まで一致する暗合ではなく、衝突と呼ぶ(後述する。笹原2007a参照)。

なお、このころには漢方医による暗号のような造字「一字銘」も集団文字として出現する。また外に向かっては、漢字圏で互いに用いられている字種や用法が異なる現象への言及が多く現れている。

17世紀からの江戸時代には、中国の熟語「鳳(凬)巾」から「凧」(たこ)という日本製漢字も造られる。日本独自の文化である戯作、日本刀、日本酒に関する日本製漢字もこの時期に増えていく。歌舞伎や浄瑠璃でも、外題に縁起を担いだ会意の造字、合字を多用した。このように、識字層の拡大に伴って一般の人々の間で、遊び道具までが日本製漢字で表現されたのである。日本製漢字は、表記面だけではなく、人々が使用する語句への影響も生み出すことがあり、「鱈」(タラ)を字体から「旁(つくり)の雪」と異名で称するような現象も生じた。さらに、一般向けに見て楽しむだけの遊戯性、一回性の高い嘘字、鈍字のたぐいも量産された。

こうした中で、日本製漢字研究も進展を見せ、新井白石が『同文通考』において、初めて「国字」「国訓」という術語を日本製の漢字や日本化した字義に対して設けた。日本の古書を研究する国学者たちは、木村正辞が、奈良時代の文献に発見した日本製漢字「槻」(つき 槻) などを自己の号に復活させるなど、日本製漢字の死字も再利用した。これまで、漢籍にある漢字を重視してきた漢学者も、林述斎が隅田川を表すために造った「澑」のように、日本製漢字を雅称のために作製するに至った。この場面では、音読みをもつ日本製漢字が俗から雅に転じたのである。思想家の安藤昌益や蘭方医の海上随鴎のように、自己が必要とする表現のために、日本製漢字(個人文字) を一人で数百字造る人たちも現れる。

当時の封建的な身分制社会の中で、敬称の「様」(さま) を相手との関係によって「様」「檨」と書き分けるような待遇表現が表れる。日本製字義に日本製異体字を掛け合わせ、目上・目下の区別がその場その場の筆記機会に行われた。なお、その身分による表記の区別には、別のレベルのものでは書体やひらがなも利用された。

熟字訓として用いられるための日本製漢字も現れた。「はしたなし」を「魁魁」と記す類である。これらは、通俗的な文芸に見られる世話字と呼ばれる一群の文字に属した。この時期には、日本製漢字で表記される語は、あらゆる品詞に及んでいる。一般に助詞にも「鳬」「鴨」などの漢字が当てられることは、上代以来途切れてはいなかった。日本製漢字が表す語(読み) を品詞ごとに分類すると、下記のようにほぼすべてが該当するが、名詞と動詞がほとんどを占めている。

〈表 2〉品詞と日本製漢字の例

名詞	畑	はた・はたけ
固有名詞	薙	なぎ(草薙)　/　圷 あくつ
動詞	働	はたら(く)　/　込 こ(む)
形容詞	誂	やさ(し)
副詞	聢	しか(と)
接続詞	扨	さて
感動詞	遖	あっぱれ(「あはれ」から分化し、「哀れ」などと用法も区別された)
助詞	迚	とて(とてもという副詞としても使用された)
助動詞	〼	ます　/　△(ム)　ござ(る)

中世以降、「鋲」(ビョウ)　のような形声文字も造り出されている(後述する)。「勢」も左上が「生」と日本語としての音読み「セイ」を示すような崩し字を介した日本的な楷書の字体が好まれていた。西洋のオランダ医学からの影響を受け、漢方の五臓六腑説にはなかった人体のklierに対して「腺」という字が造られた。また、既にあった「働」も、旁から形声文字の方法を応用して「ドウ」と読まれるようにもなり、「労働」「実働」「稼働」といった和製漢語を形成し始める(「仂」と略記されるようにもなる)。こうした日本製漢字は、近代に中国や韓国、ベトナムにも伝播し、一部が定着をみた。

和服の「つま」には、「妻」という字の訓読み(主に発音のみ)を利用し、衣偏を加えて「褄」を造る、というような応用も行われる。「裃」で「かみしも」(武士の礼服)は、「上下」、さらに「衦祄」を経て生まれた合字である。さらに皮膚病を意味する「はたけ」には日本製漢字「畑」に「やまいだれ」を付けるものまで雑俳書に現れる。日本製漢字を利用した新たな日本製漢字といえる。そして、鎖国体制の中で、北海道、青森から九州、沖縄まで、各地で姓名や地名や方言を表すための日本製漢字、日本製字義が生み出された。

こうして、江戸時代までに、日本製漢字は数千種類生み出された。主な日本製漢字に関する研究書も編纂される。韓国での日本製漢字(たとえば新井白石の書簡に出る「㺞」)や日本製字義に対する言及も起こっている。

19世紀後半、明治時代に入ると、活版印刷と普通教育が普及し、日本製漢字の生産は激減する。戯作の流れを汲む尾崎紅葉は「□(泉の下に灬)」(ゆ 温泉の意)などを作品で造って使った。キロメートルに「粁」、ミリリットルに「竓」といった日本製漢字も生産され、漢字圏に普及した。近代の国語国字問題の議論がわき起こる中で、国字(ここでは日本で日常用いる文字の意)を改良しようと、新たな字も提言されたが、実用からは遠いものばかりで普及することはなかった。

人力車の発明を受けて「俥」(くるま)という日本製漢字も造られた。新聞での造字の懸賞によって選ばれたもので、募集に対する創作漢字として、実際に定着した唯一のものである。

また、姓名にも造字が増え、「十」の縦線をはねて「もぎき」と読ませる姓も現れる。象形文字、指事文字とよべる数少ないものである。名字(姓)では、本家と分家で異体字を使い分けるような細かな表現も増える。

ここで、日本製漢字が表す語の語種も出揃った。和語は多数で、数千種にのぼると考えられる。次に例を示す。下線部分が日本製漢字。が「／」より左が常用漢字表内字。

和　語　　畑 働く 込む ／ 辻 鰯
漢　語　枠(漢字の「籰」の音読みのワクが語源) ／ 炬燵 饂飩
　　　　溌溂 鋲・鮟鱇(語源説に複数あり)
外来語　　なし ／ 𦬇(タバコ) 粁 釷鈃(トタン) 錻力(ブリキ)

日本製異体字も新たに生み出された。「廣」は文書の中で「広」と略されるようになり(山下2012)[2],ガリ版(孔版) の普及の中で、社会活動家などの間で「機」を「木キ」、「議」を「言ギ」と略すような字体も使われていく。

戦後には、遊びで造られた「感字」である「□(女の右に卡)」(エレベーターガール) が有名となるなど、使用されるには至らないまでも、感字の中にもある程度一般に知れ渡るものも現れた。

ただ、活字印刷や近代辞書の刊行、漢字政策、近代教育、そしてパソコンなどの普及と徹底によって、次第に造字行為は減少していく。漢字自体が減少していき、平仮名、片仮名やローマ字の使用も増える中で、2010年に改定された「常用漢字表」では、「匂」(臭いも採用)「栃」(県名表記として) のほか、「腺」が採用された。この字が個人によって造られてから200年で、使用層を拡大し、ついに共通の字として認められたのである。

---

2) 山下真理,「「広」の字体について：－略字体の出現時期とその要因－」(http://www.kanken.or.jp/incentive_award/pdf/22/yamashita.pdf 2010 日本漢字能力検定協会 2012/08/23確認) に、出現状況が詳しく追跡されている。

Ⅲ. 日本製漢字の使用層と造字法による分類

1. 使用者層による分類

文字は、辞書に一覧的に登録されたものだけを見ていては、それらがなぜそこにあるのかを捉えることにはつながらない。静態としての記録は、構造や体系、それらを支える規範意識を知るためには重要であるが、上述したような動態として史的変化の原因にまで迫ろうとするならば、その使用者の社会的な層にまで目を向ける必要がある。

文字は、一般に使用者層から、下記のように分類することができるであろう。

共通文字：漢字政策である常用漢字表・人名用漢字表など。
地域文字：特定の地域において使用される文字。
集団文字：特定の社会集団において使用される文字。
個人文字：特定の個人によって使用される文字。
場面文字：特定の場面・環境において使用される文字。

そしてこの分類は、文字の出自と掛け合わせることが可能である。これを用いることによって初めて日本製漢字の定着や廃絶に至った史的過程を正確に把握することができるようになる。例えば「腺」という宇田川榛斎が造って一人で用いていた日本製漢字が、いかにして広まったかという動態を捕捉することが可能となる。

まず、日本製漢字の地域文字には、次のようなものが存在している。奈良時代においてすでに『風土記』の産物の諸字には、中央だけでなく、地方でもすでに造字が行われていたと思われるケースが見受けられる。

杁 いり　愛知県など尾張地方で、普通名詞、姓、地名として使用されている。会意だが、字訓も利用しており、形声的でもある(笹原2003)。

汢 ぬた　高知県の小地名に複数見られる会意文字である。

岾 たお　中国地方辺の小地名に複数見られる象形文字的な要素を含む字である。中国でも「蓋」の異体字として字書に載ってはいるが、衝突であろう。日本は複雑な地形が豊富にあるため、こうした語や地域文字は多数採取することができる。

岦あけん　滋賀県に「岦原」(あけんばら)という小地名が存在する。「あけび」の転で、熟字訓「山女」の合字である(笹原2006)。

次に集団文字は、位相文字の一つである。位相は、集団のほか、場面を表すことも可能であり、位相文字といえば場面文字も含む。

嫗 峅 うば くら　中世以降の立山信仰で「うば堂(どう)」「岩くら」などの宗教施設や土地の名前に用いる。越中(富山)における宗教であり、地域文字性も帯びている。ほかにも修験道、富士講など新興宗教には造字が見られ、ときに呪符も造られた。

[illegible] かたな 刀　中世期の刀工など職人集団による集団文字・場面文字(位相文字・暗号)で、近世初期まで用いられた。

さらにこれには、歴史性、政治性、個々の場面性も加味する必要がある。地方的な日本製漢字が時代とともに一般化、中央化することもあるので、そうした歴史的な変化を社会、文化的背景と合わせて「字誌」として具体的かつ立体的に記述していく必要がある。

日本人のことばだけでなく、社会(識字層)、文化、生活や意識の変化に応じて、さらに「辻」「榊」「椛」(樺、もみじ)「働」「峠」「鱈」「躾」「裃」「腺」「俥」「糎」(センチメートル)「炻」(セキ)「毟」(むしる)「瓲」(トン　重量)「𣇃」(曜)など種々の造字、既存の漢字に対して字体、用法に改造を加えた字が、時には形声文字や象形文字などの方法を交えながら、明治大正の時代まで行われてきたと見ることができるのである。

椛　「樺」(かば・カ)の異体字としての使用頻度が姓など固有名詞で高いために、人名用漢字に採用され、さらに古来の「もみじ」や、新たな訓「はな」なども当て読みで出現した。

轌　そり　東北地方の地名で使用され、パソコンで使えるJIS第２水準漢字となって、仮名漢字変換が可能となり、それを利用してついに普通名詞にも使用されるようになった。JISは使用字種の制約を生み出す一方で、枠内に入った既存の日本製漢字には、新たな生命を吹き込んだ、と位置づけることができる。

エビと読む「蛯」は、もとは旁が「耆」であったなど時代による字体の変化が認められ、東北地方で多用されるなど地域による使用度の差をもっていた。しかし、近年、蛯原友里という人気モデルの性に含まれていたために、メディアを媒介とした社会集団による認知の差を生み出した(笹原2007b、笹原2007c)。北海道では、普通名詞として使用されているが、現地でも地域差があるとは全く意識されていない。この使用の偏在は、姓や地名での使用のほか、「蝦夷」での「蝦」字へのなじみと回避によるものであろう。今日でも、こうした動きは発生しているのであり、過去の歴史だけを考察していては、日本製漢字にかかわる現象を相対的に理解することができない。

一方、漢字・日本製漢字の音訓を利用した仮借や字義を利用した当て字は、アイヌ語に対しても及ぼされる。当て字は、日本製漢字の新作が減った今に至るまで、日本人の感性を表現する手段として新たに生産されつづけているのである。日本製漢字の多様性を立体的に捕捉するためには、こうした位相を多角的に見当することが必要である。

2. 造字法による分類

以上の歴史に現れた日本製漢字には、ここまでにも随時触れてきたように、形成方法のパターンが見いだせる。上記の変容の動態を個々の字の移ろいから認識するためには、構造面に着目して検討を加える必要があろう。

その構造は造字法として解することができ、六書では部首と義符とを組成した会意文字が圧倒的に多い。それは、文字と言語の点から見れば、漢語(字音語) ではなく、固有語すなわち和語を訓読みによって表そうとするためである。先に述べた「鴫」(しぎ) や「樫」(かし) は、その典型である。人間の認知や心理の面からは、既存の漢字を認識していても、それより日本人が理解しやすい構成要素と構成法を選択し、造りかえたともいえる。

会意だけではなく、早くから合字という造字法も生じている。人名に見られる「麻呂」は、奈良時代のうちに縦書きの筆字において合字化が始まり、1.5字ほど長さをもつ状態を経て、「麿」へと一字化したのは、土台となる漢字 「磨」などがあることに加え、同源の語を訓とした「丸」 などからの類推もあって、一つの概念は一つの字で書きたいという表語文字としての要求によるものであろう(笹原2006)。「畑」「畠」なども同様に捉えることが可能である。

日本製漢字においては、象形文字の数が少ない。

〼 ます 枡・桝(升・舛) は形声(偏を付加し、旁で訓を示す) による日本製漢字。江戸時代から記号的な形態をもつ。

⿴囗丨 トショ(図書) これは図書館学の秋岡梧郎の造字であり、「圕」(図書館) などと造られた。これに視線の動きを加えた 「□(⿴囗丨の中にノ ドクショ(読書))」は指事文字といえようか。

構成要素に既存の漢字を象形的に見立てて転用したものは、古くからいくつか見られる。部首と構成されると会意文字として扱われるのが一般的である。

鞆 とも 奈良時代以前から現れる最古級の日本製漢字で旁が象形的要

素ともいわれる。

辻　つじ「十」が象形的。漢語の「十字路」を元に作られたものである。

辷　まろぶ・すべる「辷」(おしたつ)もあり、この「一」は象形文字ないし指事文字ともいえよう。この「一」を「二」「三」「四」「五」「六」「七」「八」「九」とする造字もかつて辞書類に収められていた。

峅　たわ　旁が山の鞍部を表し、美作辺りの小地名に見られる。同類に奈良に「辿」、静岡に「屹」などもあり、やはり旁の「辶」や「乙」が象形としてとらえうる。

鰑　するめ 日本製字義であるが、旁が象形的要素ともいわれる。

なお、「魚◎」で「ちくわ」(竹輪)と読ませるものは、造字と遊びの字との境目が明確ではない。魚偏がもっともらしく、楷書的ではない旁によって印象に残りやすい。落語家の春風亭栄枝『蜀山人狂歌ばなし』(三一書房1997年　図1) p122に出たもの(出所は不明とされるが、遊戯による個人文字)が、文字検索ソフト「今昔文字鏡」に採用されてから情報が一人歩きをしはじめて、WEBサイトやテレビ番組でのクイズ的な出題へと循環している。

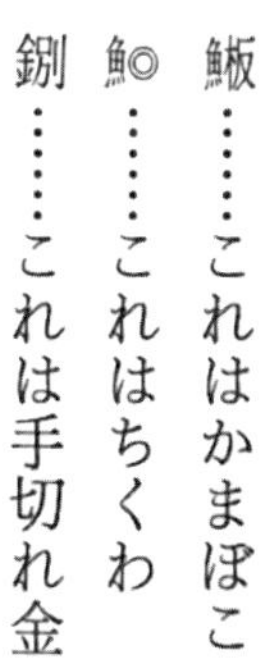

〈図1〉くわへの遊戯的な造字。『蜀山人 狂歌ばなし』

ローマ字を漢字のような筆法に換えて筆で書きやすく変えたものもこの一種といえる。

℥ オンス Oz.の記号から江戸時代に蘭学者によって造られた。なお、「弗」(ドル) もその類であるが、日本製字義である。

□ (氏から一を取った形) ゲレイン 同じく、ローマ字「G」から。

日本では、漢字は象形文字であっても、構成要素の組み合わせによって字義が生じるという会意文字のような解釈が流布する傾向がある。日本人は、文字や文字による表記に対して好悪の感情を抱くという世界的に見て希な心理を抱いている。選択可能な文字・表記体系と関係していることなのだが、とりわけ次のような意識は、日本製漢字を好む意識と表裏をなしており、日本製漢字を用いてきた心理の根底を見いだせる可能性がある。

「人という字は、二人の人が支え合っている姿」、「食」という字は「人に良いと書く」、「親」という字は親鳥が木の上で立って見守っている、などといった話は一般に流布している。姓でも、「吉田」氏が、武士の出だから口の上は「士」だ、自分の先祖は農民だから「土」など、漢字字体への俗解が当事者からもしばしば聞かれる。中国でもそうした分析は古くから行われたが、それ以上に根強く信じられている。「吉」には、音読み「キチ」と訓読み「よし」とでそれぞれの字体を使い分けるという解釈まで広まっている。

働 はたらく　前述のとおり武家社会で広まったもののようで、「はたらく」という訓をもっていた「動」に、「うごく」と区別するために部首の偏を付加した字である(乾2003)。こういう例は、形態面からは会意文字と呼ばれるが、史的な観点からは、偏の付加と見なすことができる。これも小学校で学習する。

畑　はた　前述のとおり、中古、中世期に日本での焼き畑農業の進展とともに現れ、広まった。中国にあった熟語「火田」に基づく合字か。後に「はたけ」と混じ、現在では、小学校で学習する2字の内の1字である。

込　こむ　現代では新聞などで最も高い頻度数を示す日本製漢字。「申し込み」など。現在、中学校で学習するために、明朝体の影響を受ける人が多く、教科書体で習得されることの多い「入」とは、右はらいの始筆位置に字体に揺れが生じる。鎌倉時代ころは「こもる」などと読まれた。「辷」(まろぶ すべる) は前述参照。

峠　とうげ この語は、民俗学などで、「手向け」の転とする。現在、この字が好きだと評する人が極めて多い。字にイメージを託し、好悪の感情を抱くのも日本人に顕著な現象である。遅れて現れた「□(糸の右に卡)」(しどろもどろ) には、「峠」や「鞐」(こはぜ) などと同様の発想がうかがえる。「□(氵の右に山とその下に卡)」(どんど) は、福井で用水路を意味する方言から生じた小地名に見られる(笹原2006)。

□　(佛を3つ品のように) さかし まこと これらは、昨年、一昨年、二年前などを意味する「□(辶に佛)」(こそ たまたま)「□(辶に法)」(おととし)「□(辶に僧)」(さおととし) とともに中世の字書に収められるが、仏教に関わる者による造字であろう。

鱈　たら 比喩による「ゆき」という女性語から生じたものであろう。四季、雪月花の風流の嗜好や島国の食文化を反映している。なお、「轌」「艝」(そり) は、熟字訓「雪車」「雪舟」から生じた合字と捉えうる。

椛　もみじ 中国製の漢字には「雪」や「花」を構成要素とするものはほとんどない。日本人が花鳥風月、雪月花を鑑賞し、自然の植物を尊ぶ文芸が享受される中で生じたものであり、日本人的な字といえる。ただし、「月」は造字の構成要素に利用されることが少ない。「樺」の日本製異体字としては「カ」「かば」として使われる(上述)。なお、「𠯈」(カ) は、「喧嘩」の２字目に使用された日本製異体字。「火事と喧嘩は江戸の華(花)」という俗諺とその発想に共通性が感じられよう。「誮」とも書いたが、その字の場合は「やさしい」としても用いられた。なお、現在の日本では「優しい」は「人を憂える」「憂う人」と俗解されることが多い。形声を会意化して捉えようとするのであり、日本製漢字に託された感性は受け継がれている。さらに近年、姓名判断の画数占いによって「憂」を用いるケースも増えてきている。造字自体は文字コードの影響からも減少しているが、既存の漢字の字義を無視して、感覚的にイメージとしてとらえる傾向の高まりが随所に生じていることが注目される。

糀　こうじ「麹」を素材・イメージに適合させ、ニュアンスを付与したものである。いずれも常用漢字表外字だが、使用し続けており、用法を細分化している。近年、健康食品として注目されるようになり、この日本製漢字も使用頻度が再び高まっている。

嬶　かかあ 熟字訓「口鼻」「鼻口」から日本製字義で「嚊」となった。そこには「嗅」(かぐ) も影響した可能性がある。そこから部首を女に換えた江戸時代の造字である。

躾　しつけ 日本独自の生活規範を表す語に対して中世に出現。しかし、戦後に死字が進み、個々人に当て読みで「エステ」「ニクタイビ(肉体美)」などと臨時的、遊戯的に読まれる状況に至った。前述のとおり室町時代から江戸時代ころには、他の会意による「身花」などとも書かれた。

[⻌神]　しめ「〆」(メ) と同義。文明本『節用集』に採録され、現在、壱岐などの小地名や姓、酒の銘柄に残る(笹原2006)。この「⻌」は、進む意を表すのであろう。「鰰」は「榊」が、「榊」は漢字「蠒」(蠶(蚕)に対する六朝時代の異体字) がヒントとなったものであろう。

蝦　えび 和語の発想に従った熟字訓による表記「海老」を踏まえたものであろう(上述参照)。近世には「蛯」を派生した。

樺　でーご 木の名。沖縄(琉球)の姓にかつてあった。「犾」(ぐし)は、沖縄の地名と姓に　「犾宮城」(ぐしみやぐすく・ぐしみやぎ)として使われているが、漢字の「隹隹」の部分が「双」と略されたものではないかともいわれる。

咾　いかん おとな うば いずれも日本製字義で、北海道、佐賀、山口と各地で小地名に地域訓として出現する。ほとんど使われることのない漢字と衝突したものである。会意式の発想によるほか、地名「姥喰」(おばくら)の「姥」が逆行同化を起こした。

凩　こがらし 部分的な形声文字か。「凬」が元になっているが、「木嵐」に基づくか。「木枯らし」では、時代劇の木枯紋次郎のイメージが付くとして、使用を避け、「凩」を選んで用いるという人もいる。日本では、文字による表記感は、語のコノテーションと同様に重視されてきたのである。なお、「凧」(たこ)は、中国系の熟語「鳳巾」「風巾」からと考えると略字化を含む合字となる。漢字では「紙鳶」とも書く。関西で「いか」、九州で「はた」とも、地域訓で読まれる。

凬　ふぶき 連歌作品のほかに、秋田藩の文書に出現していた。

笹　ささ「竹葉」の略字を含む合字からか(上述参照)。

形声文字は、本来は中国語を表記するための方法であり、単音節的ではない性質を持つ和語には適さないものであった。

働　ドウ もとは、和語「はたらく」を「動く」と表記し、「うごく」と区別するための造字であったが(乾2003)、後に類推により音読みが生じた。「労働」「実働」などの日本製熟語(和製漢語)におけるドウは慣用音と位置づけられる。

鋲　ビョウ　漢語起源とされる武具などの部品のために近世に生じたものである。

腺　セン　蘭学者の宇田川榛斎による訳語のための造字であった。江戸時代の内に医師の集団文字となり、明治期には一般化が進んだ。2010年に常用漢字表に採用され、ついに共通の文字となった。個人文字の段階では、漢方医などライバルたちの造字と競合し、書籍などを通じて結果的に広まったものである(笹原2007a)[3]。

澤　ボク　墨　隅田川(墨田川) のためだけに造られた造字(笹原2007a)。既存の「墨水」などの「墨」に対する偏の付加である。雅を目指し、造字だが中国での「漢」「湘」などの三水の形声文字という川の名の伝統に則る。この雅を字に求める意識にも、日本人の漢字へのイメージ重視の姿勢がみられよう。林述斎が造字した個人文字から発し、明治初期の成島柳北から昭和の滝田ゆうに至るまで江戸情緒、下町の雰囲気を継承してきた字であった。三水の日本製漢字は庶民のまでは少ない。

鱚　きす　魚名の頭音を旁で表現したものである。日本製漢字には、こうした魚偏の造字が多く数百種にのぼり、木偏の次に多いと考えられる(菅原1990にもその傾向が現れている)。キスという魚の口が突き出ているために、英語のkissによる造字ということもあるが、この外来語の伝来が江戸時代であることと合わないため、俗解にすぎない。このキスは和語である。

鰒　鯆　ふぐ　和語のフグに当てるのは日本製字義である。漢字では「鯸」「魨」「河豚」などと表記される。2字目には、同音・類音の福(ふく)からの連想も考えられる。「魚豕」は日本製漢字。江戸時代には、書簡に記された「鰒」を漢字義「あわび」、日本製字義「ふぐ」と、漢方医と患者とが互いに誤解して死亡事故も起きたとされる

3) 笹原宏之,『国字の位相と展開』, 東京: 三省堂, 2007a, pp.611~694に字誌が記されている。

(滝沢馬琴『燕石雑志』など)。

広　コウ・ひろい　上述のとおり漢字「廣」の日本製異体字である。この音義をもつ字は「宏」「弘」など「ム」を含むため、そこから類推されて造られたとも考えられている。「職」の略字にも「[耳+云]」(漢字と衝突する) のほかに「[耳+ム]」がある。中国の「又」よりも日本では「転」を含め、この形が略字には好まれた。日本製異体字である。中国由来の「仏」(佛) の影響もあろうか。

褄　つま　和服(着物) の部分の「つま」であり、この旁が訓読みを示す。形成の方法によって、和語の全形を表記する方法である。

裃　かみしも「上下」＞「礻上礻下」がさらに「峠」の先例に即して合字化したものであることがすでに知られている。

酛　もと　会意形声式といえる。日本酒の酒母の意であり、江戸時代には旁が「胎」とも書かれた。このような細々とした物にも筆記の必要性があれば命名と造字がなされた。

[氵+和]　なぎ「なぎ」という訓をすでに持っていた「和」に偏を付加したもので、同訓の「凪」も異系統の日本製漢字である。「[木+和]」も「なぎ」と読むが木の名であり、中世の真名本に出現する。「那木」の合字としての「梛」(日本製字義) や「椥」(日本製漢字) とも関連するものであろう。

杤　とち　十(と)×千(ち)＝万という発想によると考えられ、平安時代から鎌倉時代初期にかけての造字である(後述)。

俥　くるま「車」への偏の付加により字義の区別が示されたものであり(前述)、音読みでシャ(俥夫　シャフ)・ジンリキシャ(人力車) とも読むことがある。

[囗+ト]　「図書館」の略字で、筆記経済によりカタカナを含めた合字的な集団文字である(上述)。「圕」は中国製である(笹原2007a)。

[广+KO]　慶應(義塾大学) で生じた「[广+K][广+O]」の合字化である。ローマ字を声符のように用いたものであって、遊戯的であるが、筆記経済に

叶っており、1930年代から存在が確認されている。

上記の造字法が複合した日本製漢字も存在している。

粁　キロメートル「米」はもと「米突」という音訳であり、「メートル」の頭音を示す(次第に意味をも示すようになる)。これらは、会意と形声といえる可能性がある。これらは、幕末からあるとされることがあったが、実際には幕末の音訳をふまえて、明治期に中央気象台がスペースを節約するために造りだしたものであった(笹原2007a)。「糎」(センチメートル)「粍」(ミリメートル) も今でもしばしば用いられている。

瓩　キログラム　上と同様に、「瓦」 でグラムを表す系統も音義+義で構成されている。「瓱」(ミリグラム) はかつてはよく用いられた。

竡　ヘクトリットル「立」でリットルを表す。

瓲　トン・グラムトン「瓦」が「瓦蘭馬」でガランマの音訳という表音に端を発するものだが、そこからこの造字が生じ、形声文字のように「トン」とだけ読むようになったため表意文字的な要素のようになった。グラムトンと読むばあいもあり、そこでは再度、表音に変わったものといえる。現在でも東京モノレール車内などで見かけるものであるが、常用漢字表から除外されており、トンを表記する文字としては、「屯」「t」が主流となった。他のメートル法の単位も同様に「米」「立」のほかは、片仮名表記か「m」「l(筆記体)」「km」「mg」など記号表記となっている。

熟字訓を伴う既存の漢字列を組み合わせた合字としては、「畠」「畑」が代表的であるが、それは先に「白田」「火田」で「はたけ」「はた」が熟字訓として存在、定着していたことが条件となる。これまでにも、合字に該当しうる例を示してきたが、下記は純然たる合字である。

麿　麻呂 一語は一字で表記しようとする中国の漢字に端を発する意識によるものだろう。筆字で縦書きされたことも合字化を促進した。「磨」が下敷きであろう。この「まろ」は、まる(糞の意) か丸の意とされる。人名などに用いられる。

粂　久米「横粂」「粂子」など姓名に使用される。「斎」の異体字「粂」の存在が下敷きになったものだろう。

刕　刀(かたな) を表すための戦国時代における刀工や鑑定師の間の集団文字(他集団への秘匿のためというばあいには場面性も伴う。前述参照)。

漢字が形態面で転化を来したために、日本製漢字と捉えられてきたケースも少なくない。

靇　霎 おかみ・め いずれも靈(霊) の巫を意図的に置換したと考えられる日本製字義で、『日本書紀』 など上代の文献などに用いられている。いずれも和語を表すためのものであり、字音リョウ・レイを喪失した。

栃　とち　日本製漢字の 「杤」(十と×千ち＝万)と、漢字の 「櫔」(レイ)とが混じて生じたと吉田東伍 『大日本地名辞書』 のほか、三矢1932、中田1982などによって考えられた日本製漢字である。明治の廃藩置県で栃木県ができた時から多用されるようになった。「帰栃」で、類推からキレイと読む類は、地域音に分類できる。

襷　たすき 会意による日本製漢字とされてきたが、漢字「襻」が平安時代には日本で会意化を起こしてこのように変わっており、字音ハンを喪失したものとみられる。

匂　におい・におう　漢字「匀」(韵) の変形である(上述参照)。字音インを喪失、聴覚・視覚的な意味を削り、嗅覚が中心的な意味となっていく。

枠　わく　漢字「椊」が略されたもので、江戸時代の集団文字に端を発した。常用漢字表では訓読みとして扱われているが、ワクは字音語である。

蟎　だに　会意による日本製漢字とされてきたが、漢字「蜹」から変化したもので、字音はゼイからマンに転化し、後に喪失した(中国でman3となる。笹原2007a)。

毟　むしる　漢字「毛」から変化したものではなかろうか。後に部首が加わり、「挘」「挵」とも書かれる。

〆　しめ　中国の亀甲の割れ目の象形文字「卜」(占) を日本で「しめ」として用いたことからであろう(中世以前の確実な用例は見つかっていない)。「貫」　の略字や封じ目としての使用は別に系統を考える必要がある。なお、繰り返しに用いられる「々」は、中国産の反復記号「=」が日本で変形した日本製符号である。「一ヶ月」などに用いられる「ヶ」は、漢字「个」から生じた日本製異体字である。

匁　もんめ　近世以来、「文メ」合字説もあったが、俗解である。字義と文献から立証される「銭・泉」由来説よりももっともらしいものと意識され、流布した(笹原2007a)。

籏　はた・キ　辞書では日本製漢字とされることが多いが、「旗」に字源俗解、誤った楷書への回帰により、種々の途中段階を経て発生したものである。結果的には部首の付加となっている。中国でもかつて同様の字体が使用されており、暗合を起こしていた。「靍」「靎」も、「鶴」の崩し字を介して次第に変化したものであり、姓名などに残っている(笹原2007a)。

様　敬称の「樣」(さま) について、近世に手紙などで目下への宛名における待遇表現として使用されたもので、日本製字義に定着した異体字であった。ほかにも「水」の部分を「次」に置き換えた「次様」と呼ばれる字体なども用いられた。現在では、これが常用漢字表における新字体となったのは、社会制度が変化したことを反映している。伝統芸能である三味線の世界には、類似のケースが残っており、その格によって「澤」の崩し字、「沢」(しゃくざわ) と格下になっていく。正式な画数の多い自体ほど敬意が表出されるという意識による使用である。

斎　姓の斎藤などの「齋」は、「示」の部分の「|」までしか書かないもの、「ノ」まで書くものなどもあり、日本製異体字も多数存在する。「斉」との混淆のほか、過去の筆記者の書き癖や、本家と分家との区別のためとも考えられ、細分化した字体に対する意義付けも確認できる。「□(文の下に二) 」のように、文武の武を一とし、文は二とするためという謂われの伝わるケースもある。固有名詞、とりわけ姓名にはこうしたこだわりが字体に影響を与えるケースが、今なお新規にも生じることがあり、固有名詞の漢字に存する特殊な我が物としての意識が注目される。

タヒ　「タヒる」(たひる) は近年に生じた「死ぬ」の集団語であり、ネットを通じて普及した。「死ぬ」　がサイト上でNGワードとされたために、それを回避したり、婉曲にしたりする意図もあった。また「死」から「一」を引くことで、死にそうだが死んではいないということを表現しようとした可能性もある。コンピューターの文字コードの制約の中で、こうした新たな表現に変化してきていることがうかがえる。

□　(本を品のように3つ) 近年、「本の森」の「森」に用いるなど、固有名詞やロゴマークとしてたくさんの本を含意して使用されることがある。なお、「森」　は象形文字による単純な構成であるために、インスピレーションにつながりやすいようである。これを木が多いという形容詞ではなく、名詞 「もり」 として使うことは日本製字義である。日本人は、たいていこの漢字の構成によって、「森は林よりも木が多く、密集している」 というイメージをもっている。「社」の部首を木偏に換えた「杜」(もり) も日本製字義であり、奈良、平安時代から用いられている。「杜絶」 の熟語や「杜甫」の名を知らずに、あるいは、意識せずに造った可能性は低いであろう。それらの識字者が意識しつつ、あえて字義をかぶせて造ったものと考えられる。

□ (木土水を品のように) もり 森は実際には 「木」 だけではないのに、漢字がイメージを狭めるとして近年造られた字である。漢字はイメージを膨らませる文字といわ れるが、実際にはこういう反作用的な現象も起こす。これはなるほどと共感され、一定の広まりを見せている。ただこれでも「虫」や「鳥」などは捨象されている。

なお、明治初期から現代に至るまで、造字を募集するコンクールがしばしば開催されてきたが、一般に残った造字は前述の「俥」 くらいしかなく、とくに読みがフレーズのように長いもの

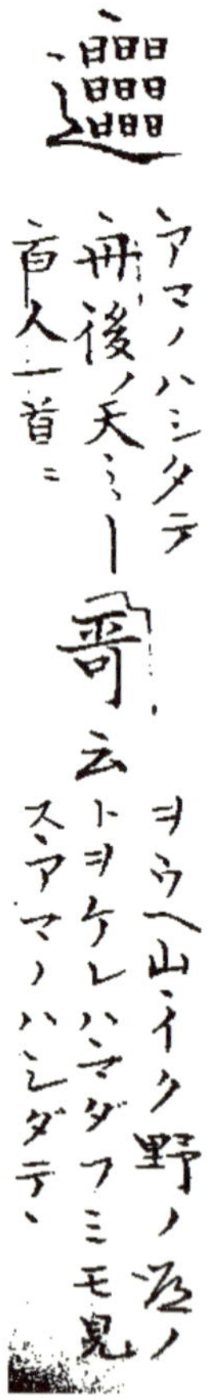

<図 2> アマノハシタテへの造字『運歩色葉集』

は現実の社会ではまず使われることはない。

最後に、造字の意図が読み取りがたく、造字方法が不明なものも残っている。関連する用例や発言の採集と蓄積が不可欠である。

□　⿰の日が日日日3段に)・□(厂に有有有2段)（あまの）はしだて
これは中世期の『運歩色葉集』(天正15年本 古辞書研究資料叢刊 図2）などに出現し、連歌辞書である『詞林三知抄』などにも類似の字が見つけられるが、当時、「あまのいわ(は)ぐら」という、「□(岩3つの下に石3つでその下に聞)」という造字も国語辞書である天正18年本『節用集』に出現しており、関連する可能性がある。

畗　近年、人名に用いたいという要望があった。読みは不明だが、品が有る子に育って欲しいという願いを込めた字でとも考えられる。

3. 出自の認定に際して注意を要する事項

他にも下記のようなケースも存在しているので、漢字か日本製漢字かの判断には十分な注意を要する。漢和辞典なども、研究成果を十分に取り込む姿勢が求められる。

中国製だが、日本など主に外国に記録が残る字を、同様の書籍になぞらえて「佚存文字」と呼ぶ。山田1987も、こうした字への考証の必要性を唱えていた。筆者も試みてきたことだが(笹原2007a参照)、一語ごとに語誌が編まれてきたように、一字ごとに字誌、一つの表記ごとに表記誌が編まれ、蓄積されていく必要がある。

蟵　仏典にある「蛛」の異体字(笹原2007a)。「鼬」に対する「狖」も、仏典にある異体字であった(『随函録』)。「艹艹」で「菩薩」を表す略記も唐代の仏典に多数見られる略合字が、日本に今なお受け継がれているケースである。

鑍　仏典にある「瓔」の異体字で、素材に即して部首を改めたものであろう。『日本書紀』α群という中国系の筆録者によって記されたとされる部分に出る唯一の「日本製漢字」と目されたものだったが、やはり『随函録』にあることから、漢字であったことが明らかである。

□　(僊の国は國)「佛」の中国製の異体字である。日本人が会意文字を好む傾向に合致し、日本で江戸時代から多用された。唐代の則天文字も、東アジアで一時期、周圏分布を呈したが、とりわけ「圀」(國・国)などは日本で長く好まれてきており、現在でも人名などに見受けられる。

茸　キノコの意は国訓とされてきたが、平安時代の『和名抄』が漢籍の『崔禹食経』から引く用法である。鮎貝1972に「漢字にもあれど意義全く異り」[4]などとあるように、タケの意をももった「耳」への草冠の付加はまず古代に中国で起こり、それが韓国を経由して(金1983)、日本に入ったものであろう。

畠　これも古代における中国や韓国における熟語「白田」の使用を受けて、日本で生じたものであろう(上述参照)。

閖　中国の『龍龕手鏡』における「ｼ勞」としてのこの字体と、仙台の地名の「ゆり」などとは衝突にすぎないか。近世の仙台では、ほかに「妛」(たばこ)も中国の別系統の同じ字体と衝突をきたして

---

4) 鮎貝房之進,『俗字攷』, 国書刊行会, 1931, 1972復刻 pp.98; 金 鍾塤,『韓国固有漢字研究』, 集文堂, 1983, pp.44 & 193参照。

いる。

上記のように、日本で生じた字義には、ある字体に漢字義を知った上で生じさせたものと、その存在を知らずに生じさせたものとがある。そのいずれもが日本製字義となるが、前者には、字義の日本における転化によるものも含まれている。

❑ 字音

和　日本での字音「ワ」の通用による「倭」への当て字であった。イメージを転化させた。字音における日本製字義には「国訓」という術語が用いられているが、「訓読み」と混同されがちである。「大和」で「やまと」に当てるが、この和語は元は山処の意と考えられる。

的　「組織的」などの「的」(テキ)は、明治初期に、英語接尾辞「-tic」に対して、中国白話の「的」(の)を当てた遊戯性のある当て字に端を発することが同時代の大槻文彦の記録によって知られている。

乳　1980年にニュージーランドの略称(ニュウ)として、この字が一時的に採用された。典拠のある「新」も案にはあったが、シンガポールと衝突してしまう。当時は大使館による公募での最多得票ではやむをえないと思われたが、本国から畜産物の輸出国としてのイメージに合わないとして却下された。現在、「NZ」だが、これでは「日NZ関係」などとは使えない。

腥　部首は月ではなく肉月であり、なまぐさい・豚の霜降り肉という字義だが、字面からの字源俗解で「月」と「星」と別個の会意文字として見立てる人が多い(笹原2006)。良いイメージを惹起し、セイと読ませる人名として新生児に使用したいという要望が複数あった。WEB上でのハンドルネームにはすでに使用されている。背景には、画数占いによる命名の流行と、漢字を画面上で見ることが増えたことによるイメージ化を挙げることができる。これは、手書き機会が減少し、日本製漢字が新しく産出されることが難しくなった反面、既存の字に対しては同様の着想が与えられるという新たな局面を反映しているとみることができる。

❑ 字音と字訓

粋　この字は、江戸時代には「いき」(東日本)、「スイ」(西日本) と地域によって読み方と意味に差を持っていた。混じりけがないという字義から、江戸、上方の都会的、洗練された美意識を表すようになった。なお、「侘」「寂」や、熟語の「幽玄」なども日本的な独特な美意識を表す語義に変化したものである。

竜　訓と音で「たつ・リュウ」と読むが、字体の印象から、近年では西洋のドラゴンとするイメージが高まっており、実際に「龍」は中国など東洋のリュウとして区別する意識が若年層を対象とした小説やゲームなどで広まっている。この字は「たつ」、「龍」は「リュウ」という意識も特定の熟語などから生じてきている。「ドラゴン」という読みを与えるケースさえも現れている。

曖　これを人偏にしたものと合わせて、「アイ」「ほのか」と読んで、同じく新生児に用いたいという要望が複数あった。「ほのか」には「仄」「彿」「穂乃香」などもありうるが、この字のぼんやりとしているという字義は意識にのぼらずに、字面から抱かれるイメージが一部で好まれてきた。日偏のほうの字は、熟語で「曖昧」としての使用頻度数も高かったため、2004年に人名用漢字に採用されるに至った(現在では常用漢字)。命名権や表現の自由もあるが、無防備な子供を自己の表現のためのメディアとして扱うことの是非が問われる。

因　圉「大」「幸」の代わりに、「因好き」「圉せ」などと、本来の字義を考えることなく、女子中高生の間で手書き、電子機器を問わずに用いられている。「くにがまえ」が単なる飾りと化している。「因囚」で「大人」のようにも用いられており、使用に関しては音訓意識が見受けられない。

❑ 字訓

極　江戸時代から「きわめる・きわまる」という字訓が転化し、「きめる・きまる」 とも用いるようになった。これらの読みは集団文字化し、駐車場などで「月決め」を今でも「月極」と表記する業界がある。

鮨　和食の「すし」に当てるが、奈良時代に「鮓」とともに熟れずしとして使われていたことが木簡からうかがえる。そこから、近世江戸でのすしの隆盛を経て、江戸前ずしの表記として定着したものである。

混　明治以降、「混(こ)む」が「込む」の意味・表記の領域にまで入った。「混雑」と混淆し、新たな語源意識、俗解の定着をみた結果、明治期に使用され始め、改定された常用漢字表についに採用された(笹原2010)。

絆　「きずな」 と読み、2011年のキーワードになった(新語・流行語大賞や今年の漢字などに選ばれた)。かつての束縛の字義、語義から、人と人とのかけがえのない繋がりというプラスの意味に転化したが、まだ漢和辞典ではほとんど対応がなされていない。

❑ 読みのない記号的な用法

彡　サンと読む漢字だが、JIS第２水準に採用されているために、パソコンや携帯電話などで、「☆彡」と用いて流れ星を表す、いわゆる顔文字として使われている。携帯電話などに搭載されている絵文字は、さらにこの応用と位置づけることも可能であり、一種の象形文字などとして、漢字などの代わりに用いられることさえ生じている。日本では、電化製品の「切」、タンクローリー車などの

「危」、雑誌の「短丈」、料金表などの「小人」など、漢字の読みよりも意味を伝えようとする表意用法が存在しており、そうした読みと乖離した文字遣いがさほど抵抗なく受け入れられる傾向が指摘できる。

別個に作製した字が、字体・用法が一致しない現象を衝突と呼ぶ。これは、日本製か否かを判断する際には重要な概念となる。

垈　「ぬた」(湿地) は山梨の地名に見られる地域文字である。中国ではdai4で耕地として使われる地域文字であり、韓国製漢字としてのdae(敷地) などと衝突を起こす。

一方、暗合は、別個に作製した字が、字体・用法ともに一致する現象である。

珈琲　coffee コーヒー「咖啡」という表記が主流の中国では、玉偏のこの2字による表記がかつてあったとしても少なく、伝承、使用がなされなかった(笹原2006)[5]。あるいは日中で暗合も生じたものだろうか。日本では、この漢字表記は江戸時代以来見られ、そこに一種の表現効果が認められて喫茶店や商品などで使用されることがあり、カタカナやひらがなによる表記よりも高級感、本格感などを意識する人たちが多い。こうした意識と表記との先後関係の解明が求められる。

漢字圏における字の相互伝播の結果、出自の認定に問題を生じ

---

5) 笹原宏之,『日本の漢字』, 東京: 岩波書店, 2006, pp.199に最古例の写真が掲載されている。トル一層の調査が求められるものである。

ることがある。

串　ほとんどの辞書などで「くし」は日本製字義とされてきたが、歴代の漢字圏の文献を通して検討した結果、中国の「弗」(くし) が中国か韓国か日本でこの形にしたものなのかをさらに見当する必要があると考えられるに至った(笹原2012)。「鮑」「蚫」を「あわび」とするものも古代の文献が散逸しており、考証が難しい(笹原2012)。前者に「あわび」の字義が生じたのは、日本か韓国か中国か、後者も字自体が生じたのが日本か韓国か、文献による十分な検討を要する。

囍　音読みは「キ」で、双喜字という名称もある。日韓ともに日本製漢字、韓国製漢字と認定するケースがあるが、もとは清代ころに中国から伝播した文様であった。

釦　button 服のボタン(江戸時代にはポルトガル語由来) としての字義は、明清期の中国に端を発するものであろう。日本では、スイッチの意としても用いられているが、一般に読めなくなってきている。

出自は明白であっても、その用法に新たな展開が他国で生じるケースも確認される。

躾　日本製漢字では「しつけ」だが、現在、韓国の人名にも、miという発音で使用されており、大法院も使用を認めている。

辻　日本製漢字で「つじ」と読むこの字は、姓としてとくに西日本で多用されており、韓国にそのまま帰化してsibと発音されているケースがある。

薙　草(くさ) 薙(なぎ) の2字目は日本製漢字であり、根拠は不明だが、韓国ではnanと発音されることがある。秋田県発祥の姓であり、地元では平安時代以来の長い歴史をもつとの伝承がある。「辻」「畑」「畠山」「蛯原」「笹原」などは、中国、韓国の書誌情報などでの発音をどうするか、国際化社会と情報化社会の中で、解決が求められる課題となっている。

出自に関する判定は、慎重に行う必要がある。たとえ歴史の浅い字であっても同様である。たとえば下記の単位を表す略記のための字は、出自に関して種々のラベリングが行われてきたが、中日韓のいずれが先に造字、字訓の追加を行ったものか、近代の各分野における文献による。

噸	ton	トン	呎	feet	フィート
吋	inch	インチ	哩	mile	マイル

Ⅳ. おわりに

日本では、古代からの書籍のほか、文書、金石文、木簡などが大量に現存、伝存している。その中には、ここまで記したとおり、時代ごとに日本語をその場ごとに最もしっくりくるように表記しようと努める人々によって、会意を中心とした造字法に基づき、新たな造字やそれに準ずる字体、字義、字音に対する改造がなされ、またそれらの選択による廃絶と継続的な使用とが行われてきたのである。

そのため、今なお文献の母集団が確定せず、日本製漢字の総体は調査を進めるごとに千という単位で増加しつつあるのが実情である。そうした中でも、具体例からは、日本独自の事物や概念・語への造字、「雪」「花」「風」などの要素の選択には、他国には見られない情感が反映していることもうかがえた。時代によって、日本製漢字を支える使用者の層は拡大し、近代に至るまで細分化も進んでいたことも、その多様性に複雑な状況を生み出す一因となっていたのである。

各種の調査研究の蓄積を通じて、「腺」のように、個人が造って、一人だけの使用を経て集団文字と化し、ついに共通の文字となったことが解明されたケースもある。この字は、中国や韓国でも使用され、今でも特に中国では常用の文字となっているものである。本稿に示した造字法や使用者層などの枠組みを用いて、文献など客観性の高い資料を広く活用することで、その複雑で多様な動態を背景となった社会や文化の状況と合わせて究明し、漢字圏における文字の共通性、そして種々の交流の歴史による相互の影響関係、さらに各国の文字の独自性の確認を、各国で協力して行っていく必要があると考えられる。

〈参考文献〉

金鍾塤,『韓国固有漢字研究』, 集文堂, 1983.

中田祝夫, 「日本の漢字」, 『日本語の世界』 4, 東京: 中央公論社, 1982.

三矢重松,『国語の新研究』, 東京: 中文館書店, 1932.

笹原宏之, 「日本製漢字の地域分布」, 『日語日文学研究』 46, 2003.

________,『日本の漢字』, 東京: 岩波書店, 2006.

________, 『国字の位相と展開』, 東京: 三省堂, 2007a.

________,「日本製漢字 「蛯」 の出現とその背景」,『訓点語と訓点資料』 118, 2007b.

________,「「蛯」 の使用分布の地域差とその背景」,『国語文字史の研究』 10, 大阪: 和泉書院, 2007c.

________, 「改定常用漢字表と日本語表記」, 『日本語学』 29-10, 明治書院, 2010.

________, 『当て字・当て読み 漢字表現辞典』, 東京: 三省堂, 2010b.

________,「異体字・国字の出自と資料」,『「字体規範と異体の歴史」 国際シンポジウム』, 東京外国語大学, 2011.12.18.

________,「クシを意味する「串」の来歴」,『第三屆漢字與漢字教育國際研討會』, 北京師範大学, 2012. 8.18

佐藤 稔,「擬製漢字(国字) 小論」,『国語と国文学』76-5, 1999.

菅原義三,『国字の字典』, 東京: 東京堂, 1990.

鮎貝房之進,『俗字攷』, 東京: 国書刊行会, 1931, 1972復刻.

山田俊雄, 「いはゆる国字の一つについての疑ひ」, 『成城文芸』 120, 1987.

山下真理,「「広」の字体について：-略字体の出現時期とその要因-」(http://www.kanken.or.jp/incentive_award/pdf/22/yamashita.pdf 2010 日本漢字能力検定協会 2012/08/23確認)

山下真里,「異体字が広まる一過程：「鉱」という字体を一例に—」,『訓点語と訓点資料』128, 2012.

乾　善彦, 『漢字による日本語書記の史的研究』, 東京: 塙書房, 2003.

エツコ・オバタ・ライマン,『日本人の作った漢字』, 東京: 南雲堂, 1990.

謝辞

本稿は、檀国大学校東洋学研究院「東アジアの辞典学(Ⅲ) 東アジア固有漢字の国際標準化と辞典編纂」(2012.2.10) において発表した原稿に基づくものである。席上、ご教示下さった先生方、有益なご指摘を下さった本誌査読委員の先生方に深く御礼申し上げる。

History and structure of Japanese-made Chinese characters

SASAHARA, Hiroyuki

Chinese characters, Japanese-made Chinese characters, Korea-made Chinese characters, liushu, Philology

[『東洋學』 52輯(2012) 收錄]

日本製 漢字의 變遷과 形成方法*

笹原宏之**

Ⅰ. 서 론

本稿에서는 日本製 漢字(国字)라고 하는 것에 대하여, 그 발생과 史的 変化에 관하여 현존하는 자료를 바탕으로 구축된 역사를 정리하여 서술하기로 한다. 일본제 한자에 관한 종래의 연구 성과는 다른 분야에 비하여 많지는 않지만(笹原2007a), 그것들을 근거로 하면서 대국적인 관점에서 그 動態와 그것을 탄생시킨 배경을 객관적으로 파악하는 것을 목적으로 한다. 그와 더불어, 일본제 한자의 위치를 명확하게 하기 위하여 日本製 字体(日本製 異体字)와 日本製 字音, 字義를 참조한다.

그리고 그것들의 사용자층이나 생성 패턴 등과 같은 새로운 관점

---

* 本稿는, 과학연구비 보조금 과제「現代에 있어서 和語名詞의 표기 실태와 그 배경에 관한 조사연구」(基盤研究(C))의 성과를 포함하고 있다.

** 早稲田大学 社会科学総合学術院 教授 / sasa@waseda.jp

에서, 그것들에 대한 구체적인 예를 표시하는 방법을 통하여 일본제 한자가 가진 주요한 경향을 규명하도록 한다. 동시에 개개의 글자와 관련하여 이미 판명된 내용, 혹은 出自와 字源 해석 등의 認定에 있어 가끔 눈에 뜨이는 안이한 통속적 해석을 방지하기 위하여, 이후 주의해야 할 점에 대해서도 서술하겠다.

Ⅱ. 日本製 漢字 歷史의 개요

일본제 한자의 통시적 변화에 관한 체계적인 기술은 아직 보이지 않기 때문에(라이만1990, 佐藤1999 외 参照), 본고에서 그 記述을 시도한다. 1세기경에 일본은 중국[後漢]으로부터 한자가 써진 金印을 수여받고, 이어서 중국 대륙과 한반도로부터 도래한 사람들과 전래된 문헌을 통하여 한자를 본격적으로 移入하기 시작했다. 5~6세기 무렵에는 일본어(和語)를 한자로 표기하기 시작한다. 그 이후로 한자는 일본열도에서 그 形·音·義로부터 用法에 이르기까지 모든 면에서 日本化를 동반하면서 일본어를 표기하기 위한 문자로 변모해 왔다.

그 때는 일본의 고유어인 大和(야마토)言語(즉 和語)에 대하여 音読에 의한 假借, 이어서 야마토 언어에 의한 訓読이 행해졌다. 이것들은 당시 한반도로부터 도래한 사람들의 영향을 강하게 받아 성립한 것으로, 일본어의 단어뿐 아니라 일본어 문법에 따른 문장도 한자로 쓰여짐으로써 한문풍의 変体漢文으로 표기되게 된다.

가령 「京」이라는 글자가 倉(창고)의 뜻으로도 중국에서 사용되게 되고, 그것을 받아들인 한반도에서는 그것에 木偏을 붙여서 '수도'라는 뜻을 가진 용법과 구별하여 「椋」으로 사용했다. 그것이 일본에도 영향을 주어 「椋」을 「くら」라고 읽기 시작했다(笹原 2007a). 현재도 긴키(近畿)지방을 중심으로 그 用字가 地名이나 姓에 많이 남아있다. 특히 「まら」라고 읽힌 「𨳯」도 일본제 한자라고 인식된 적이 있었지만, 실제로는 「閉」의 異体字 「閇・閈」의 「門」이 「冂」처럼 중국 북부와 한국에서 쓰였던 것으로 이해된다(笹原 2007a).

7세기에는, 중국에서 チャンチン(香椿)이라는 나무나 전설상의 霊木을 가리키는 「椿」을 「ツバキ」라고 읽힌 日本製 字義(国訓)가 観音寺 遺跡에서 출토된 木簡에 보이는데, 이것이 일본인의 風土와 感性에 맞게 한자를 개조한 빠른 예로 간주 할 수 있다.

특히 극적인 변화는 한자를 새로 만들기 시작한 것이다. 가령 「鞆」은 武具인 「とも」를 나타내는 일본제 한자로, 역시 木簡이나 『古事記』에 보이고 있다. 「鞆」은 소재를 나타내는 「革」과, 「とも」의 형태를 나타내기 위하여 선택된 것으로 판단되는 「丙」으로 이루어진 最古에 속하는 일본제 한자이다. 이것은 일본 고유어(和語)의 물건 이름이나 명사, 고유명사를 표기하기 위함이다. 일본에서는 단음절의 漢語가 아닌 일본 고유어를 표기하기 위해서는 六書에서의 形声文字보다도 会意文字가 선호되는 경향이 있다.

奈良時代에는 『万葉集』에 柿本人麻呂(가키노모토 히로마로)가 「嬔嬬」(おとめ)의 첫 글자 등을 개인적으로 만들어서 사용했다는 것이 알려져 있다. 또 正倉院 文書에서는 「日下」를 「くさか」라고 읽는 熟字訓을 다시 세로로 하여 한 글자로 만든 合字도 보인다.

이러한 가차나 숙자훈은 「본래적, 일반적인 字音이나 字訓, 字義에 따르지 않고」 행하여지는 「語의 表記」[1]의 하나로 자리매김 할 수 있는 것으로, 넓은 의미로서의 取音字(当て字)(笹原2010b)라고 할 수도 있다.

奈良時代 전후에는 「鵤」(いかるが, 새 이름), 「鯰」(なまず, 물고기 이름), 「鮑」(あわび, 조개 이름)처럼 고대 중국의 한자가 漢籍이나 佛典 등에 의해서 전해져 왔다고 판단되는 것들도 金石文이나 문서, 서적 등에 사용되고 있다. 후대의 『和名抄』에는 『漢語抄』나 『本草』 등 漢籍으로 보이는 자료가 인용되어 있다. 그러나 이것들에 현존하는 다양한 자료에서 검토한 결과를 추가하면, 예를 들어 「鮑」와 그 부수를 치환한 「蚫」는 출토 목간이나 史書, 수필 등과 같은 현존하는 전래문헌 자료에 下記와 같은 기록이 출현하고 있다(笹原2011). 아래의 네모상자 표시는 한자권에서 가장 오래된 예가 있는 것을 나타낸다.

現存記録年代

	鮑	蚫
日本	[7世紀]	[8世紀]
韓国	10世紀	[8世紀]
中国	[7世紀]	14世紀

중국에서는 오래된 기록이 산일되었기 때문에 일본제 한자처럼 보이지만, 중국제이기 때문에 일본제 한자가 아닌 「佚存文字」로서 구별해야만 할 것이다. 「畠」(はたけ)도 그럴 가능성이 있다. 「畓」

1) 笹原宏之, 『当て字・当て読み 漢字表現辞典』, 東京: 三省堂, 2010b, p.892. 参照。

가 일본에 전래된 것은 오래 전 일로, 8세기 正倉院 宝物에 기록된 예가 확인된다(笹原2007).

中国　田(水田・白田・火田)
韓国　畓　　　田
日本　田　　　畠　　□・畑

8세기의 나라시대에는, 한자의 「橿」(キョウ, 材料가 되는 나무)을 「樫」(かし), 한자의 「鷸」(イツ)를 「鴫」(しぎ) 등과 같이 일본인이 고유 일본어로 이해하기 쉽고, 또 이미지도 풍부하게 표현할 수 있도록 개조한 일본제 한자도 금석문이나 『万葉集』 등에 나타나면서 한자에서 일본제 한자로 교체해 나간다.

주로 고유 명사의 표기에 이용되는 「俣」(また)는 한자 「俟」(まつ)를 변형시킨 것으로 생각되지만, 「矢」를 「天」처럼 쓴 이체자나 다른 字의 이체자로 쓰인 것은 중국에도 이전부터 있었다(字体만이 충돌한 예, 혹은 응용한 예라고 할 수 있다). 현존하는 『古事記』, 『日本書紀』, 『万葉集』, 『風土記』에는 이체자로 기록되어 있지만, 正倉院 문서 등 당시의 肉筆로는 이미 「俣」라고 기록되어 있어, 이는 転写의 誤謬에 지나지 않았다.

이러한 현상은 한자가 일본화 되어 가는 과정이라고 말할 수 있다. 万葉仮名에서 「伊和之」 등으로 기록되어 있던 물고기 이름은, 平城京 木簡에 출현하는 「鰯」(いわし)처럼 의미가 대응하는 한자를 찾아내기 어려운 것에도 일본제 한자가 만들어져 간다. 다른 물고기 이름 표기와의 대칭성이 요구된 것도 한 요인이라고 생각된다. 일본 독자적인 神事에 이용하는 「さかき」라고 하는 나무 이름

도「賢木」등으로부터「榊」「椛」의 일본제 한자가 생겨나왔다(下記의「小学篇」에 수록되어있다). 지방의 관리가 만든 것으로 생각되는 지역의 독자적인 일본제 한자도 이미 각지의『風土記』에서 볼 수 있다. 変体漢文, 万葉仮名가 섞인 문장이나 漢詩文이라는 漢文体에서도 音読뿐만이 아니라 訓読을 전제로 해서 사용되게 되었다.

이러한 일본제 한자를 모은「小学篇」이라는 사전도 편찬되어 있었다는 것을 후대의『新撰字鏡』에서 엿볼 수 있다. 나라시대에 있어서는 일본제 한자가 이미 수백 자까지 증가했다. 금석문이나 문헌, 문서 등 다양한 자료에 그것들이 나타나있다.

지금까지 나온 字를 중심으로 用法別로 出自 등을 분류하면 下記와 같이 정리가 가능하다. 魚偏 등과 같이 각종의 部首에 있어서도 마찬가지로 6가지의 분류가 가능하다.

<表 1> 漢字 · 日本製 漢字의 用法別 出自 등의 分類

例字	音訓	類別	属性
木	「ボク・モク」 「き」	漢字 漢字義	音読　(象形文字) 訓読
椿	「チュン・チン」 「つばき」	漢字 漢字義 日本製字義	音読　(形声文字) (霊木・チャンチン) 訓読　(会意文字)
榊	「さかき」	日本製漢字	訓読　(会意文字)
魚	「ギョ」 「うお・さかな」	漢字 漢字義	音読　(象形文字) 訓読
鮎	「ネン・デン」 「あゆ」	漢字 漢字義 日本製字義	音読　(形声文字) (なまず) 訓読　(会意文字)
鰯	「いわし」	日本製漢字	訓読　(会意文字)

8세기말의 平安時代 이후에 다양한 문화가 일본풍으로 발전한다. 표음문자인 平仮名와 片仮名가 한자로부터 파생되고, 인도 梵字의 영향을 받아서 五十音圖도 형성된다. 가나는 간략하고 쉬워 서민에게 퍼져 나가지만 어디까지나 「仮名」이고, 「真名」 즉 진짜 문자로 인식된 한자 쪽이 보다 가치가 있고 격이 높다는 의식이 강하게 남는다.

空海(구카이)의 필적에는 「円」(圓)과 같은 일본의 독특한 이체자도 나타나기 시작하고(笹原2006), 귀족이 읊는 和歌 등에 사용되는 「匂」(におい, 동사는 「におう」)는 「韻」의 이체자 중 하나인 「匀」가 정착한 것으로, 한자가 가지고 있던 의미가 한정되고 게다가 音読 「イン」을 잃으면서 일본제 한자다운 느낌이 늘어난다. 『江談抄』에 보이는 「畠」은 일본제 한자가 아니라는 언급 등, 일본제 한자에 대한 의식도 싹이 트고 연구도 시작되고 있다. 同書에는 발해국 使者 이름의 造字 「丼」(どぶり) 「丼)」(ざぶり)도 보인다(나중에 『節用集』 등에도 등록된다). 이것들은 실제로는 일본제 한자이겠지만, 다른 나라의 造字를 취급한 점과 후대에의 영향(丼)이라는 점에서 중요하다.

게다가 명사는 한자로 쓰고 싶고, 단어(개념)는 한자 한 글자로 쓰고 싶다는 일본인 지식층의 의식이 일본제 한자를 만들어 냈으며, 사용해 가기 위한 원동력이 된다. 당시 한자를 만들어 내는 층은 대체로 漢籍의 소양이 있어, 「辻」(つじ)는 중국의 「十字街」(『北史』 등)를, 「榊」(さかき)는 중국에서의 「蚕」의 俗字 「蠶」에서 따온 것이라 여겨진다. 「辷」(まろぶ, 나중에 「すべる」) 「梻」(しきみ) 「俤」(おもかげ)도 불교 설화집인 『今昔物語集』에 등장한다.

이와 같이 11세기 후반에서부터 院政期에 걸친 신흥한자의 萌芽

期를 거쳐, 12세기말부터의 鎌倉時代 이후는 武家가 정권을 잡는 중세시대로, 한자의 사용층이 넓어져 감에 따라 文臣이나 승려뿐만 아니라 武士, 連歌師 등과 같은 새로운 시대의 신흥 문예가, 장인 등 사회집단마다 造字가 널리 행해지게 된다.

무기인 「槍」(やり, 鎗)에서는 「鑓」라는 훈독(遣 : やり)을 이용한 일본제 한자가 나타난다. 「畑」(はた)은 鎌倉時代에 화전농업의 진전과 함께 등장하고, 점차 「畠」(はたけ)과 구별 없이 혼용되게 된다. 「働」은 앞에서 서술한 바와 같이 「はたらく」가 「動」이라고 쓰여졌던 것을 근거로 역시 중세에 「사람인변」이 부가된 것으로(후술), 『平家物語』 등의 軍記物에서는 잇따른 전투에서의 공적을 나타내고 있다.

14세기부터 시작되는 室町時代에는, 물고기 이름 「タラ」에는 公家日記 등에 「鱈」이 나타나고, 또 예의를 몸에 익히게 하는 것을 의미하는 「しつけ」는 禮法書 등에 「躾」와 「躾」로 나타난다. 산길에서 가장 높은 곳은 일본에서는 여행자의 수호신인 道祖神이 있고, 각 지역의 경계가 되는 특별한 곳이었다. 일본제 한자의 「峠」(とうげ)는 「嶺」과는 다른 개념의 단어로, 「峠」은 중국의 「弄」의 俗字 「卡」를 근거로 하면서도 일본 독자적인 개념을 「山」 「上下」로 회화적으로 표현한 것으로, 이 시대의 여러 서적에 등장한다. 「畑」나 「峠」과 같이 자연에 관계된 会意의 造字가 눈에 띄는 것은, 대체로 일본인이 花鳥風月이나 雪月花 등과 같은 자연의 風物에 의탁하여 정서나 이미지를 존중하는 경향을 가진다는 것과 관련이 있을 가능성이 있다. 『下学集』이나 『節用集』 등과 같은 통속성을 가진 사전에서는 그때까지의 『和名抄』 등에 보이는 「俗」에 대신하여, 보다 한정적이고 엄밀성을 가진 「倭字」라는 出自를 나타내는 술어가 나타난다.

무게의 단위인 「匁」(もんめ)는 중국에서 생긴 「銭」의 俗子가 일본에서 변형하여 훈독(モン은 字音 유래이지만)의 한자로서 정착해 간다. 지명에도 造字가 각지에서 나타나기 시작한다. 京都에서는 「椥辻」(なぎつじ)라는 지역 독자적인 「椥」라는 会意의 일본제 한자도 만들어졌다. 이것은 일본제 한자만으로 이루어진 지명이다. 또한 베트남의 チュノム(chữ Nôm)에도 「ビンチェ省」의 チェ(체)에 「椥」(tre 竹)가 있지만, 이것은 暗合(우연히 일치한 것; 역자주)으로 생각된다(暗合에 대해서는 후술).

室町時代에서 江戸時代로 전환되는 시기에 「笹」가 식물명이나 지명 등의 「ささ」로서 문서, 문예작품 등에 나타난다. 필자의 姓氏는 에도시대의 富山(도야마)에 있었던 가게이름으로부터 나왔다. 이 글자는 「竹」와 「葉」으로 만들어졌다고 여겨지고 있다. 옛날에는 「ささ」는 「小竹」 「篠」(しのとも)가 많아, 「笹」라는 「篠」의 声符를 치환했던지 会意化에 의한 것도 中世期에 있었다. 특히 중국의 金文에도 볼 수 있는 글자체이지만, 그것은 「世」로서 사용된 것이고 게다가 후대에는 사용이 중단되기 때문에, 日中에서 개별적으로 만든 문자가 우연히 형태만 일치한 것이다. 이러한 것은 字義까지 일치하는 暗合이 아니라 衝突이라고 부른다(후술. 笹原2007a 参照).

또한 이즈음에 漢方医의 암호와 같은 造字 「一字銘」도 집단문자로서 출현한다. 또 밖으로는 한자권에서 서로 사용되고 있던 字種이나 용법이 다른 현상에 대한 언급이 많이 나타나고 있다.

17세기부터의 江戸時代에는 중국의 숙어 「鳳(風) 巾」으로부터 「凧」(たこ)라는 일본제 한자도 만들어진다. 일본 독자의 문화인 戯作, 日本刀, 日本酒에 관한 일본제 한자도 이 시기에 늘어난다. 歌舞伎나 浄瑠璃에서도 표지 제목에 좋은 운이 따르게 한 会意의 造

字, 合字를 많이 이용했다. 이와 같이 식자층의 확대에 따라 일반인들 사이에서 놀이 도구까지도 일본제 한자로 표현되었던 것이다. 일본제 한자는 쓰는 측면만이 아니라 사람들이 사용하는 語句에도 영향을 끼치게 된다. 가령 「鱈(たら)」를 글자 모양으로부터 「旁(つくり)의 雪」이라는 異名으로 칭하는 것 같은 현상도 생겨났다. 게다가 일반을 겨냥해서 보고 즐기는 용도만의 유희성, 일회성이 높은 噓字, 鈍字 종류도 양산되었다.

이러한 가운데 일본제 한자 연구도 진전을 보여, 新井白石(아라이 하쿠세키)가 『同文通考』에서 처음으로 「国字」 「国訓」이라는 술어를 일본제 한자나 일본화한 字義에 대하여 설정하였다. 일본의 古書를 연구하는 국학자들은, 木村正辞(기무라 마사코토)가 나라시대의 문헌에서 발견한 일본제 한자 「欟」(つき 槻) 등을 자기의 호에 부활시키는 등, 일본제 한자의 死字도 재이용했다. 이제까지 漢籍에 있는 한자를 중시하여 왔던 한학자들도, 林述斎(하야시 줏사이)가 隅田川(스미다가와)를 표현하기 위하여 만든 「澑」와 같은 일본제 한자를 雅稱을 위해서 제작하기에 이르렀다. 이 경우에는 音読을 가진 일본제 한자가 俗에서 雅로 전환된 것이다. 사상가 安藤昌益(안도 쇼에키)나 蘭方医 海上随鴎(우나가미 즈이오)와 같이, 자신이 필요로 하는 표현을 위하여 일본제 한자(個人文字)를 혼자서 수백 자 만드는 사람도 나타났다.

당시의 봉건적인 신분제사회 속에서 경칭인 「様」(さま)를 상대와의 관계에 따라 「様」 「様」이라고 구분하여 쓰는 대우표현이 나타난다. 일본제 字義에 일본제 異体字를 합쳐서 손위와 손아래 사람을 구별하는 것이 장면 장면 글 쓸 때마다 행해졌다. 더욱이 그 신분에 따른 표기를 구별하기 위하여 별도로 서체나 히라가나도 이용되었다.

熟字訓으로 사용하기 위한 일본제 한자도 나타났다. 「はしたなし」를 「魹魞」라고 적는 종류이다. 이것들은 통속적인 문예에 나타나는 도움자(世話字)라고 불리는 한 무리의 문자에 속했다. 이 시기에는 일본제 한자로 표기되는 말은 모든 품사에 걸쳐 나타난다. 일반적으로 助詞에도 「鳬」「鴨」 등의 한자가 사용되는 것은 上代 이래 끊어지지 않고 이어졌다. 일본제 한자가 나타내는 단어를 품사별로 분류하면 下記와 같이 거의 모두가 해당하지만, 名詞와 動詞가 대부분을 점하고 있다.

<表 2> 品詞와 日本製 漢字의 例

名詞	畑	はた・はたけ
固有名詞	薙	なぎ(草薙) / 圷 あくつ
動詞	働	はたら(く) / 込 こ(む)
形容詞	訛	やさ(し)
副詞	聢	しか(と)
接続詞	扨	さて
感動詞	適	あっぱれ(「あはれ」에서 分化하여, 「哀れ」 등과 用法도 구별되었다)
助詞	迚	とて(「とても」라는 副詞로서도 使用되었다)
助動詞	〼	ます / △(ム) ござ(る)

중세 이후 「鋲」(ビョウ)과 같은 형성문자도 만들어지기 시작한다(후술). 「勢」도 左上이 「生」으로 일본어의 음독 「セイ」를 나타내는 듯한 초서자(草書字)를 매개로 한 일본적인 楷書의 字体를 선호하고 있었다. 서양의 네덜란드 의학으로부터 영향을 받아서, 한방의 오장육부설에는 없었던 인체의 klier에 대하여 「腺」이라는 글

자가 만들어졌다. 또 기존에 있던 「働」도 旁으로부터 형성문자의 방법을 응용하여 「ドウ」라고 읽히게도 되어 「労働」 「実働」 「稼働」이라는 일본제 한어(和製漢語)를 형성하기 시작한다(「仂」로 생략되어 기록되기도 한다). 이러한 일본제 한자는 근대에 중국과 한국, 베트남에도 전파되어 일부가 정착했다.

일본옷(和服) 「つま(쓰마)」에는 「妻」라는 글자의 훈독(주로 발음만)을 이용하고, 衣偏을 더하여 「褄」를 만드는 응용도 행해진다. 「裃」 즉 「かみしも」(무사의 예복)는 「上下」, 다시 「衦袮」를 거쳐 태어난 合字이다. 더욱이 피부병을 의미하는 「はたけ」는 일본제 한자 「畑」에 「やまいだれ: 疒(병질안)」를 붙인 것까지 雑俳書에 나타난다. 일본제 한자를 이용한 새로운 일본제 한자라 할 수 있다. 그리고 쇄국체제 속에서 北海道, 青森로부터 九州, 沖縄까지 각지에서 성명과 지명, 방언을 표시하기 위한 일본제 한자, 일본제 字義가 만들어졌다.

이렇게 해서 에도시대까지 일본제 한자는 수천 종류가 만들어졌고, 주요 일본제 한자에 관한 연구서도 편찬되었다. 한국에서의 일본제 한자(가령 新井白石의 書簡에 나오는 「獙」)나 일본제 字義에 대한 언급도 나타나게 된다.

19세기 후반 明治時代에 들어가면, 활판 인쇄와 보통교육이 보급되어 일본제 한자의 생산은 격감한다. 에도시대 통속소설의 흐름을 이어받은 尾崎紅葉(오자키 고요)는 「□(泉의 밑에 灬)」(ゆ, 温泉의 뜻) 등을 작품에서 만들어서 사용했다. 킬로미터에 「粁」, 밀리미터에 「粍」라는 일본제 한자도 만들어서 한자권에 보급했다. 근대의 国語国字 문제에 대한 논의 중에 国字(여기서는 일본에서 일상 사용하는 글자의 뜻)를 개량하려고 새로운 글자도 제언되었지만, 실제 사용과는 거리가 먼 것뿐이어서 보급되지는 않았다.

人力車의 발명에 대응하여 「俥」(くるま)라는 일본제 한자도 만들어졌다. 신문에서의 造字 현상공모에 의해 선택된 것으로, 모집에 응한 창작 한자 중에서 실제로 정착한 유일한 것이다.

또한 성명에도 造字가 증가해서, 「十」의 縱線을 치켜 올려 「もぎき」라고 읽는 姓도 나타났다. 象形文字, 指事文字라고 부를 수 있는 소수의 것들이다. 姓에서는 本家와 分家를 이체자로 구분하여 사용하는 섬세한 표현도 증가한다.

이제 일본제 한자가 가지는 말의 語種도 전부 나왔다. 그 중 和語가 다수로 수천종이 넘을 것으로 생각된다. 다음에 예를 제시한다. 밑줄 친 부분이 일본제 한자. 「／」의 왼쪽이 常用漢字表內字.

和語　　畑 働く 込む ／ 辻 鰯
漢語　　枠(漢字 「籰」의 音読 ワク가 語源) ／ 炬燵 鑑飩 澆潄 鋲・鮟鱇(語源説에 복수 있음)
外来語　なし ／ 莨(タバコ) 粁 鉎鉼(トタン) 錻力(ブリキ)

日本製 異体字도 새로 만들어졌다. 「廣」은 문서 속에서 「広」으로 생략되어 사용되기도 하고(山下2012)[2], 등사판이 보급되는 동안에 사회활동가들 사이에서 「機」를 「杋」, 「議」를 「訁义」로 생략하는 것 같은 자체도 사용하게 되었다.

패전 후에는 유희적으로 만들어진 「感字」(느낌으로 인식하는 문

2) 山下真理, 「「広」の字体について一略字体の出現時期とその要因一」(http://www.kanken.or.jp/incentive_award/pdf/22/yamashita.pdf 2010 日本漢字能力検定協会 2012/08/23確認)에 출현 상황이 상세하게 기술되어 있다.

자; 역자 주)인 「□(女의 오른쪽에 卡)」(엘리베이터걸)이 유명해지는 등, 사용되는 수준까지 도달하지 않았어도 感字 중에서도 어느 정도 일반에 알려지는 것도 나타났다.

다만 활자 인쇄나 한자정책, 근대교육, 그리고 PC 등의 보급과 확산에 의해서 점차 造字 행위는 감소해 간다. 한자 자체가 감소해 가고, 히라가나 · 가타카나 · 로마자의 사용도 증가하는 가운데 2010년에 개정된 「상용한자표」에서는 「匂」(臭い도 채택) 「栃」(縣名 표기로서) 외에 「腺」이 채택되었다. 이 글자가 개인에 의해서 만들어진 후 200년 만에 사용층을 확대하여 마침내 공통의 글자로서 인정받게 되었다.

Ⅲ. 日本製 漢字의 使用層과 造字法에 의한 分類

1. 使用者層에 의한 분류

문자는 사전에 일람적으로 등록된 것만을 보아서는 그것들이 왜 거기에 있는지를 파악하기 어렵다. 情態로서의 기록은, 구조나 체계 그리고 그것들을 지탱하는 규범의식을 아는 데에는 중요하지만, 상술한 것 같은 動態로서의 史的 変化 요인까지 이해하기 위해서는 그 사용자의 사회적 층까지 눈을 돌릴 필요가 있다.

문자는 일반적으로 그 사용자층으로부터 아래와 같이 분류할 수 있을 것이다.

共通文字 : 漢字政策 상의 常用漢字表・人名用漢字表 등
地域文字 : 特定 地域에서 사용된 문자
集団文字 : 特定 社会集団에서 사용된 문자
個人文字 : 特定 個人에 의해 사용된 문자
場面文字 : 特定한 場面・環境에서 사용된 문자

그리고 이 분류는 문자의 出自와 대조해 보는 것이 가능하다. 이것을 이용함으로써 비로소 일본제 한자의 定着이나 廢絕에 이르는 사적 과정을 정확하게 파악할 수 있게 된다. 예를 들면, 宇田川榛斎(우다가와 신사이)가 만들어 혼자 사용하던 「腺」이라는 일본제 한자가 어떠한 과정을 거쳐 퍼지게 되었는가 하는 동태를 파악하는 것이 가능하게 된다.

우선 일본제 한자의 지역문자에는 다음과 같은 것이 존재하고 있다. 奈良時代에 이미 『風土記』의 産物 諸字에는 중앙에서만이 아니라 지방에서도 이미 造字가 행해지고 있었다고 생각되는 케이스가 눈에 띈다.

杁 いり　愛知県 등 尾張地方에서 普通名詞, 姓, 地名으로 사용되고 있다. 会意이지만 字訓도 이용하고 있고 形声的이기도 하다(笹原2003).
汢 ぬた　高知県의 小地名에 복수 보이는 会意文字이다.
乢 たお　中国地方辺의 小地名에 다수 보이는 象形文字적인 요소를 포함한 문자이다. 中国에서도 「蓋」의 異体字로

서 字書에 실려는 있지만, 아마 衝突일 것이다. 일본은 복잡한 지형이 풍부하기 때문에 이런 말이나 地域文字를 다수 채집하는 것이 가능하다.

岃 あけん 滋賀県에 「岃原」(あけんばら)라는 小地名이 존재한다. 「あけび」에서 변한 것으로, 熟字訓 「山女」의 合字이다 (笹原2006).

다음의 集団文字는 位相文字의 하나이다. 位相은 집단 외에 장면을 표시하는 것도 가능하고, 位相文字라고 하면 場面文字도 포함한다.

嫗 峅 うば くら 중세 이후의 立山(다테야마) 신앙에서 「うば堂(どう)」 「岩くら」 등의 종교 시설이나 토지의 이름에 사용된다. 越中(富山)에서의 종교이고 地域文字性도 가지고 있다. 이외에도 修験道, 富士講 등 신흥 종교에 造字가 보이고 때로는 부적도 만들어졌다.

[illegible] かたな 刀 중세기의 刀工 등 職人集団에 의한 集団文字 · 場面文字(位相文字 · 暗号)로, 近世初期까지 사용되고 있었다.

더욱이 이것에는 역사성, 정치성, 개개의 장면성도 가미할 필요가 있다. 지방적인 일본제 한자가 시대와 함께 일반화, 중앙화 하는 경우도 있기 때문에, 그러한 역사적인 변화를 사회, 문화적 배경과 더불어 「字誌」로서 구체적으로 동시에 입체적으로 기술해 나갈 필요가 있다.

일본인의 말뿐만이 아니라 社会(識字層), 文化, 生活이나 意識

의 변화에 따라서, 게다가 「辻」「榊」「椛」(樺, もみじ)「働」「峠」「鱈」「躾」「裃」「腺」「俥」「粍」(센티미터)「炻」(セキ)「挘」(むしる)「瓲」(トン 重量)「旺」(曜) 등 다양한 造字, 기존의 한자에 대하여 字体, 用法에 개조를 가한 字가 때로는 形声文字나 象形文字 등의 방법을 섞어가면서 明治・大正의 시대까지 행해져 왔다고 볼 수도 있다.

椛　　「樺」(かば・カ)의 異体字로서 사용빈도가 姓 등의 固有名詞에서 높기 때문에, 人名用漢字에 채용되고, 더욱이 古来의 「もみじ」나 새로운 訓 「はな」 등도 取訓字로 출현했다.

轌　　そり 東北地方의 地名에서 사용된 것인데, PC에서 사용할 수 있는 JIS第２水準 漢字가 되어 仮名漢字変換이 가능해진 관계로 그것을 사용하여 마침내 보통명사로도 사용되게 되었다. JIS는 使用字種의 제약을 낳는 한편, 범위 내에 들어있는 기존의 일본제 한자에는 새로운 생명을 불어넣었다고 자리매김하는 것이 가능하다.

エビ(에비)라고 읽는 「蛯」는 원래는 旁이 「耆」이었는데, 시대에 따라서 字体의 변화가 인정되고, 東北地方에서 다용되는 등 지역에 따른 사용도의 차이가 있었다. 그러나 근년에 蛯原友里라는 인기 모델의 성에 포함되어 있었기 때문에, 미디어를 매개로 한 사회집단에 의한 認知의 차이를 낳았다(笹原2007b, 笹原2007c). 北海道에서는 보통명사로서 사용되고 있지만, 현지에서도 지역차가 있다고는 전혀 의식되고 있지 않다. 이 사용의 편재는 姓이나 地名으로 사용되는 것 외에, 「蝦夷」에서 「蝦」자에 대한 친숙함과 회피에 의한 것일 것이다. 오늘날에도 이러한 움직임은 발생하고 있어, 과거의 역사만을 고찰해서는 일본제 한자에 관련한 현상을 상대적으로 이해할 수가 없다.

한편 한자·일본제 한자의 音訓을 이용한 假借나 字意를 이용한 取音字는 아이누어에 대해서도 영향을 미치게 되었다. 取音字는 일본제 한자의 새로운 제작이 줄어든 지금에 이르기까지 일본인의 감성을 표현하는 수단으로서 계속 생산되고 있다. 일본제 한자의 다양성을 입체적으로 파악하기 위해서는 이러한 位相을 다각적으로 예측할 필요가 있다.

2. 造字法에 의한 分類

지금까지 수시로 언급해 온 바와 같이, 이와 같은 역사에 나타난 일본제 한자에서는 形成方法의 패턴을 찾아낼 수 있다. 위에서 기술한 変容의 動態를 개별 글자의 변화로부터 인식하기 위해서는 구조적인 면에 주목하여 검토를 할 필요가 있을 것이다.

그 구조는 造字法으로 해석 가능하고, 六書에서는 部首와 義符를 조합하여 만든 会意文字가 압도적으로 많다. 그것은 文字와 言語라는 관점에서 보면, 漢語(字音語)가 아닌 고유어, 즉 和語를 訓読에 의해 표현하려 했기 때문이다. 앞에서 서술한 「鴫」(しぎ)나 「樫」(かし)은 그 전형이다. 인간의 인지나 심리의 면에서는 기존의 한자를 인식하고 있어도, 그것보다 일본인이 이해하기 쉬운 구성요소와 구성법을 선택하여 개조했다고도 할 수 있다.

会意만이 아니라 일찍부터 合字라는 造字法도 생겼다. 人名에서 볼 수 있는 「麻呂」는 나라시대에 縦書의 붓글씨에서 合字化가 시작되었는데, 1.5자 정도 길이를 가지는 상태를 거쳐 「麿」로 一字化한 것은, 토대가 되는 한자 「磨」 등이 있는 것에 同源의 語를 訓으로 한 「丸」 등으로부터의 유추도 추가되어, 하나의 개념은 하나의 글자로 쓰고 싶다고 하는 表語文字로서의 요구에 의한 것일 것이다(笹原2006). 「畑」「畠」 등도 같은 형태로 파악하는 것이 가능하다.

일본제 한자에 있어서는 상형문자의 수가 적다.

〼 ます 枡・桝(廾・舛)은 形声(偏을 부가하고, 旁으로 訓을 나타냄)에 의한 일본제 한자. 江戸時代부터 記号的인 형태를 가진다.

〾 トショ(図書) 이것은 図書館学 秋岡梧郎(아키오카 고로)의 造字이고, 「圕」(図書館) 등도 만들어졌다. 이것에 視線의 움직임을 더한 「□(〾 안에 ノ, ドクショ(読書))」는 指事文字라고 할 수 있을 것이다.

기존의 한자를 상형적으로 판단하여 구성요소로 轉用한 것은 예로부터 몇 가지 볼 수 있다. 部首로 구성된 会意文字로서 취급되는 것이 일반적이다.

鞆 とも 奈良時代 이전부터 나타나는 最古級의 일본제 한자로, 旁이 상형적 요소라고 한다.

辻 つじ 「十」가 상형적. 漢語의 「十字路」를 바탕으로 만들어진 것이다.

辷 まろぶ・すべる「辶」(おしたつ)도 있어, 이「一」은 象形文字 내지 指事文字라고 할 수 있겠다. 이「一」을「二」「三」「四」「五」「六」「七」「八」「九」로 하는 造字도 일찍이 사전류에 수록되어 있었다.

乢 たわ 旁이 山의 鞍部를 나타내고, 美作(みまさか, 옛 지방의 이름. (지금의 岡山県의 북동부; 역자 주) 주변의 小地名에 보인다. 마찬가지로 奈良에「辿」, 静岡에「⿰山乙」등도 예로 들 수 있는데, 역시 旁의「⻍」이나「乙」을 象形으로 파악할 수 있다.

鯣 するめ 일본제 字義이지만, 旁이 상형적 요소라고도 한다.

또한「⿰魚◎」를「ちくわ」(竹輪)라고 읽는 것은 造字와 遊戯字와의 경계가 명확하지 않다. 魚偏이 가장 그럴 듯하고, 楷書的이지 않은 旁에 의해 쉽게 인상에 남는다. 만담가 春風亭栄枝(슌푸테이 에이시)의『蜀山人 狂歌ばなし』(三一書房1997年 図1) p.122에 나온 것(출처는 불분명하지만, 遊戯에 의한 個人文字)이 문자검색 소프트웨어「今昔文字鏡」에 채용되고 나서 정보가 홀로서기를 시작하여, WEB사이트나 텔레비전의 방송 프로그램에서 퀴즈 문제로 출제되는 등 순환되고 있다.

로마자를 漢字와 같은 필법으로 변환하여 붓으로 쓰기 쉽게 바꾼 것도 이것의 일종이라고 할 수 있다.

⿰魚板……これはかまぼこ
⿰魚◎……これはちくわ
⿰金別……これは手切れ金

〈図1〉ちくわ의 遊戯的 造字
『蜀山人 狂歌ばなし』

℥ オンス Oz.의 記号로부터 江戸時代에 蘭学者에 의해 만들어 졌다. 또한 「弗」(ドル)도 그 종류이지만, 일본제 字義이다.
□ (氏에서 一을 뺀 형태) ゲレイン 마찬가지로 로마자 「G」로부터.

일본에서는 한자는 상형문자여도 구성요소의 조합에 따라 字義가 생기는 会意文字와 같은 해석이 유포되는 경향이 있다. 일본인은 문자나 문자에 의한 표기에 대하여 好悪의 감정을 느낀다고 하는, 세계적으로 보아 드문 심리를 가지고 있다. 선택 가능한 문자・표기체계와 관계된 것이지만, 특히 다음과 같은 의식은 일본제 한자를 좋아하는 의식과 表裏를 이루고 있어, 일본제 한자를 이용해온 심리의 根底를 찾아낼 수 있는 가능성이 있다.

가령 「人이라는 글자는, 두 사람이 서로 지지하고 있는 모습」, 「食」이라고 하는 글자는 「사람에게 좋다고 쓴다」, 「親」이라고 하는 글자는 어미 새가 나무 위에서 서서 지켜보고 있다는 등의 이야기가 일반에 유포되어 있다. 姓에서도, 「吉田」 씨가 무사 가문의 출신이기 때문에 口의 上은 「士」다, 자신의 선조는 농민이었기 때문에 「土」이라는 등, 한자 字体에 대한 俗解를 당사자들로부터 자주 들을 수 있다. 중국에서도 이러한 분석은 오래전부터 행해졌지만, 그 이상으로 뿌리 깊게 믿고 있다. 「吉」에는 음독 「キチ」와 훈독 「よし」가 있는데, 각각의 字体를 구별하여 사용한다고 하는 해석도 퍼지고 있다.

働 はたらく 전술한 대로 武家社会에서 퍼진 것으로, 「はたらく」라는 訓을 가지고 있는 「動」에 「うごく」와 구별하기 위하여 部首의 偏을 부가한 字이다(乾2003). 이러한 예는 형태면

에서는 会意文字로 불리지만 史的인 관점에서는 偏의 부가로 간주할 수 있다. 이것도 小学校에서 학습한다.

畑 はた 전술한 대로 中古・中世期에 일본에서 화전농업의 進展과 함께 나타나서 퍼졌다. 중국에 있었던 숙어 「火田」에 기초한 合字일지도 모른다. 나중에 「はたけ」로 합쳐져서, 현재 소학교에서 학습하는 2字 중의 1字이다.

込 こむ 현대에서는 신문 등에서 가장 높은 사용빈도를 보이는 일본제 한자이다. 「申し込み」 등. 현재 중학교에서 학습하기 때문에 明朝体의 영향을 받은 사람이 많다. 教科書体로 습득하는 경우의 「入」는 오른쪽 삐침 획이 시작하는 위치에서 字体의 변동이 있었다. 鎌倉時代에는 「こもる」 등으로 읽혔다. 「辷」(まろぶ・すべる) 는 전술 참조.

峠 とうげ 이 단어는 民俗学 등에서 사용되는 「手向け(たむけ)」(神佛이나 死者의 霊에 供物하는 것; 역자 주)가 변한 말이라고 한다. 현재 이 글자가 좋다고 평하는 사람이 매우 많다. 글자에 이미지를 의탁하여 好悪의 감정을 품는 것도 일본인에게 두드러진 현상이다. 늦게 나타난 「□(糸의 우측에 卡)」(しどろもどろ)에서도 「峠」와 「裃」(こはぜ) 등과 같은 발상이 엿보인다. 「□(氵의 우측에 山과 그 밑에 卡) 」(どんど)는 福井에서 用水路를 의미하는 方言으로부터 생긴 小地名에서 보인다(笹原2006).

□ (佛을 셋 品자처럼) さかし・まこと 이것들은 작년, 재작년, 2년 전 등을 의미한다. 「□(辶에 佛)」(こそ・たまたま) 「□(辶에 法) 」(おととし) 「□(辶에 僧) 」(さおととし)와 함께 중세의 字書에 수록되어 있지만, 불교에 관련된 사람에 의한 造字일 것이다.

鱈 たら 비유에 의한 「ゆき」라는 女性語에서 생긴 것일 것이다.

四季, 雪月花 風流의 嗜好나 섬나라의 食文化를 반영하고 있다. 특히 「轌」「艝」(そり)는 熟字訓 「雪車」「雪舟」에서 생긴 合字라고 할 수 있다.

椛 もみじ 중국제 한자에는 「雪」나 「花」를 구성요소로 하는 것이 거의 없다. 일본인이 花鳥風月, 雪月花를 감상하며 자연 식물을 존중하는 문예를 즐기는 가운데 생긴 것으로 日本人的인 문자라고 할 수 있다. 다만 「月」은 造字의 구성요소로 이용되는 경우가 적다. 「樺」의 일본제 異体字로서는 「ｶ」가 「かば」로서 사용된다(前述). 특히 「[口+花]」(カ)는 「喧嘩」의 2번째 字에 사용된 일본제 異体字이다. 「火事と喧嘩は江戸の華(花)」(화재와 싸움은 江戸의 꽃; 역자 주)라는 속담과 그 발상에 공통점이 느껴질 것이다. 「[言+花]」라고도 쓰지만, 그 字의 경우는 「やさしい」로서도 사용되었다. 또한 현재 일본에서는 「優(やさ)しい」는 「人を憂(うれ)える」(사람을 걱정하다) 「憂う人」(걱정하는 사람)이라고 俗解되는 경우가 많다. 形声을 会意化하여 이해하려는 것으로, 일본제 한자에 맡겨진 感性이 계승되고 있다. 근년에는 이름의 획수로 운세를 점치는 姓名占에 의해서 「憂」를 사용하는 케이스도 많아지고 있다. 造字 자체는 문자코드의 영향 때문에도 감소하고 있지만, 기존의 漢字 字義를 무시하고 감각적으로 이미지로서 이해하려는 경향이 고조되고 있어 주목된다.

糀 こうじ 「麹」을 소재・이미지에 맞춰 뉘앙스를 부여한 것이다. 모두 常用漢字表 외의 글자이지만, 계속 사용하고 있고 용법을 세분화하고 있다. 근년에 건강식품으로서 주목받게 되어, 이 일본제 한자도 사용빈도가 다시 높아지고 있다.

嬶 かかあ 熟字訓 「口鼻」「鼻口」로부터 일본제 字義 「嬶」가 되었다. 그것에는 「嗅」(かぐ)도 영향을 미쳤을 가능성이 있다.

거기에서 部首를 女로 바꾼 江戸時代의 造字이다.

躾 しつけ 일본 독자의 생활규범을 나타내는 말에 대하여 중세에 출현. 그러나 패전 후에 死字化 되면서 개인적으로 「エステ」「ニクタイビ(肉体美)」 등과 같이 臨時的, 遊戯的으로 읽히게 되는 상황에 이르렀다. 전술한 대로 室町時代에서 江戸時代 즈음에는 다른 会意에 의한 「身花」 등으로도 기록되었다.

𨑕 しめ 「〆」(メ)와 同義. 文明本 『節用集』에 채록되어 있는데 오늘날에는 壱岐 등의 小地名과 姓, 酒類의 상표에 남아있다 (笹原2006). 이 「辶」은 진행한다는 뜻을 나타내는 것일 것이다. 「鰰」은 「榊」, 「榊」은 漢字 「蟦」(蠶(蚕)에 대한 六朝時代의 異体字)가 힌트가 된 것일 것이다.

蝫 えび 和語의 発想에 따른 熟字訓에 의한 표기 「海老」를 근거로 한 것일 것이다(상술 참조). 근세에는 「蛯」를 파생했다.

𣜌 でーご 나무 이름. 沖縄(琉球)의 姓에 일찍이 있었다. 「翆」(ぐし)는 沖縄의 地名과 姓에 「翆宮城」(ぐしみやぐすく・ぐしみやぎ)으로 사용되고 있지만, 한자의 「隹隹」 부분이 「双」으로 略字化 된 것이 아닐까 라고도 말해진다.

咾 いかん・おとな・うば 모두 일본제 字義로, 北海道, 佐賀, 山口 등 각지에서 小地名에 地域訓으로 출현한다. 대부분 사용되지 않는 한자와 충돌한 것이다. 会意式 発想에다가 地名 「姥喰」(おばくら)의 「姥」가 逆行同化를 일으켰다.

凩 こがらし 부분적인 形声文字?. 「凪」이 원형이지만 「木嵐」에 기초한 것인지도 모르겠다. 「木枯らし」에서는 時代劇의 木枯紋次郎(고가라시 몬지로) 이미지가 있다고 하여 사용을 꺼리고 「凩」을 선택해서 쓰는 사람도 있다. 일본에서는 문자에 의한 表記感은 언어기호의 잠재적 의미와 마찬가지로 중시되어 왔다. 특히 「凧」(たこ)는 중국계 숙어 「鳳巾」「風巾」에

서 나온 것이라고 생각하면 略字化를 포함한 合字가 된다. 한자에서는 「紙鳶」라고도 쓴다. 関西에서는 「いか」, 九州에서 「はた」라는 식으로 地域訓으로 읽힌다.

凩 ふぶき 連歌作品 외에 秋田藩의 문서에 출현하고 있다.

笹 ささ 「竹葉」의 略字를 포함한 合字와 관련이 있을지도 모른다(前述 参照).

形声文字는 본래 중국어를 표기하기 위한 방법이어서 單音節的이지 않은 성질을 가진 和語에는 적합하지 않았다.

働 ドウ 원래는 和語 「はたらく」를 「動く」로 표기하여 「うごく」와 구별하기 위한 造字였지만(乾2003), 나중에 類推에 의해 音読이 생겼다. 「労働」「実働」 등의 일본제 숙어(和製漢語)에 있어서의 「ドウ」는 慣用音으로 분류된다.

鋲 ビョウ 漢語起源으로 생각되는 武具 등의 部品을 위하여 近世에 생긴 것이다.

腺 セン 蘭学者 宇田川榛斎가 만든 譯語를 위한 造字였다. 江戸時代에 医師의 集団文字가 되고, 明治期에는 일반화가 진행됐다. 2010년에 常用漢字表에 채용되어 마침내 共通文字가 되었다. 個人文字의 단계에서는 漢方医 등 라이벌들의 造字와 경합하다가 書籍 등을 통해서 결과적으로 확산된 것이다(笹原2007a)[3].

澷 ボク 墨 隅田川(墨田川)를 위해서만 만들어진 造字(笹原2007a). 기존 「墨水」 등의 「墨」에 대한 偏의 付加이다. 雅(우아함; 역자 주)를 의도한 造字이지만, 중국에서의 「漢」「湘」과 같이

3) 笹原宏之, 『国字の位相と展開』, 東京: 三省堂, 2007a, pp.611~694에 字誌가 기록되어 있다.

三水의 形声文字라는 강 이름 전통에 따른다. 이 雅를 문자에서 추구하는 의식에서도 일본인의 한자에 대한 이미지 중시 자세를 엿볼 수 있다. 林述斎가 造字한 個人文字로부터 시작하여, 명치 초기의 成島柳北(나루시마 류호쿠)로부터 昭和의 滝田ゆう(다키타 유)에 이르기까지 江戸 情緒, 下町(서민들이 많이 사는 거리; 역자 주)의 분위기를 계승해 온 글자였다. 三水의 일본제 한자는 서민들 사이에서는 얼마 되지 않는다.

鱚 きす 魚名의 頭音을 旁으로 표현한 것이다. 일본제 한자에서는 이러한 魚偏의 造字가 많아 수백 종에 이르고, 木偏 다음으로 많다고 생각된다(菅原1990에도 그 경향이 나타나 있다). キス라는 물고기의 입이 튀어져 나와 있기 때문에 英語의 kiss에 의한 造字라는 견해도 있지만, 이 外来語의 전래가 江戸時代라는 것과 맞지 않기 때문에 俗解에 지나지 않는다. 이 キス는 和語이다.

鰒 鯆 ふぐ 和語의 フグ에 해당하는 것은 일본제 字義이다. 한자에서는 「鯸」「魨」「河豚」 등으로 표기된다. 2번째 字는 同音・類音의 福(ふく)로부터 연상된 것이라고도 판단할 수 있다. 「魚豕」는 일본제 한자. 江戸時代에는 書簡에 기록된 「鰒」을 漢字義 「あわび」, 일본제 字義 「ふぐ」라고 하여, 漢方医와 환자가 서로 오해해서 사망사고도 일어났다고 한다(滝沢馬琴 『燕石雑志』 등).

広 コウ・ひろい 上述한 대로 한자 「廣」의 일본제 異体字이다. 이 音義를 가진 字는 「宏」「弘」 등과 같이 「厶」를 포함하기 때문에, 거기에서 유추되어 만들어졌다고도 한다. 「職」의 略字에도 「耺」(漢字와 衝突한다) 외에 「耴」가 있다. 중국의 「又」보다도, 일본에서는 「転」을 포함 이 形이 略字로는 선호되었다. 일본제 異体字이다. 중국 유래의 「仏」(佛)의 영향도

있을지 모른다.

褄 つま 和服(着物) 부분의 「つま」이고, 이 旁이 훈독을 나타낸다. 形成 方法에 의해 和語의 全形을 표기하는 방법이다.

裃 かみしも 「上下」 > 「⿰衤上⿰衤下」가 다시 「峠」의 先例에 입각하여 合字化한 것이라는 것은 이미 알려져 있다.

酛 もと 会意形声式이라 할 수 있다. 日本酒 酒母의 뜻으로, 江戸時代에는 旁이 「胎」라고도 쓰여졌다. 이와 같은 세세한 물건에도 필기할 필요성이 있으면 命名과 造字가 행해졌다.

⿰氵和 なぎ 「なぎ」라는 訓을 이미 가지고 있었던 「和」에 偏을 부가한 것으로, 同訓의 「凪」도 異系統의 일본제 한자이다. 「⿰木和」도 「なぎ」로 읽지만 나무 이름이고, 중세의 真名本(일본글을 한자만으로 쓴 책; 역자 주)에 출현한다. 「那木」의 合字로서의 「梛」(일본제 字義)나 「⿰木知」(일본제 한자)와도 관련된 것일 것이다.

杤 とち 十(と)×千(ち)=万이라는 발상에 의한 것이라고 판단되고, 平安時代부터 鎌倉時代 초기에 걸쳐 만들어진 造字이다(後述).

俥 くるま 「車」에 偏를 부가함으로 字義의 구별이 나타난 것으로(前述), 음독으로 シャ(俥夫 シャフ)・ジンリキシャ(人力車)라고도 읽는 경우가 있다.

⿴囗ト 「図書館」의 약자로, 筆記経済에 따라 가타카나를 포함한 合字的 集団文字이다(前述). 「圕」는 中国製이다(笹原2007a).

⿸广KO 慶應(義塾大学)에서 생긴 「⿸广K⿸广O」의 合字化이다. 로마자를 声符처럼 사용한 것으로, 유희적이기는 하지만 筆記経済에 잘 들어맞아 1930년대부터 존재가 확인되고 있다.

上記의 造字法이 복합된 일본제 한자도 존재하고 있다.

粁 킬로미터 「米」는 원래 「米突」라는 音訳으로 「メートル」의 頭音을 나타낸다(점차로 의미도 나타내게 됨). 이것들은 会意와 形声이라 할 수 있는 가능성이 있다. 이것들은 幕末부터 있었다고 하는 견해도 있지만, 실제로는 幕末의 音訳을 근거로 해서 明治期에 中央気象台가 공간을 절약하기 위해 만들어낸 것이었다(笹原2007a). 「糎」(센티미터) 「粍」(밀리미터)도 오늘날 가끔 사용되고 있다.

瓩 킬로그램 위와 마찬가지로, 「瓦」로 그램을 나타내는 계통도 音義+義로 구성되어있다. 「瓱」(밀리그램)는 이전에는 사용되었다.

竡 헥토리터 「立」으로 리터를 나타낸다.

瓲 톤·그램톤 「瓦」가 「瓦蘭馬」로 ガランマ의 音訳이라는 表音에서 비롯된 것이지만, 거기에서 이 造字가 생기고 形声文字처럼 「トン」이라고만 읽게 되었기 때문에 表意文字的인 요소처럼 되었다. グラムトン이라 읽는 경우도 있는데, 그것은 다시 表音으로 변한 것이라고 할 수 있다. 현재에도 東京모노레일 車内 등에서 볼 수 있는 것이지만 常用漢字表에서 제외되어 있고, トン을 표기하는 문자로는 「屯」 「t」가 주류가 되었다. 다른 미터법의 단위도 마찬가지로 「米」 「立」 외에는 片仮名表記나 「m」 「l (筆記体)」 「km」 「mg」 등 기호표기로 되어 있다.

熟字訓을 수반하는 기존의 漢字列를 조합시킨 合字로서는 「畠」 「畑」가 대표적이지만, 그것은 앞서 「白田」 「火田」으로 「はたけ」 「はた」가 熟字訓으로서 존재, 정착해 있었다는 것이 조건이 된다. 지금까지 合字에 해당할 수 있는 예를 제시해 왔는데, 下記는 순수

한 合字이다.

麿 麻呂 一語는 一字로 표기하려는 中国漢字에서 비롯된 의식에 의한 것이리라. 붓글씨에서 縦書된 것도 合字化를 촉진시켰다. 「磨」가 본바탕일 것이다. 이 「まろ」는 まる(糞의 의미)나 丸의 의미로 말해 진다. 人名 등에 사용된다.

粂 久米 「横粂」 「粂子」 등과 같이 성명에 사용되었다. 「斎」의 異体字 「粂」의 존재가 바탕이 된 것일 것이다.

[illegible] 刀(かたな)를 표현하기 위하여 戦国時代에 刀工이나 鑑定師 사이에서 사용된 集団文字(다른 집단으로의 비밀 유출을 막기 위해서인 경우에는 場面性도 수반한다. 前述 参照).

漢字가 形態面에서 변화를 초래했기 때문에 일본제 한자로 파악되어 온 경우도 적지 않다.

靇 雬 おかみ・め 모두 靈(霊)의 巫를 의도적으로 치환했다고 생각되는 일본제 字義로, 『日本書紀』 등 上代의 문헌 등에 사용되었다. 모두 和語를 표현하기 위한 것으로, 字音 リョウ・レイ는 상실했다.

栃 とち 일본제 한자 「杤」(十と×千ち＝万)과 漢字 「櫔」(レイ)가 합쳐져 생겼다고 한다. 吉田東伍 『大日本地名辞書』 외에, 三矢1932, 中田1982 등에 의해 고찰된 일본제 한자이다. 明治의 廃藩置県에서 栃木県가 만들어진 시기부터 다용되게 되었다. 「帰栃」를 유추로부터 キレイ라고 읽는 것들은 地域音으로 분류가 가능하다.

襷 たすき 会意에 의한 일본제 한자로 여겨져 왔지만, 한자 「襻

」가 平安時代에는 일본에서 会意化를 일으켜 이와 같이 변했고, 字音 ハン을 상실한 것으로 보인다.

匂 におい・におう 한자 「匀」(韵) 의 변형이다(前述 参照). 字音 イン을 상실, 청각・시각적인 의미를 삭제하고 후각이 중심적인 의미가 되어 간다.

枠 わく 한자 「桛」가 생략된 것으로, 江戸時代의 集団文字에서 비롯되었다. 常用漢字表에서는 訓読으로 다루어지고 있지만 ワク는 字音語이다.

蟎 だに 会意에 의한 일본제 한자로 여겨져 왔지만 한자 「蜽」에서 변화한 것으로, 字音은 ゼイ에서 マン으로 변화하고 후에 상실했다(中国에서 man3이 된다. 笹原2007a).

毟 むしる 한자 「芼」에서 변화한 것은 아닐까. 나중에 部首가 추가되어 「挘」「𢭏」라고도 쓰였다.

乄 しめ 중국의 亀甲의 균열을 나타내는 象形文字 「卜」(占)을 일본에서 「しめ」로서 사용했기 때문일 것이다(중세 이전의 확실한 용례는 보이지 않는다). 「貫」의 略字나 봉투를 봉한 자리로서의 사용은 별도로 계통을 생각할 필요가 있다. 특히 반복의 의미로 사용되는 「々」는 中国産의 反復記号 「〻」가 일본에서 변형한 일본제 부호이다. 「一ヶ月」 등에 이용된 「ヶ」는 한자 「个」에서 생겨난 일본제 異体字이다.

匁 もんめ 근세 이래 「文メ」 合字説도 있지만 俗解이다. 字義와 文献에서 입증되는 「銭・泉」 유래설보다도 그럴듯한 것으로 인식되어 유포되었다(笹原2007a).

籏 はた・キ 사전에서는 일본제 한자로 되어있는 것이 많지만, 「旗」가 字源俗解, 잘못된 楷書로의 回帰에 의해 여러 도중 단계를 거쳐 발생한 것이다. 결과적으로는 部首의 付加로 되어 있다. 중국에서도 일찍이 같은 모양의 字体가 사용되고

있어 暗合을 일으키고 있었다. 「靏」「靎」도 「鶴」의 초서체를 매개로 점차 변화한 것으로 姓名 등에 남아있다(笹原2007a).

様 敬称의 「様」(さま) 근세에 편지 등에서 아랫사람에게 보내는 주소 성명에 待遇表現으로서 사용된 것으로, 일본제 字義로 정착한 異体字였다. 이외에도 「水」의 부분을 「次」로 바꿔서 「次様」로 불리는 字体 등도 사용되었다. 현재 이것이 常用漢字表에서 新字体로 된 것은 사회제도가 변화한 것을 반영하고 있다. 伝統芸能인 三味線의 세계에도 비슷한 케이스가 남아있는데, 그 격에 의하여 「澤」의 초서자 「沢」(しゃくざわ)로 격하되어 간다. 字体에 정식 획수가 많은 만큼 敬意가 표출된다고 하는 意識에 의한 사용이다.

斎 姓인 斎藤 등의 「齋」는 「示」 부분의 「丨」까지밖에 쓰지 않는 것, 또는 「ノ」까지 쓰는 것 등 일본제 異体字도 다수 존재한다. 「斉」와의 혼동 외에, 과거 筆記者의 쓰는 버릇, 本家와 分家의 구별을 위해서 등 세분화한 字体에 대한 意義 부여도 확인할 수 있다. 「□(文의 밑 二)」처럼 文武의 武를 첫 번째로 하고 文을 두 번째로 했기 때문이라고 하는 케이스도 있다. 고유명사, 그 중에서도 姓名에는 이런 집착이 字体에 영향을 주는 케이스가 지금도 여전히 신규로 발생하는 경우가 있다. 고유명사의 한자에 남아있는 특수한 우리 것으로서의 의식이 주목된다.

歹匕 「歹匕る」(たひる)는 근년에 생긴 「死ぬ」의 集団語이고, 인터넷을 통해 보급됐다. 「死ぬ」가 사이트 상에서 금지어가 되었기 때문에 그것을 회피하거나 완곡하게 표현하려는 의도도 있었다. 또 「死」에서 「一」을 빼는 것으로, 죽을 것 같지만 죽지는 않았다는 것을 표현하려 했을 가능성도 있다. 컴퓨터 문자코드의 제약 때문에 이러한 새로운 표현으로 변화해 온

것을 엿볼 수 있다.

□ (本을 品처럼 3개) 근년에 「本の森」의 「森」에 사용되는 등, 고유명사나 로고마크로서 많은 책을 含意해서 사용되는 경우가 있다. 더욱이 「森」는 象形文字에 의한 단순한 구성이기 때문에 영감으로 연결되기 쉽다. 이것을 나무(木)가 많다는 형용사가 아니라 명사 「もり」로서 사용하는 것은 일본제 字義이다. 일본인은 대체로 이 漢字의 구성에 의해서 「森는 林보다도 나무가 많고 밀집해 있다」라는 이미지를 가지고 있다. 「社」의 部首를 木偏으로 바꾼 「杜」(もり)도 일본제 字義로 奈良, 平安時代부터 사용되고 있다. 「杜絶」의 숙어나 「杜甫」의 이름을 모른 채 또는 의식하지 않고 만들었을 가능성은 낮을 것이다. 이들 識字者가 의식하면서도 굳이 字義를 씌워서 만든 것으로 생각된다.

〈図 2〉アマノハシタテ에의 造字 『運歩色葉集』

□ (木土水를 品처럼) もり 森는 실제로는 「木」만으로 이루어진 것이 아닌데, 한자가 이미지를 좁힌다 하여 近年에 만들어진 글자이다. 漢字는 이미지를 부풀리는 문자로 말해지지만 실

제로는 이러한 반작용적인 현상도 일으킨다. 이것은 공감을 얻어 어느 정도 일정한 확산을 보이고 있다. 다만 그렇더라도「虫」나「鳥」등은 捨象되어 있다.
더욱이 명치 초기에서 현대에 이르기까지 造字를 모집하는 콩쿠르가 수시로 개최되어 왔지만, 일반에게 남은 造字는 전술한「俥」정도 밖에 없고, 특히 읽기가 句처럼 긴 것은 현실 사회에서는 거의 사용되는 것이 없다.

마지막으로 造字의 의도가 판독하기가 어렵고 造字方法이 불명확한 것도 남아있다. 관련된 용례나 発言의 채집과 축적이 불가결하다.

□ (迫の日이 日日日 3段으로)・(厂에 有有有 2段) (あまの) はしだて 이것은 중세기의 『運歩色葉集』(天正15年本 古辞書研究資料叢刊 図2) 등에 출현하고 連歌辞典인 『詞林三知抄』 등에도 유사한 글자가 보이지만, 당시「あまのいわ(は) ぐら」라는「□(岩 3개의 밑에 石 3개로 그 밑에 聞)」과 같은 造字도 국어사전인 天正18年本『節用集』에 출현하고 있어 관련성이 있을 것 같다.

畗 근년에 人名에 사용하고 싶다는 요청이 있었다. 음독은 알 수 없지만, 품(品)이 있는 아이로 키우고 싶다는 기원을 담은 글자라고도 생각할 수 있다.

3. 出自 認定 때에 주의를 요하는 사항

이외에도 下記와 같은 케이스도 존재하기 때문에 한자인지 일본제 한자인지의 판단에는 충분한 주의가 필요하다. 漢和辞典 등도 연구성과를 충분히 반영하는 자세가 요구된다.

中国製이면서 일본 등 주로 외국에 기록이 남아있는 글자를 동일한 서적에 빗대어 「佚存文字」라고 한다. 山田1987도 이러한 字에 대한 考証의 필요성을 주창하였다. 필자도 시도해 본적이 있지만(笹原2007a 参照), 한 語마다 語史가 작성되어 온 것처럼, 한 字마다 字史, 한 表記마다에 表記史가 편성되어 축적되어 갈 필요가 있다.

蟵 仏典에 있는 「蛛」의 異体字(笹原2007a). 「虵」에 대한 「犹」도 불전에 있는 異体字였다(『随函録』). 「卄卄」로 「菩薩」을 나타내는 略記도 唐代의 불전에 다수 보이는 略合字가 일본에서 아직까지 계승되고 있는 케이스다.

鑍 仏典에 있는 「瓔」의 異体字로, 소재에 맞춰 部首를 개정한 것일 것이다. 『日本書紀』 α群이라는 中国系의 筆録者에 의해 기록되었다고 말해지는 부분에 나오는 유일한 「일본제 한자」로 주목받은 것이지만, 역시 『随函録』에 있기 때문에 한자였다는 것은 확실하다.

□ (⿰亻国의 国은 国) 「佛」의 中国製 異体字이다. 일본인이 会意文字를 선호하는 경향과 합치하여 일본에서 江戸時代부터 다용되었다. 唐代의 則天文字도 동아시아에서 한때 周圏分布를 나타냈지만, 그 중에서도 특히 「圀」(國・国) 등은 일본에서 오랫동안 선호되어 왔고 현재에도 인명 등에서 볼 수 있다

茸 キノコ의 意는 고유일본어(国訓)라고 인식되어 왔지만, 平安時代의 『和名抄』가 漢籍 『崔禹食経』에서 가져온 용법이다. 鮎貝1972에 「漢字에도 있지만 意義가 전혀 다르다」[4] 라고

한 것처럼, タケ의 의미도 가진 「耳」에 초두(艸頭)를 부가한 것은 우선 고대에 중국에서 발생하여, 그것이 한국을 거쳐 (金1983) 일본에 들어온 것일 것이다.

畠 이것도 古代에 中国이나 韓国에서 사용된 숙어 「白田」의 영향을 받아서 일본에서 만들어진 것일 것이다(前述 参照).

閖 中国의 『龍龕手鏡』에 보이는 「氵勞」로서의 이 字体와 仙台의 地名 「ゆり」 등과는 衝突에 지나지 않는 것 같다. 근세의 仙台에서는 이밖에 「苆」(たばこ)도 중국의 別系統의 같은 字体와 衝突을 초래하고 있다.

上記와 같이 일본에서 생산된 字義에는 어떤 字体에 漢字義를 인지한 다음에 생산한 것과, 그 존재를 모른 채 생산한 것이 있다. 그 모두가 일본제 字義가 되지만, 前者에는 字義가 일본에서 변화된 것도 포함되어 있다.

❑ 字音

和 일본에서 字音 「ワ」의 通用에 의한 「倭」에의 取音字(当て字)였다. 이미지를 轉化시켰다. 字音에 있어 일본제 字義에는 「国訓」이라는 술어가 사용되고 있지만 「훈독」과 혼동되기 십상이다. 「大和」는 「やまと」에 해당하지만, 이 和語는 원래는 山処라는 의미라고 생각할 수 있다.

的 「組織的」 등의 「的」(テキ)은 명치 초기에 英語接尾辞 「-tic」에 대하여 中国白話의 「的」(の)를 대응시킨 遊戯性의 취음자에서 기원한다는 것이 같은 시대의 大槻文彦(오쓰키 후미히

4) 鮎貝房之進, 『俗字攷』, 国書刊行会, 1931, 1972復刻, pp.98; 金鍾塤, 『韓国固有漢字研究』, 集文堂, 1983, pp.44 & 193参照。

코)의 記録에 의해서 알려져 있다.

乳 1980년에 뉴질랜드의 略称(ニュウ)으로서 이 字가 일시적으로 채용되었다. 典拠가 있는 「新」도 案에는 있었지만 싱가폴과 충돌하게 된다. 당시에는 大使館에서 한 공모에서 최다 득표여서 어쩔 수 없다고 생각되었지만, 뉴질랜드로부터 축산물 수출국으로서의 이미지에 맞지 않는다고 각하되었다. 현재 「NZ」이지만, 그렇다고 「日NZ関係」 라는 식으로는 사용하지 않는다.

腥 部首는 月이 아닌 肉이고, 의미는 '비린내 나다(なまぐさい)・돼지의 차돌박이'라는 뜻이지만, 글자의 표면적인 의미와 字源을 통속적으로 해석하여 「月」과 「星」을 별개의 会意文字로 판단하는 사람이 많다(笹原2006). 좋은 이미지를 환기시켜 セイ라고 읽히는 人名으로 新生児에게 사용하고 싶다는 요청이 여러 번 있었다. WEB 상에서의 별명으로는 이미 사용되고 있다. 배경에는 글자 畫数占에 의한 命名의 유행과, 漢字를 画面上에서 보는 것이 늘어난 것에 의한 이미지화 등을 들 수 있다. 이것은 손 글씨를 쓰는 기회가 감소함으로 일본제 한자가 새로 산출되는 것이 어렵게 된 반면, 기존의 글자에 대해서는 같은 착상이 더해질 수 있다는 새로운 국면을 반영하고 있다고 볼 수 있다.

❑ 字音과 字訓

粋 이 글자는 江戸時代에는 「いき」(東日本), 「スイ」(西日本)라는 식으로 지역에 따라 읽는 법과 의미의 차이를 가지고 있었다. 다른 것이 섞여 있지 않다는 字義에서, 江戸・上方의 도시적, 세련된 美意識을 나타내게 되었다. 더욱이 「侘」 「寂」 이나 숙어의 「幽玄」 등도 일본적인 독특한 미의식을 나타내

는 語義로 변화한 것이다.

竜 訓과 音으로 「たつ・リュウ」라고 읽지만, 字体의 印象으로부터 근년에는 서양의 드래건을 가리키는 이미지가 강하게 되었다. 실제로 「龍」은 중국 등 동양의 リュウ로서 구별하는 의식이 청년층을 대상으로 한 소설이나 게임 등에서 퍼져있다. 이 字는 「たつ」, 「龍」은 「リュウ」라는 의식도 특정 숙어 등으로부터 생기고 있으며, 「ドラゴン」이라는 음독을 부여하는 케이스까지 나타나고 있다.

曖 이것을 人偏으로 한 것과 합쳐서 「アイ」「ほのか」라고 읽는다. 마찬가지로 新生児에게 사용하고 싶다는 요청이 복수 있었다. 「ほのか」에는 「仄」「佛」「穂乃香」 등도 있을 수 있지만, 이 글자의 '뚜렷하지 않다'는 字義는 의식에 떠오르지 않고, 글자의 표면적인 이미지가 일부에서 선호되어 왔다. 日偏 쪽의 글자는 숙어 「曖昧」로서 사용빈도수도 높았기 때문에 2004년에 人名用 漢字에 채용되기에 이르렀다(현재는 常用漢字). 命名権이나 표현의 자유도 있지만, 무방비한 아이를 자기의 표현을 위해 미디어로 취급하는 것에 대한 是非가 문제시 된다.

因 圉 「大」「幸」 대신에 「因好き」「圉せ」 등과 같이 본래의 字義를 생각하지 않고, 여중고생 사이에서 손 글씨, 전자기기를 불문하고 사용되고 있다. 「口(에운 담)」 이 단순한 장식으로 변했다고 할 수 있다. 「因囚」에서 「大人」과 같이도 사용되고 있고, 사용에 관해서는 音訓意識이 보이지 않는다.

❑ 字訓

極 江戸時代부터 「きわめる・きわまる」라는 字訓이 변하여 「きめる・きまる」로도 사용하게 되었다. 이것들의 자훈이 集団

文字化하여, 주차장 등에서 「月決め」를 지금도 「月極」로 표기하는 업계가 있다.

鮨 和食의 「すし」에 해당하지만, 奈良時代에 「鮓」와 함께 발효스시를 지칭하는 말로 사용되고 있었다는 것을 木簡에서 엿볼 수 있다. 그로부터 近世 江戸에서의 스시의 융성기를 거쳐, 江戸前ずし의 표기로서 정착한 것이다.

混 명치 이후에 「混(こ)む」가 「込む」의 의미 · 표기의 영역까지 들어왔다. 「混雑」과 뒤섞여 새로운 語源意識, 俗解가 정착된 결과, 명치기에 사용되기 시작하여 개정된 常用漢字表에 마침내 채용되었다(笹原2010).

絆 「きずな」라고 읽고, 2011년의 키워드가 되었다(新語 · 流行語大賞이나 올해의 漢字 등으로 선발되었다). 이전의 속박이란 字義, 語義로부터 사람과 사람과의 더할 나위 없이 소중한 유대관계라는 플러스 의미로 바뀌었지만, 아직 漢和辞典에서는 거의 대응이 이루어지지 않고 있다,

❑ 읽기(字訓)이 없는 記号的 用法

彡 サン이라 읽는 漢字이지만, JIS第2水準에 채용되었기 때문에 PC나 휴대전화 등에서 「☆彡」로 사용되어 流星을 나타내는 이른바 이모티콘으로 사용되고 있다. 휴대전화 등에 탑재되어 있는 그림문자는 또한 이것의 응용으로 자리매김 하는 것도 가능하고, 일종의 象形文字로서 한자 등을 대신하여 사용되는 경우까지 생기고 있다. 일본에서는 전자제품의 「切」, 탱크로리 자동차 등의 「危」, 잡지의 「短丈」, 요금표 등의 「小人」 등, 漢字의 읽기보다도 의미를 전달하려고 하는 表意用法이 존재하고 있어, 그런 읽기와 괴리된 문자 사용법이 그다지 저항 없이 받아들여지는 경향을 지적할 수 있다.

별개로 제작한 문자가 字体・用法이 일치하지 않는 현상을 衝突이라고 한다. 이것은 일본제인가 아닌가를 판단할 때에는 중요한 개념이 된다.

垈 「ぬた」(湿地)는 山梨의 地名에 보이는 地域文字이다. 중국에서는 dai4로 耕地로서 사용되어지는 地域文字이고, 韓国製漢字로서의 dae(敷地) 등과 衝突을 일으킨다.

한편 暗合은 별개로 만든 문자가 字体・用法 모두 일치하는 현상이다.

珈琲 coffee コーヒー 「咖啡」라는 표기가 주류인 중국에서는 玉偏의 이 2자에 의한 표기가 이전부터 있었다고 해도 많지 않고, 伝承이나 사용이 되지 않았다(笹原2006)[5]. 혹은 日中에서 暗合도 생긴 것일까. 일본에서는 이 한자표기는 江戸時代 이후에 보이는데, 거기에 일종의 표현효과가 인정되어 찻집이나 상품 등에 사용되는 경우에 가타카나나 히라가나에 의한 표기보다도 高級感, 本格感 등으로 의식하는 사람들이 많다. 이런 意識과 表記와의 전후관계를 해명하는 과정이 요구된다.

한자권에서 글자가 상호 전파한 결과 出自의 認定에 문제가 생기는 일이 있다.

串 대부분의 사전 등에서 「くし」는 일본제 字義로 여겨져 왔지

5) 笹原宏之, 『日本の漢字』, 東京: 岩波書店, 2006, pp.199에 가장 오래된 사례의 사진이 게재되어 있다.

만, 歴代의 漢字圈 文献을 통해서 검토한 결과, 中国의 「弗」(くし)가 중국이나 한국, 일본에서 이 모양으로 한 것인지에 대해서는 다시 생각해 볼 필요가 있다고 판단하기에 이르렀다(笹原2012). 「鮑」「蚫」를 「あわび」라고 읽는 것도 고대문헌이 없어져서 考証이 어렵다(笹原2012). 前者에 「あわび」의 字義가 생긴 것은 日本, 韓国, 中国 중 어디인가, 後者도 글자 自体가 생긴 것이 일본인가 한국인가, 文献에 의한 충분한 검토가 필요하다.

囍 음독은 「キ」이고, 双喜字라는 명칭도 있다. 日韓 모두 각자 일본제 한자, 韓国製 漢字라고 인정하는 케이스가 있지만, 원래는 清代 즈음에 中国에서 전파된 文様이었다.

釦 button 옷의 단추(江戸時代에는 포르투칼어 유래)로서의 字義는 明清期의 中国에서 시작된 것일 것이다. 일본에서는 스위치의 의미로서도 사용되고 있지만, 일반적으로 읽을 수 없게 되었다.

出自는 명백하지만 그 용법에 새로운 전개가 다른 나라에서 생긴 케이스도 확인된다.

躾 일본제 한자에서는 「しつけ」이지만, 현재 韓国의 人名에서도 mi라는 발음으로 사용되고 있고, 大法院도 사용을 허용하고 있다.

辻 일본제 한자로 「つじ」라고 읽는 이 글자는 姓으로서 특히 西日本에서 다용되고 있고, 韓国에 그대로 귀화해서 sib이라 발음되고 있는 케이스가 있다.

薙 草(くさ)薙(なぎ)의 2번째 字는 일본제 한자이다. 근거는 불분명하지만 韓国에서는 nan이라고 발음되는 경우가 있다.

秋田県 발상의 姓으로, 그 고장에서는 平安時代 이래의 긴 역사를 가진다는 전승이 있다.「辻」「畑」「畠山」「蛯原」「笹原」등은 中国, 韓国의 書誌情報 등에서의 발음을 어떻게 할 것인가, 국제화 사회와 정보화 사회 안에서 해결이 요구되는 문제이다.

出自에 관한 판정은 신중하게 행할 필요가 있다. 비록 역사가 얼마 되지 않은 글자라도 마찬가지이다. 예를 들어 下記의 單位를 나타내는 略記를 위한 글자는 그 출자와 관련해서 각종의 표시방법이 시도되어 왔지만 中日韓의 어느 쪽이 먼저 造字, 字訓을 추가한 것인가, 近代의 각 분야에 있어서의 文献에 의한 조사가 더욱 필요하다.

噸	ton	トン	呎	feet	フィート
吋	inch	インチ	哩	mile	マイル

Ⅳ. 결 론

日本에서는 古代로부터의 書籍 외에 文書, 金石文, 木簡 등이 대량으로 남아 전해지고 있다. 그 중에는 지금까지 기술한 대로, 각 시대마다 日本語를 그 장면 장면에 가장 잘 어울리게 표기하려고 노력하는 사람들에 의해서, 会意를 중심으로 한 造字法에 기초

한 새로운 造字와 그것에 준한 字体・字義・字音에 대한 改造가 이루어지고, 또 그것들의 선택에 의한 廃絕과 계속적인 사용이 이루어져 왔다.

그 때문에 오늘날에도 아직 문헌의 母集団이 확정되지 않고, 일본제 한자의 総体는 조사를 진행할 때마다 천 단위로 증가하고 있는 실정이다. 그러한 가운데에서도 구체적인 예를 통하여 일본의 독자적인 사물이나 概念・語의 造字, 「雪」「花」「風」 등의 요소 선택에는 다른 나라에서는 볼 수 없는 情感이 반영해 있다는 것도 살펴 볼 수 있었다. 시대에 따라 일본제 한자를 지지하는 사용자층이 확대되고, 근대에 이르기까지 세분화가 진행되었던 것도 그 다양성에 복잡한 상황을 낳은 하나의 요인이 되었던 것이다.

각종 조사연구의 축적을 통해서, 「腺」와 같이 개인이 만들어 혼자만 사용하다가 集団文字가 되고, 마침내 共通의 文字가 된 것이 해명된 케이스도 있다. 이 글자는 中国이나 韓国에서도 사용되고, 지금도 특히 중국에서는 常用文字가 되어있다. 本稿에서 제시한 造字法이나 使用者層 등의 틀을 이용하여 문헌 등 객관성이 높은 자료를 넓게 활용함으로써, 그 복잡하고 다양한 動態를 배경이 된 사회와 문화 상황과를 연관지어 규명하고, 漢字圏에서의 文字의 共通性, 그리고 각종 交流 歴史에 의한 상호의 영향관계, 더욱이 각국 문자의 独自性 確認을 위하여 각국이 협력하여 실행해 갈 필요가 있다고 생각한다.

〈参考文献〉

金 鍾塤,『韓国固有漢字研究』, 集文堂, 1983.

中田祝夫,「日本の漢字」,『日本語の世界』4, 東京: 中央公論社, 1982.

三矢重松,『国語の新研究』, 東京: 中文館書店, 1932.

笹原宏之,「日本製漢字の地域分布」,『日語日文学研究』46, 2003.

________,『日本の漢字』, 東京: 岩波書店, 2006.

________,『国字の位相と展開』, 東京: 三省堂, 2007a.

________,「日本製漢字「蛯」の出現とその背景」,『訓点語と訓点資料』118, 2007b.

________,「「蛯」の使用分布の地域差とその背景」,『国語文字史の研究』10, 大阪: 和泉書院, 2007c.

________,「改定常用漢字表と日本語表記」,『日本語学』29-10, 明治書院, 2010.

________,『当て字・当て読み 漢字表現辞典』, 東京: 三省堂, 2010b.

________,「異体字・国字の出自と資料」,『「字体規範と異体の歴史」国際シンポジウム』, 東京外国語大学, 2011. 12.18.

________,「クシを意味する「串」の来歴」,『第三屆漢字與漢字教育国際研討會』, 北京師範大学, 2012.8.18.

佐藤 稔,「擬製漢字(国字) 小論」,『国語と国文学』76-5, 1999.

菅原義三,『国字の字典』, 東京: 東京堂 1990.

鮎貝房之進,『俗字攷』, 東京: 国書刊行会, 1931, 1972復刻.

山田俊雄, 「いはゆる国字の一つについての疑ひ」, 『成城文芸』120, 1987.

山下真理, 「「広」の字体について：－略字体の出現時期とその要因－)
(http://www.kanken.or.jp/incentive_award/pdf/22/yamashita.pdf 2010 日本漢字能力検定協会 2012/08/23確認).
山下真里, 「異体字が広まる一過程：「鉱」という字体を一例に—」, 『訓点語と訓点資料』128, 2012.
乾 善彦, 『漢字による日本語書記の史的研究』, 東京: 塙書房, 2003.
エツコ・オバタ・ライマン, 『日本人の作った漢字』, 東京: 南雲堂, 1990.

謝辞
本稿는 檀国大学校 東洋学研究院 「동아시아의 辞典学(Ⅲ) 동아시아 固有漢字의 国際標準化와 辞典編纂」(2012. 2.10)에서 발표한 原稿에 기초하는 것이다. 석상에서 많은 教示와 유익한 지적을 주신 선생님들과 本誌 심사위원 선생님들께 깊은 사의를 표한다.

History and structure of Japanese-made Chinese characters
SASAHARA, Hiroyuki.
Chinese characters, Japanese-made Chinese characters, Korea-made Chinese characters, liushu, Philology.

[번역 : 편무진(단국대 일본어과)]

契丹大、小字的类型及研究现状

吴 英 喆*

I. 引 言

建立契丹(辽) 王朝(907~1125) 的契丹人曾创制和使用过契丹大字和契丹小字两种文字。大字是辽太祖耶律阿保机命耶律突吕不和耶律鲁不古于神册五年(920)创制的。小字是由辽太祖弟一迭剌创制的，史籍失载其确切形成年代，学术界一般认为小字创制于926年以前，即迭剌去世之前。

契丹大、小字与汉字一并通行于辽朝境内，甚至辽朝灭亡后，在金代也被沿用一段时间，直至金章宗明昌二年(1191)"诏罢契丹字"。随着辽朝的灭亡以及契丹人的神秘失踪，契丹文渐渐被世人所忘却，逐渐成为了死文字。

1922年6月21日，比利时神父凯尔温(L.Kervyn) 在内蒙古昭乌达盟(今赤峰市) 巴林右旗辽庆陵发现了《兴宗皇帝哀册》(1055)

* 内蒙古大学蒙古学学院 副教授 / wuyingzhe95@yahoo.com.cn

及《仁懿皇后哀册》(1076)。

当时沈阳满铁医院的医生兼伪满中央博物馆顾问山下泰藏首次发表了当时置于内蒙古宁城县十家子村的契丹大字《大辽大横帐兰陵郡夫人静安寺碑》(1072) 的局部拓片(山下1935)。

迄今发现的小字资料的绝大多数为墓志、哀册，亦有墓碑、功德碑以及摩崖题记等。墓志共有41件，共约有5万字，现已公开发表的有36件。

迄今发现的大字资料中墓志占一定数量，也有纸质文献、功德碑、题记等。墓志有15件，典籍一册，现已发表的墓志共有13件，字数约2-3万。

Ⅱ. 契丹大、小字的类型

学术界关于契丹大、小字类型的研究首先是从判断其形式上的区别着手进行的。研究者们参考陆续发现和出土的各种原始资料，到了1950年代，基本判明传世的资料中何者为小字、何者为大字。

文字是记录语言的符号系统，可分为表形(象形)、表意以及表音三种类型。表音文字还有音素、音节以及辅音文字之别。契丹大、小字不是表形文字，这是可以肯定的。然而，学界对二者的表意、表音性质仍有不同的看法。这对契丹文字研究增添了又一层神秘的色彩。

学术界一般认为到了明代(1368-1644)，世间对契丹文字的面目皆已遗忘。当然，更无人能辨识大、小字的区别了。契丹文出土之前，研究者们主要从以下历史记载中获知大、小字基本特征。

《新五代史》： 至阿保机，稍并附旁诸小国，而多用汉人，汉人教之以隶属之半增损之，作文字数千，以代刻木之约。

《辽史 · 皇子表》：迭剌，字云独昆。……性敏给。……回鹘使至，无能通其语者，太后谓太祖曰："迭剌聪敏可使"遣迓之。相从二旬，能习其言与书，因制契丹小字，数少而该贯。

契丹文出土之前，有学者曾对当时能利用的以下契丹文资料，做过鉴别大、小字的尝试。

《郎君行记》(1134年)，90余字。陕西唐乾陵无字碑上的文字。
《燕北录》所载契丹字，5个。宋人王易著。
《八角镜》上的契丹字，4个。现藏于韩国国立中央博物馆。
《圆铜镜》上的契丹字，28个。现藏于韩国国立中央博物馆。

1898年，日本学者白鸟库吉提出《郎君行记》的文字是女真大字，而《燕北录》所载五字为契丹小字[1)]。此前，A.Wylie 1859中曾提出与白鸟库吉1898基本相同的观点。

1922年从内蒙古巴林右旗辽庆陵出土的契丹文帝后哀册，为大、小字特征的判断提供了更为有利的依据。1925年，日本学者羽田亨先生断定《郎君行记》的文种和凯尔温(L.Kervyn) 在辽庆

1) 白鸟库吉「契丹女真西夏文字考」,『史学杂志』第九编第十一十二号。『白鸟库吉全集』第五卷，塞外民族史研究，下，岩波书店，1970，45-68。

陵发现的帝后哀册相同，均为契丹小字，并且把《燕北录》中所载文字推测为契丹小字。这些应该说是正确的，然而关于现收藏于韩国国立中央博物馆的铜镜上的文字，羽田亨却断定为契丹大字[2)]。后来，该文得到了契丹文研究界的高度评价，有的认为这是契丹文研究的开篇之作。

1935年，山下泰藏发表《大辽大横帐兰陵郡夫人建静安寺碑》的局部拓片，并提出该碑文有别于《燕北录》和庆陵哀册的契丹字，是第三种契丹字[3)]。该文是首次发表契丹大字石刻的文章，遗憾的是，该文当时未得到学术界的广泛关注。

1951年，辽宁省锦西西孤山发现了契丹文《萧孝忠墓志》(1089)，该墓志为进一步判断大、小字的类型起到了关键作用。1957年，金光平、曾毅公提出庆陵哀册式的契丹字为小字，西孤山式的契丹字为大字[4)]。

契丹文字研究小组采纳上述金光平、曾毅公的观点，并对契丹大、小字的类型作了进一步的介绍[5)]。至此，关于鉴别大、小字的争论基本有了结果。然而，问题始终没有得到彻底的解决，有的学者仍然对上述研究结论持有怀疑态度。

如上所述，经过约半个世纪的探讨，研究者们基本澄清了大、

---

2) 羽田亨「契丹文字的新资料」,『史林』第十卷第一号。『羽田博士史学论文集』下卷言语 · 宗教篇，同朋舍，1975年，420-434页。

3) 山下泰藏 「大辽大横帐兰陵郡夫人建静安寺碑」,『满蒙』 第十六年第十号，1935年10月，62—66页。

4) 金光平、曾毅公「锦西西孤山契丹文墓志试释」摘要，『考古学报』，1957年，第2期，83-84页。

5) 契丹文字研究小组(清格尔泰、刘凤翥、陈乃雄、于宝林、邢复礼) 「关于契丹小字研究」,『内蒙古大学学报』 1977年， 第4期，契丹文研究专刊，1-97页。

小字的区别。但这只是根据历史记载来推知大、小字在字母、字形、书写特征等形式上的差异。要想判明真正文字类型学方面的差异，必须参考文字本身的解读成果，这样才能获得比较符合事实的结论。

契丹文字研究小组的《关于契丹小字的研究》是中国学者在契丹小字研究方面取得进展的重要标志。该小组构拟了110多个原字的读音，解读了300多条词语，同时对20余种附加成分的语法意义进行了探索。在此基础上，对契丹小字的性质提出：

> 契丹小字是在汉语反切知识的启发下，利用汉字笔画形体，创造出来的一种介乎音节文字和音素文字之间的，拼音文字。在创制过程中可能也接受过其他拼音文字(如回鹘文字) 的影响。

受制于契丹大字解读水平，学界一直未能深究其性质，一般认为它是一种表意文字。2004年，刘凤翥先生在契丹大字《耶律昌允墓志》(1062) 的解读方面取得了新的进展，对180多个契丹大字构拟了音值，并对契丹大字的性质提出了如下见解[6]：

> 契丹大字基本上是音节拼音文字，一般一个契丹大字就是一个音节。但也有少数契丹大字是多音节。……多数情况是用一个契丹大字音译一个汉字。也有时用两个甚至三个契丹大字音译一个汉字。

刘先生以上对契丹大字性质的认识是经过反复修正后形成的。对此吉池孝一先生曾做过详细的介绍和分析[7]。最近，爱新觉罗·

6) 刘凤翥、王云龙，「契丹大字〈耶律昌允墓志〉之研究」,『燕京学报』 新17期，2004年，61-99页。

乌拉熙春教授也阐述了作者对大、小字类型的看法[8]。认为契丹大字是“表意一音节文字”，契丹小字是“表意一音节兼音素文字”。

总之，契丹文是尚未完全解读的文字，尤其是契丹大字，目前已解读部分仅占传世的1979个大字的十分之一。契丹小字的400多个原字的一半虽已解读，但是拟音释义等诸多方面各家的意见分歧很大。因此，现阶段我们很难对契丹文字的类型或性质提出成熟的意见。现在各家对大、小字性质的认识大同小异，一般认为二者中均存在表意、表音节、甚至有表示音素的成分。就是说，大、小字的根本区别在于前者的表意成分多于后者。然而，笔者认为这种大、小字类型相似论不免引出一些疑问：

首先，迄今出土的文献证明，小字制成之后，大字并没有因此而淘汰，依然与小字并行于辽金时代。我们知道，虽然迄今发现的女真文只有一种，然而历史记载证明女真人如同契丹人一样也先后创制和使用过女真大字和小字。这些现象都在支持大、小字类型相似论。那么，契丹、女真人不顾及使用和推广等方面的障碍，为何短期内创制、使用和推行类型相似而体系不同的两种文字呢？

其次，据史籍关于大、小字创制背景的记载，小字的创造深受回鹘文的影响，而大字则无。假如二者类型基本相似，应该说大字的创制也受过回鹘文的影响。难道史籍关于大、小字创制的记载不符合历史事实吗？

最后，契丹文中存在音素成分之说实际上承认了契丹人具有发

7) 吉池孝一：「劉氏の契丹大字表音節文字説について」 古代文字資料館発行『KOTONOHA』58号、2007年9月。

8) 爱新觉罗・乌拉熙春、吉本道雅，『韓半島から眺めた契丹・女真』，京都大学学术出版会，2011年。

明音素文字的能力。按一般的逻辑，契丹人既然有能力发明音素文字，在同一类型的文字中就没有必要参杂其他表音节和表意成分。例如，契丹字A表示m，B表示a，A+B=ma，因此完全没有必要创造表示ma的契丹字C。

契丹文的个别音素成分，是否与音节文字不能记录闭音节的特征或者与契丹文"省略元音"的特征有关？这些有待深入探讨。

其实，文字学上对文字类型的划分一般根据文字记音性质的主体，文字性质的认定不一定完顾及文字系统的每个要素。我们知道，日语假名是公认的音节文字，然而其中也不免存在表示音素的成分(ん：n)。我们迄今释读的200多个原字中很少有表示复音节的，有的学者认为根本就没有复音节原字。不管怎么说，我们迄今解读的契丹小字原字中"音节成分"占绝对优势，这是可以肯定的。因此不妨将小字的类型暂时判断为"音节拼音文字"。关于契丹大字的类型，据已释读成果，可以暂时将其判断为"表意兼音节拼音文字"。至于其表意和表音比重的大小，只能期待今后的研究结论。

Ⅲ. 契丹文研究现状

1. 新资料的陆续涌现

近年来，在中国辽宁省和内蒙古自治区等地几乎每年都发现或出土契丹文碑刻。令人振奋的是，这两年在蒙古国和俄罗斯先后发现了罕见的契丹大字资料。这些无疑对契丹文字研究的深入开展提供珍贵的第一手资料。2010年8月，日本大谷大学松川节教授为首的考察队，在蒙古国东戈壁省发现了一件契丹大字石碑。刻有7行，约150个字。据有关研究，其中有表示清宁四年(1058) 八月一日等字样[9]。这是蒙古国发现的第一件契丹大字碑刻。

2010年，俄罗斯科学院圣彼得堡东方学研究所在该研究所收藏的文献中发现了罕见的契丹大字文献一册。最近，俄罗斯研究人员Viacheslav Zaytsev对上述文献的第一批研究成果已发表出来[10]。据他介绍，这本契丹大字文献发现于吉尔吉斯坦发现(西辽) 境内，并于1954年被收藏于俄罗斯科学院东方文献研究所。该文献共128页，约有15360字。可能为历史文献，大辽中晚期或西辽之作。根据书写特征，可以判断该写本可能出自不同时期(？)不同人之手。

另一方面，随着新资料的陆续发现，形形色色的契丹文赝品流入文物市场，对研究工作增加了难度，甚至一度出现真假难辨的混乱局面。目前在研究人员之间，为新资料的鉴别而产生的争论也十分激烈。

---

9)「未解読「契丹文字」の石碑発見 大谷大などモンゴルで」、『京都新聞』, 2011年9月30日。

10) Viacheslav Zaytsev, *A Manuscript Codex Written in the Khitan Large Script from the Collection of the Institute of Oriental Manuscripts*, Russian Academy of Sciences, “Written Monuments of the Orient”, “Vostochnaya Literatura” Publishers, 2011. pp.130~150.

2. 研究队伍的壮大

进入二十一世纪，契丹文研究资料的陆续涌现，鼓舞和吸引了不少契丹文爱好者。致使壮大了契丹文研究队伍，促进了契丹文研究的活跃景象。目前，除了中国学者，来自日本、澳大利亚、美国、芬兰、俄罗斯以及韩国的学者都在从事该领域的研究，如：

传统研究：清格尔泰、刘凤翥、即实
历史学：刘浦江、爱新觉罗・乌拉熙春、康鹏、泽本光弘、陈晓伟、张少珊
蒙古语学：杨虎嫩(Juha Janhunen)、宝玉柱、松川节、吴英喆、吉如何、伊日贵
汉语音韵学：聂鸿音、孙伯君、吉池孝一、沈仲伟、武内康则
比较文字学：康丹(Daniel Kane)、Andrew Shimunek、荒川慎太郎、Viacheslav Zaytsev、
李圣揆、唐均、大竹昌巳

3. 研究成果的不断问世

除了各家近期发表的约一百篇契丹文研究论文，近年出版的有关契丹文研究著作有：

吴英喆：《契丹语静词语法范畴研究》、呼和浩特：内蒙古大学出版社，2007年。

孙伯君、聂鸿音：《契丹语研究》，北京： 中国社会科学出版社，2008年。

刘浦江：《松漠之间一辽金契丹女真史研究》北京：中华书局，2008年。

爱新觉罗：《爱新觉罗·乌拉熙春女真契丹学研究》、京都：松香堂，2009年。

刘凤翥、唐彩兰、青格勒：《辽上京地区出土的辽代碑刻汇辑》，北京：社会科学文献出版社，2009年。

康丹(Daniel Kane)：The Kitan Langauge and Script：BOSTON：Brill，2009。

清格尔泰2010：《清格尔泰文集·第五卷》(赤峰)

吴英喆、杨虎嫩(Juha Janhunen)：New Materials on the Khitan Small Script-a Critical Edition of Xiao Dilu and Yelü Xiangwen，LONDON：Global Oriental，2010.

爱新觉罗·乌拉熙春、吉本道雅：『韓半島から眺めた契丹·女真』，京都：京都大学学术 出版会，2011年。

4. 研究条件的改善

字库制作：契丹大、小字字库建设是印刷和出版契丹文研究成果的必备条件。2004年，内蒙古大学的契丹文研究人员与内蒙古蒙科立软件有限责任公司合作开发了契丹小字字库。2010年内蒙古大学学者吉如何整理出了契丹大字字库，共1979字。2011年，中国社会科学院民族学与人类学研究所的聂鸿音教授和孙伯君教授承担新闻出版重大科技攻关项目“中华字库”工程的第18包：少数民族古文字的搜集与整理，为契丹大、小字标准字库的建设创造了有利条件。目前，内蒙古大学契丹文研究人员，结合“中华字库”工程研发任务，正在着手进行契丹大、小字搜集、整理及字库制作。

拉丁字母化：由于契丹大、小字已成为死文字，我们已无法得知其确切音值了。因此现阶段对其进行拉丁文转写显得十分重要。澳大利亚麦考瑞大学的Daniel Kane教授首先提出了契丹小字的拉丁文转写方案。后笔者与杨虎嫩(Juhua Janhunen) 教授基于Daniel Kane教授的方案，对其进行适当修正纳入了拙著New Materials on the Khitan Small Script-a Critical Edition of Xiao Dilu and Yelü Xiangwen中。

5. 研究水平的提升

毋庸讳言，契丹文研究的主要任务是解读。在各家的共同努力下，目前已释读契丹小字的200多个原字，1300多条词语，数十种附加成分以及近一百个句子的基本意义。契丹大字的约200个字已被释读，个别句子和附加成分的意义已被判明。在研究过程，学者们探明了契丹小字和契丹语的一些规律。如契丹语具有元音和谐现象及“性”的语法范畴，契丹人有父子连名的习惯，契丹小字拼写中有省略元音的现象以及借入契丹语的汉语借词中存在汉语入声韵尾的痕迹等。此外，学者们在氏族名、部落名、人名以及世系研究方面也取得了一定的进展。

近年，契丹小字记录的汉语典故及引用语的解读引人注目。这项研究可以为难度较大的契丹本民族语词的解读提供重要线索。如：

《耶律奴》34

易 曰 善 积之 家 必 有 余 庆 不善之 积 家 必 有 余 殃 感叹词[11]

《周易 · 坤 · 文言》：积善之家必有余庆，积不善之家必有余殃

《耶律奴》34

书 曰 皇 天 亲 无 唯 是 德 辅 感叹词[12]

《尚书 · 蔡仲之命》：黄天无亲，唯德是辅

《耶律宗教》19

毛 诗 曰 岂 弟 君 子 民 人之 父 母 感叹词[13]

《毛诗》：岂弟君子，民之父母

《永清》25-26

论 语 曰 三 年 之内 父之 道 如果 说 没有 改变 可以 孝 谓 矣[14]

论 语 曰 三 年 内中 父之 道 居 完美 良好行 孝[15]

《论语》：(父在观其志，父没观其行)，三年无改于父之道，可谓

11) 即实：《契丹小字墓志中之汉籍典故》，中国民族古文字研究会成立30周年大会上提交的论文，2010年7月，1-9页。

12) 同[11]。

13) 同[11]。

14) 刘凤翥、唐彩兰、青格勒：《辽上京地区出土的辽代碑刻汇辑》，社会科学文献出版社，2009年。

15) 同[11]。

孝矣。

《耶律太师》19-20

人之 语言 曰 人 生 七十 达 稀 谓[16)]

杜甫《曲江》:(酒债寻常行处有),人生七十古来稀

Ⅱ. 结 语

以上简要介绍了学术界鉴别契丹大、小字类型的艰难历程以及近年契丹文研究的现状,同时对契丹大、小字的性质发表了拙见。契丹文研究现状主要体现在:研究队伍从国内向国外扩张,研究方法从单一向多样性发展,研究重点正在从汉语借词向契丹语词,从词汇向短语和句子,从小字向大字转移,甚至呈现契丹大、小字及女真文之间综合比较研究的良好态势。

16) 吴英喆:《契丹文中之若干蒙古语式词语的解读》,《中央民族大学》,2012年(待刊)。

〈参考文獻〉

A.Wylie, "On an Ancient Inscription in the New-chih Language", Jras VI, 1859, pp.137~153.

愛新覺羅,『愛新覺羅・烏拉熙春女真契丹學研究』, 松香堂書店, 2009年.

愛新覺羅、烏拉熙春、吉本道雅,『韓半島から眺めた契丹・女真』, 京都大學學術出版會, 2011年.

清格爾泰,『清格爾泰文集』 第五卷, 契丹文字研究, 內蒙古科學技術出版社, 2010年.

羽田亨,「契丹文字的新資料」,『史林』 第十卷第一號. 『羽田博士史學論文集』下卷言語・宗教篇, 同朋舍, 1975年, 420-434頁.

金光平、曾毅公,「錦西西孤山契丹文墓志試釋」摘要,『考古學報』, 1957年, 第2期, 83-84頁.

即實,『契丹小字墓志中之漢籍典故』, 中國民族古文字研究會成立30周年大會上提交的論文, 2010年7月, 1-9頁.

康丹(Daniel Kane), *The Kitan Langauge and Script*, Brill Academic Pub, 2009.

劉鳳翥、唐彩蘭、青格勒,『遼上京地區出土的遼代碑刻彙輯』, 社會科學文獻出版社, 2009年.

劉鳳翥、王雲龍,「契丹大字〈耶律昌允墓志〉之研究」,『燕京學報』新17期, 61-99頁.

劉浦江,『松漠之間一遼金契丹女真史研究』, 中華書局, 2008年.

京都新聞,「未解読「契丹文字」の石碑発見 大穀大などモンゴルで」、『京都新聞』, 2011年9月30日.

孫伯君、聶鴻音,『契丹語研究』, 中國社會科學出版社, 2008年.

白鳥庫吉, 「契丹女真西夏文字考」, 『史學雜志』 第九編第十一十二號. 『白鳥庫吉全集』 第五卷, 塞外民族史研究, 下, 岩波書店, 1970, 45-68.

Viacheslav Zaytsev, *A Manuscript Codex Written in the Khitan Large Script from the Collection of the Institute of Oriental Manuscripts,* Russian Academy of Sciences, "Written Monuments of the Orient", "Vostochnaya Literatura" Publishers, 2011. pp.130~150.

吳英喆、楊虎嫩(Juha Janhunen), *New Materials on the Khitan Small Script-a Critical Edition of Xiao Dilu and Yelü Xiangwen*, Global Oriental, 2010.

吳英喆,『契丹語靜詞語法範疇研究』, 內蒙古大學出版社, 2007年.

吳英喆,『契丹文中之若幹蒙古語式詞語的解讀』(2012年待刊).

契丹文字研究小組(清格爾泰、劉鳳翥、陳乃雄、於寶林、邢複禮),「關於契丹小字研究」,『內蒙古大學學報』, 1977年. 第4期, 契丹文研究專刊, 1-97頁.

山下泰藏, 「大遼大橫帳蘭陵郡夫人建靜安寺碑」, 『滿蒙』 第十六年第十號, 1935年10月, 62-66頁.

吉池孝一, 「劉氏の契丹大字表音節文字說について」, 古代文字資料館発行,『KOTONOHA』 58號、2007年9月.

[『東洋學』 52輯(2012) 收錄]

거란 대·소자의 유형 및 연구현황

吳英喆*

Ⅰ. 들어가는 말

거란[遼]왕조(907~1125)를 세운 거란인은 거란대자(契丹大字)와 거란소자(契丹小字) 두 종류 문자를 만들어 사용했다. 대자(大字)는 요태조(遼太祖) 야율아보기(耶律阿保機)가 야율돌려불(耶律突呂不)과 야율노불고(耶律魯不古)에게 명하여 신책(神册) 5년(920)에 창제한 것이다. 소자(小字)는 요태조(遼太祖) 동생 질랄(迭剌)이 창제한 것으로, 사료에는 그 정확한 창제 연대가 실려 있지 않아서, 학계에서는 보통 소자가 926년 이전, 즉 질랄(迭剌)이 죽기 전에 창제된 것으로 보고 있다.

거란 대자(大字)와 소자(小字)는 한자(漢字)와 함께 요나라 경내에서 통용되었다. 심지어 요나라가 망한 뒤, 금대(金代)에도 금(金) 장종(章宗) 명창(明昌) 2년(1191) “조파거란자(詔罷契丹字 : 거란

* 內蒙古大學蒙古學學院 副教授 / wuyingzhe95@yahoo.com.cn

자 금지령)"가 내려지기 전까지 일정 기간 사용되어왔다. 요나라가 멸망하고 거란인의 신비함이 사라지면서 거란문자는 점점 사람들에게 잊혀져갔으며 죽은 문자가 되었다.

1922년 6월 21일 벨기에 신부 L.Kervyn은 내몽고 소오달맹(昭烏達盟-지금의 적봉시(赤峰市)) 파림우기요경릉(巴林右旗遼慶陵)에서 《흥종황제애책(興宗皇帝哀册)》(1055)과 《인의황후애책(仁懿皇后哀册)》(1076)을 발견하였다.

당시 심양 만철의원(沈陽滿鐵醫院)의 의사이자 위만중앙박물관(僞滿中央博物館) 고문이었던 산하태장(山下泰藏)이 처음으로 당시 내몽고(內蒙古) 영성현(寧城縣) 십가자촌(十家子村)에 있던 거란대자(大字) 《대요대횡장란릉군부인정안사비(大遼大橫帳蘭陵郡夫人靜安寺碑)》(1072) 탁본의 일부를 발표했다.(山下 1935).

지금까지 발견된 소자(小字) 자료의 대부분은 묘지(墓志), 애책(哀册), 묘비(墓碑), 공덕비(功德碑) 및 마애제기(摩崖題記) 등이었다. 묘지는 총 41건, 총 5만 자로 현재까지 발표된 것은 36건이다.

지금까지 발견된 소자(小字) 자료는 묘지가 일정 부분을 차지하고, 종이로 된 문헌, 공덕비, 제기 등이 있다. 묘지는 15건, 전적 1책이 있으며, 현재까지 발표된 묘지자료는 총 13건, 글자 수는 약 2만~3만 자 정도이다.

Ⅱ. 거란 대자(大字)와 소자(小字)의 유형

학술계에서 거란 대자(大字)와 소자(小字)의 유형 연구는 먼저 형식상의 차이를 구별하는 것으로부터 시작되었다. 연구자들은 계속해서 출토된 원시자료를 참고하다가 1950년대에 이르러 전해 내려오던 자료 중 어떤 것이 소자이고 어떤 것이 대자인지를 가릴 수 있게 되었다.

문자는 언어를 기록하는 부호체계이다. 이는 표형(表形), 표의(表意), 표음(表音) 세 가지 유형으로 나눌 수 있다. 표음문자는 음소(音素), 음절(音節), 및 보음문자(輔音文字)가 있다. 거란의 대자(大字)와 소자(小字)는 표형문자가 아니다. 이것은 매우 확실하다. 그러나 학계에는 그것이 표의문자인지 표음문자인지에 대한 서로 다른 견해가 존재한다. 이는 거란문자 연구에 있어서 한층 더 신비한 분위기를 더해준다.

현재 학술계는 명대(明代 : 1368~1644)에 이르기까지 세간에서 거란문자의 모습이 모두 잊혀졌다고 여긴다. 당연히 대자와 소자의 차이를 식별할 수 있는 사람은 없었다. 거란문자가 출토되기 전, 연구자들은 다음 역사의 기록에서 대자와 소자의 기본적인 특징을 알아냈다.

《新五代史》: 至阿保機, 稍並附旁諸小國, 而多用漢人, 漢人教之以隸屬之半增損之, 作文字數千, 以代刻木之約.

《遼史 · 皇子表》: 迭剌, 字云獨昆.……性敏給.……回鶻使至, 無能通其語者, 太后謂太祖曰 : “迭剌聰敏可使”遣迓之. 相從二旬, 能習其言與書, 因制契丹小字, 數少而該貫.

거란문자가 출토되기 전, 당시 이용할 수 있었던 아래에 열거된 거란문자 자료를 이용하여 대소자를 감별하려는 시도가 있었다.

(1) 《郎君行記》(1134年), 90여 자. 섬서(陝西) 당건릉(唐乾陵) 무자비(無字碑)의 문자.
(2) 《燕北錄》에 기록된 거란문자 5개. 송(宋) 왕역(王易) 저.
(3) 《八角鏡》의 거란문자 4개. 현재 한국국립중앙박물관 소장.
(4) 《圓銅鏡》의 거란문자 28개. 현재 한국국립중앙박물관 소장.

1898년, 일본학자 백조고길(白鳥庫吉)은 《郎君行記》의 문자는 여진(女眞) 대자(大字)이며, 《燕北錄》에 실린 5개가 거란 소자라는 의견을 제기하였다.[1)] 그 이전 A.Wylie(1859)에 이미 白鳥庫吉(1898)과 기본적으로 같은 의견이 제기되었다.

1922년, 내몽고 파림우기요경릉(巴林右旗遼慶陵)에서 출토된 거란문제후애책(契丹文帝后哀册)은 대자와 소자의 특징을 판단하는데 더욱 유리한 근거가 되었다. 1925년, 일본학자 우전형(羽田亨) 선생은 《郎君行記》의 문종(文種)과 L.Kervyn이 요경릉(遼慶陵)에서 발견한 제후애책(帝后哀册)이 같은 것으로 모두 거란 소자(小字)이며 《燕北錄》에 실린 문자도 또한 거란 소자(小字)로 판단하고 있다. 그들의 판단은 정확하다고 할 수 있다. 그러나 우전형 선생은 한국국립중앙박물관에 소장된 동경(銅鏡)에 새겨진 문자를 거란 대자(大字)로 보고 있다.[2)] 후에 이 문장은 거란문자 연구

1) 白鳥庫吉, 「契丹女眞西夏文字考」, 『史學雜志』 第九編第十一十二號. 『白鳥庫吉全集』 第五卷, 塞外民族史研究, 下, 岩波書店, 1970, 45-68.
2) 羽田亨, 「契丹文字的新資料」, 『史林』 第十卷第一號. 『羽田博士史學論文集』 下卷言語 · 宗教篇, 同朋舍, 1975年, 420-434頁.

학계에서 높은 평가를 받았으며 거란문자 연구의 시작을 알리는 글이라고 여기는 학자도 있다.

1935년, 산하태장(山下泰藏)이《대요대횡장란릉군부인건정안사비(大遼大橫帳蘭陵郡夫人建靜安寺碑)》탁본 일부를 발표하고, 아울러 이 비문이《燕北錄》과 경릉애책의 거란자(契丹字)와 다른, 즉 제 3의 거란자(契丹字)라는 의견을 제기하였다.[3] 이 글은 거란대자석각이라는 문장에 처음으로 발표되었는데, 유감스럽게도 당시 학술계의 관심을 받지 못했다.

1951년, 요녕성(遼寧省) 금서(錦西) 서고산(西孤山)에서 거란문《蕭孝忠墓志》(1089)가 발견되었다. 이 묘지는 대소자의 유형을 판단하는 데 매우 중요한 역할을 하였다. 1957년, 김광평(金光平)・증의공(曾毅公)은 경릉애책(慶陵哀册)식의 거란자는 소자이며, 서고산(西孤山)식의 거란자는 대자라는 의견을 제기하였다.[4]

거란문자연구팀은 김광평(金光平)・증의공(曾毅公)의 관점을 취하여 거란 대자와 소자의 유형을 소개하였다.[5] 이에 대・소자 감별에 대한 논쟁은 기본적인 결론이 내려졌다. 그러나 철저한 해결점을 찾지 못했으며 일부 학자들은 상술한 연구 결론에 대해 여전히 회의적인 태도를 보이고 있다.

앞에서 말한 바와 같이 반세기 동안의 탐구 끝에 연구자들은 기본적으로 대・소자를 분명하게 밝힐 수 있게 되었다. 그러나 이는

3) 山下泰藏,「大遼大横帐兰陵郡夫人建静安寺碑」,『滿蒙』第十六年第十號, 1935年10月, 62—66頁.

4) 金光平、曽毅公,「錦西西孤山契丹文墓志試释」摘要,『考古學報』, 1957年, 第2期, 83-84頁.

5) 契丹文字研究小組(清格爾泰、劉鳳翥、陳乃雄、於寶林、邢關),「複禮於契丹小字研究」,『内蒙古大學學報』1977年, 第4期, 契丹文研究專刊, 1-97頁.

단지 역사기재를 근거로 대·소자의 자모(字母), 자형(字形), 필기 특징 등의 형식적인 차이를 추정한 것 뿐이다. 문자유형학적인 측면에서의 차이를 판단하려면 문자 자체의 해독 성과를 참고해야만 비교적 사실에 부합하는 결론을 얻을 수 있다.

거란문자연구소조(契丹文字研究小組)의 《거란소자에 대한 연구(關於契丹小字的研究)》는 중국학자들이 거란소자 연구 분야에서 매우 중요한 진전을 보였다는 상징이 된다. 이 연구팀은 110 여 개의 원자(原字)의 독음을 재구성하고, 300여 개의 어휘를 해독하였으며, 동시에 부가성분(附加成分) 20여 종의 어법적 의미에 대해서 탐색하였다. 이러한 기초 위에 거란소자의 성격을 다음과 같이 제기하였다.

> 거란 소자는 고대중국어의 반절(反切) 지식을 바탕으로 한자의 필획 형체를 이용하여 만든 음절문자(音節文字)와 음소문자(音素文字) 사이의 병음문자(拼音文字)이다. 창제 과정에서 아마 다른 병음문자(예를 들어, 回鶻文字)의 영향을 받기도 했을 것이다.

거란 대자의 해독 수준에 제약을 받아, 학계에서는 줄곧 대자의 속성을 연구할 수 없었으나 일반적으로 대자는 표의문자로 여겼다. 2004년, 유봉저(劉鳳翥) 선생은 거란대자 《야율창윤묘지(耶律昌允墓志)》(1062)의 해독 분야에서 새로운 진전을 보여주었다. 180개 거란 대자의 음가를 재구성하였고, 거란 대자의 속성에 대한 자신의 견해를 다음과 같이 제기하였다.[6)]

6) 劉鳳翥、王雲龍, 「契丹大字〈耶律昌允墓志〉之研究」, 『燕京學報』 新17期, 2004年, 61-99頁.

> 거란 대자는 기본적으로 음절병음문자(音節拼音文字)로, 보통 거란 대자 한 개는 음절 한 개이다. 그러나 일부 거란 대자는 다음절이다……대부분의 상황에서 한 개의 거란 대자는 한 개의 한자(漢字)로 음역된다. 때로는 두 개, 심지어 세 개의 거란 대자가 한 개의 한자(漢字)로 음역되기도 한다.

앞서 말한 유봉저선생의 거란 대자의 속성에 대한 인식은 반복 수정을 거쳐 형성된 것이다. 이에 대해 길지효일(吉池孝一)선생은 매우 자세하게 소개하고 분석한 적이 있다.[7] 최근 애신각라(愛新覺羅)·오랍희춘(烏拉熙春) 교수도 작자의 대소자 유형에 대한 견해를 서술하였다.[8] 그들은 거란 대자는 "표의-음절 문자(表意一音節文字)"이며, 거란 소자는 "표의-음절겸음소문자(表意一音節兼音素文字)"라고 했다.

현재 거란문자는 아직 완전히 해독되지 않은 문자이다. 특히 거란 대자 중 현재 해독된 부분은 전해지는 1,997개 대자 중 십분의 일에 불과하다. 거란소자는 400여 개의 원자(原字) 중 이미 절반이 해독되었지만 음의 재구성과 석의(釋義) 등 여러 가지 부분에서 학자들의 의견 차이가 크다. 따라서 현재 우리는 거란문자의 유형 혹은 속성에 대해 성숙된 의견을 내놓기는 매우 어렵다. 현재 학자들의 대자와 소자의 속성에 대한 인식은 대동소이하다. 일반적으로 양자 모두 표의(表意), 표음절(表音節), 심지어 음소(音素)를 표시하는 성분까지 갖추고 있다고 생각한다. 그러니까 대소자의 근본적

---

7) 吉池孝一, 「劉氏の契丹大字表音節文字說について」, 古代文字資料館發行, 『KOTONOHA』 58號、2007年9月.

8) 愛新覺羅·烏拉熙春、吉本道雅, 『韓半島から眺めた契丹·女眞』, 京都大學學術出版會, 2011年.

인 차이는 전자의 표의성분이 후자보다 많다는 것인데, 이러한 대소자유형상사론(大小字類型相似論)은 다음과 같은 의문을 피할 수 없을 것이다.

먼저, 지금까지 출토된 문헌들은 소자가 만들어진 뒤 대자가 그로 인하여 도태되지 않았으며 여전히 소자와 함께 요금시대(遼金時代)에 사용되었다는 것을 증명한다. 비록 지금까지 발견된 여진문(女眞文)은 한 종류이지만 역사기록에서 여진인들은 거란인들처럼 여진 대자와 소자를 창제하고 사용해왔다는 것을 증명하고 있다. 이러한 사실들은 대소자유형상사론(大小字類型相似論)을 지지하고 있다. 그렇다면, 거란인과 여진인들은 사용과 보급 등의 측면을 고려하지 않고 왜 짧은 기간 동안 비슷한 유형이지만 체계가 다른 두 종류의 문자를 창제하고 사용하고 보급했을까.

둘째, 사료에 나타난 대자와 소자의 창제 배경에 대한 기록에 따르면, 소자의 창제는 회골문(回鶻文)의 영향을 많이 받았다고 한다. 그렇다면 사료에 나타난 대자와 소자의 창제에 대한 기록이 역사적 사실과 부합하지 않는다는 것인가.

마지막으로 거란문자에 음소(音素) 성분이 존재한다는 설은 사실상 거란인이 음소문자를 발명할 수 있는 능력을 갖추었다는 것을 인정하는 것이다. 일반적인 논리에 따르면, 거란인이 만약 음소문자를 발명할 수 있는 능력이 있었다면 같은 유형의 문자 속에 다른 음절이나 의미를 나타내는 성분을 뒤섞을 필요가 없었을 것이다. 예를 들어, 거란자 A는 m을 표시하고, B는 a를 표시하여, 'A+B=ma'가 된다. 따라서 굳이 ma를 표시하는 거란자 C를 창제할 필요가 전혀 없었던 것이다.

거란문자의 음소(音素) 성분은 음절문자(音節文字)와 함께 폐음절(閉音節)을 기록할 수 없는 특징 혹은 거란문자의 '생략원음(省略元音)'의 특징과 관계가 있지 않을까. 이러한 질문은 좀 더 깊은 연구와 토론이 필요할 것이다.

사실 문자학적으로 문자유형의 구분은 보통 문자의 기음(記音) 성질의 주체에 근거한다. 문자 속성의 확정은 반드시 문자체계의 모든 요소를 고려하지는 않는다. 일어의 가나가 공인된 음절문자(音節文字)라는 것을 모두 다 알고 있지만 그 중 음소를 표시하는 성분(ん : n)도 있다. 우리가 지금까지 해독한 200 여 개의 원자(原字) 중 복음절(複音節)을 표시하는 것은 극히 드물다. 어떤 학자는 복음절 원자(原字)가 아예 없다고 주장한다. 어쨌든 우리가 지금까지 해독한 거란 소자 원자(原字) 중 '음질성분'이 절대다수를 차지하고 있고 이것은 학계에서 모두 긍정하는 사실이다. 따라서 소자의 유형을 잠시 '음절병음문자(音節拼音文字)'로 분류한다고 해도 무방할 것이다. 거란 대자의 유형에 대해서는 이미 해독한 성과에 근거하여 잠시 '표의겸음절병음문자(表意兼音節拼音文字)'로 판단할 수 있다. 표의와 표음이 차지하는 비중의 크고 작음에 대해서는 이후의 연구 결과를 좀 더 기다릴 수밖에 없다.

Ⅲ. 거란문자의 연구 현황

1 새로운 자료의 끊임없는 발견

최근 몇 년 동안, 중국 요녕성(遼寧省)과 내몽고자치구(內蒙古自治區) 등지에서 거의 매년 거란문석각(契丹文石刻)이 발견되거나 출토되고 있다. 최근 2년 동안 몽골과 러시아에서 보기 드문 거란 대자 자료가 앞 다투어 발견되었다는 것은 매우 고무적이다. 이러한 자료의 발견은 분명 거란 문자 연구 발전에 귀중한 기본 자료가 될 것이다.

2010년 8월, 일본 대곡(大穀)대학의 송천절(松川節) 교수를 필두로 한 조사단은 몽골 동과벽성(東戈壁省)에서 거란 대자 석비(石碑)를 발견했다. 7행으로 약 150자가 새겨져 있었다. 관련 연구에 따르면 그 석비에는 '청녕사년(淸寧四年)(1058) 8월 1일' 등을 표시하는 글자모양이 있었다.[9] 이는 몽골에서 발견된 첫 번째 거란대자비각이다.

2010년, 러시아과학원 성피득보동방학연구소(聖彼得堡東方學研究所)는 이 연구소에서 소장하고 있던 문헌에서 보기 드문 거란 대자 문헌 1책을 발견했다. 최근 현지 연구원 Viacheslav Zaytsev는 상술한 문헌의 첫 번째 연구 성과를 이미 세상에 발표했다.[10] 그의

---

9) 「未解讀「契丹文字」の石碑發見 大穀大などモンゴルで」、『京都新聞』 2011年9月30日.

소개에 따르면, 이 거란대자 문헌은 1954년 키르기스스탄(西遼 경내)에서 발견되었으며, 러시아과학원 동방문헌연구소에 소장되었다고 한다. 총 128페이지로, 약 15,369자나 된다. 역사 문헌으로 대요(大遼)의 중말기 혹은 서요(西遼) 시대의 사료일 것이다. 필기 특징으로 보아, 피 판본은 서로 다른 시기에 여러 사람의 필기로 판단된다.

한편 새로운 자료가 끊임없이 발견됨에 따라서 형형색색의 위조 거란문자가 문물 시장에 유입되어 연구에 종사하는 사람들에게 어려움을 더하고 있다. 심지어 진위 여부를 판별하기 어려운 혼란국면이 나타나기도 했다. 동시에 연구자들 사이에 새로운 자료의 감별을 위한 논쟁도 매우 격렬하다.

2. 연구팀의 확대

21세기로 들어서면서 거란문자 연구 자료가 계속해서 발견됨에 따라 적지 않은 거란문자 애호가들을 고무하고 매료시켰다. 또한 거란문자연구팀이 확대되고 거란문자의 활발한 연구를 촉진시켰다. 현재 중국학자 외에도 일본, 호주, 미국, 네덜란드, 러시아 및 한국 학자들이 모두 이 분야의 연구에 종사하고 있다. 학자들의 연구 각도에 따라 대략 다음과 같이 나누어 볼 수 있다.

---

10) Viacheslav Zaytsev, *A Manuscript Codex Written in the Khitan Large Script from the Collection of the Institute of Oriental Manuscripts,* Russian Academy of Sciences, "Written Monuments of the Orient", "Vostochnaya Literatura" Publishers, 2011. pp.130~150.

(1) 전통연구 : 清格爾泰, 劉鳳翥, 即實
(2) 역사학 : 劉浦江, 愛新覺羅·烏拉熙春, 康鵬, 澤本光弘, 陳曉偉, 張少珊
(3) 몽골어학 : 楊虎嫩(Juha Janhunen), 寶玉柱, 松川節, 吳英喆, 吉如何, 伊日貴
(4) 중국어음운학 : 聶鴻音, 孫伯君, 吉池孝一, 沈仲偉, 武內康則
(5) 비교문자학 : 康丹(Daniel Kane)、Andrew Shimunek、荒川慎太郎, Viacheslav Zaytsev, 李聖揆, 唐均, 大竹昌巳

3. 이어지는 연구 성과 발표

학자들이 최근 발표한 100편의 거란문자연구논문 외에 출판된 저서는 다음과 같다.

吳英喆 :《契丹語靜詞語法範疇研究》, 呼和浩特 : 內蒙古大學出版社, 2007年.
孫伯君, 聶鴻音 :《契丹語研究》, 北京 : 中國社會科學出版社, 2008年.
劉浦江 :《松漠之間一遼金契丹女眞史研究》北京 : 中華書局, 2008年.
愛新覺羅 :《愛新覺羅·烏拉熙春女眞契丹學研究》, 京都 : 松香堂, 2009年.
劉鳳翥、唐彩蘭、青格勒 :《遼上京地區出土的遼代碑刻彙輯》, 北京 : 社會科學文獻出版社, 2009年.
康丹(Daniel Kane) : The Kitan Langauge and Script : BOSTO

N : Brill, 2009.

淸格爾泰2010 :《淸格爾泰文集 · 第五卷》(赤峰)

吳英喆、楊虎嫩(Juha Janhunen) : New Materials on the Khitan Small Script-a Critical Edition of Xiao Dilu and Yelü Xiangwen, LONDON : Global Oriental, 2010.

愛新覺羅 · 烏拉熙春、吉本道雅 :『韓半島から眺めた契丹 · 女眞』, 京都 : 京都大學學術 出版會, 2011年.

4. 연구 환경의 개선

폰트 제작 : 거란 대자와 소자 폰트 구축은 거란문자 연구 성과를 인쇄하고 출판할 때 매우 중요한 필수 조건이다. 2004년, 내몽고대학의 거란문연구원과 내몽고 몽과립(蒙科立) 소프트웨어유한책임공사가 함께 거란소자폰트세트를 개발하였다. 2010년 내몽고대학의 길여하(吉如何)가 거란대자폰트세트를 정리하였고, 총 1,979자이다. 2011년 중국사회과학원 민족학과 인류학연구소(中國社會科學院民族學與人類學硏究所)의 섭홍음(聶鴻音) 교수와 손백군(孫伯君) 교수가 신문출판중대과학기술핵심연구과제(新聞出版重大科技攻關項目)인 '중화폰트(中華字庫)'과제 제 18포(包)를 맡았다. 소수민족고문자(少數民族古文字)의 수집과 정리는 거란 대 · 소자 표준폰트 구축에 유리한 조건을 만들어주었다. 현재 내몽고대학 거란문연구자들은 "中華字庫"프로젝트와 결합하여 연구 개발하여 거란 대 · 소자를 수집, 정리 및 폰트제작을 착수하여 진행 중이다.

라틴자모화 : 거란대 · 소자는 이미 사문자이기 때문에 정확한 음가를 알 수가 없다. 따라서 현 단계에서 거란 대 · 소자를 라틴자모로 표기 한다면 이것은 매우 중요한 일이다. 호주 맥쿼리대학의 Daniel Kane 교수는 먼저 거란 소자의 라틴어표기 방안을 제안했다. 뒤에 필자와 양호눈(楊虎嫩(Juhua Janhunen))교수는 Daniel Kane 교수의 방안에 기초하여 적당한 수정을 가하여 졸작 'New Materials on the Khitan Small Script- a Critical Edition of Xiao Dilu and Yelü Xiangwen'에 소개했다.

5. 연구 수준의 제고

사실 거란문자 연구의 주요 임무는 해독이다. 학자들이 함께 노력하여 현재 거란 소자의 200여 자와 1,300여 개의 어휘, 수십 종의 부가 성분 및 100개에 가까운 문장의 기본적인 의미를 해독하였다. 거란 대자는 약 200개가 해독되었고, 개별적인 문장과 부가성문의 의미도 이미 판명되었다. 학자들은 연구 과정 중 거란 소자와 거란어의 일부 규칙을 밝혀냈다. 예를 들어, 거란어에는 원음화해현상(元音和諧現象)과 '性'의 어법범주가 있고, 거란인은 부자연명(父子連名)의 습관이 있으며 거란소자를 표기할 때 원음생략현상(省略元音的現象) 및 거란어에 차용된 중국어 차용어(借詞)에 중국어의 입성운미(入聲韻尾)의 흔적 등이 있다는 것이다. 그 외에도 씨족명(氏族名), 부락명(部落名), 인명(人名) 및 세계(世系) 연구 분야에서도 어느 정도의 진전을 보이고 있다.

최근 거란 소자가 기록된 중국어 전고(典故)와 인용어(引用語)

의 해독은 세간의 이목을 끌고 있다. 이 연구는 해결하기 어려운 거란 민족어의 해독에 매우 중요한 실마리를 제공하고 있다.

예)

《耶律奴》34
易 曰 善 積之 家 必 有 餘 慶 不善之 積 家 必 有 餘 殃 感嘆詞[11)]
《周易 · 坤 · 文言》：積善之家必有餘慶，積不善之家必有餘殃
《耶律奴》34
書 曰 皇 天 親 無 唯 是 德 輔 感嘆詞[12)]
《尚書 · 蔡仲之命》：黃天無親，唯德是輔

《耶律宗教》19
毛 詩 曰 豈 弟 君 子 民 人之 父 母 感嘆詞[13)]
《毛詩》：豈弟君子，民之父母

《永清》25-26
論 語 曰 三 年 之內 父之 道 如果 說 沒有 改變 可以 孝 謂 矣[14)]

論 語 曰 三 年 內中 父之 道 居 完美 良好行 孝[15)]

11) 即實，『契丹小字墓志中之漢籍典故』，中國民族古文字研究會成立30周年大會上提交的論文，2010年7月，1-9頁.
12) 同[11)]
13) 同[11)]
14) 劉鳳翥、唐彩蘭、青格勒，『遼上京地區出土的遼代碑刻彙輯』，社會科學文獻出版社，2009年.

《論語》: (父在觀其志, 父沒觀其行), 三年無改于父之道, 可謂孝矣.

《耶律太師》19-20
人之 語言 曰 人 生 七十 達 稀 謂[16]
杜甫《曲江》: (酒債尋常行處有), 人生七十古來稀

Ⅳ. 결 어

이상 학술계에서 거란 대·소자 유형을 감별하는 험난한 여정과 최근 몇 년 간 거란 문자 연구의 현황을 간략하게 소개하고 일부 문제에 대한 보잘것없는 견해를 밝혔다. 거란 문자 연구의 현황은 다음과 같이 요약할 수 있다. 연구팀이 국내에서 해외로 확장되고, 단일한 연구 방법에서 다양한 방법으로 발전하고 있고, 연구의 핵심이 중국어 차용어(借詞)에서 거란어(契丹語詞)로, 어휘에서 구(短語)나 문장(句子)으로, 소자(小字)에서 대자(大字)로 이동하고 있으며, 심지어 거란대소자(契丹大小字)와 여진문(女眞文) 종합비교연구의 방향으로 흘러가는 추세이다.

15) 同[11]
16) 吳英喆, 『契丹文中之若干蒙古語式詞語的解讀』, 中央民族大學, 2012年(待刊).

〈참고문헌〉

A.Wylie, "On an Ancient Inscription in the New-chih Language", Jras VI, 1859, pp.137~153.

愛新覺羅,『愛新覺羅 · 烏拉熙春女眞契丹學硏究』, 松香堂書店, 2009年.

愛新覺羅 · 烏拉熙春, 吉本道雅,『韓半島から眺めた契丹 · 女眞』, 京都大學學術出版會, 2011年.

淸格爾泰,『淸格爾泰文集』 第五卷, 契丹文字硏究, 內蒙古科學技術出版社, 2010年.

羽田亨,「契丹文字的新資料」,『史林』第十卷第一號.『羽田博士史學論文集』下卷言語 · 宗教篇, 同朋舍, 1975年, 420-434頁.

金光平 · 曾毅公,「錦西西孤山契丹文墓志試釋」摘要,『考古學報』, 1957年, 第2期, 83-84頁.

即實,『契丹小字墓志中之漢籍典故』, 中國民族古文字研究會成立30周年大會上提交的論文, 2010年7月, 1-9頁.

康丹(Daniel Kane), *The Kitan Langauge and Script*, Brill Academic Pub, 2009.

劉鳳翥 · 唐彩蘭 · 青格勒,『遼上京地區出土的遼代碑刻彙輯』, 社會科學文獻出版社, 2009年.

劉鳳翥 · 王雲龍,「契丹大字〈耶律昌允墓志〉之研究」,『燕京學報』新17期, 61-99頁.

劉浦江,『松漠之間一遼金契丹女眞史硏究』, 中華書局, 2008年.

京都新聞,「未解讀「契丹文字」の石碑發見 大穀大などモンゴルで」,『京都新聞』, 2011年9月30日.

孫伯君 · 聶鴻音,『契丹語硏究』, 中國社會科學出版社, 2008年.

白鳥庫吉, 「契丹女眞西夏文字考」, 『史學雜志』 第九編第十一十二號. 『白鳥庫吉全集』 第五卷, 塞外民族史研究, 下, 岩波書店, 1970, 45-68.

Viacheslav Zaytsev, *A Manuscript Codex Written in the Khitan Large Script from the Collection of the Institute of Oriental Manuscripts,* Russian Academy of Sciences, "Written Monuments of the Orient", "Vostochnaya Literatura" Publishers, 2011. pp.130~150.

吳英喆·楊虎嫩(Juha Janhunen), *New Materials on the Khitan Small Script-a Critical Edition of Xiao Dilu and Yelü Xiangwen*, Global Oriental, 2010.

吳英喆, 『契丹語靜詞語法範疇研究』, 內蒙古大學出版社, 2007年.

吳英喆, 『契丹文中之若幹蒙古語式詞語的解讀』(2012年待刊).

契丹文字研究小組(淸格爾泰·劉鳳翥·陳乃雄·於寶林·邢複禮), 「關於契丹小字研究」, 『內蒙古大學學報』, 1977年. 第4期, 契丹文研究專刊, 1-97頁.

山下泰藏, 「大遼大横帳蘭陵郡夫人建靜安寺碑」, 『滿蒙』 第十六年第十號, 1935年10月, 62-66頁.

吉池孝一, 「劉氏の契丹大字表音節文字説について」, 古代文字資料館發行, 『KOTONOHA』 58號, 2007年9月.

[번역 : 김지영(단국대 동양학연구원)]

유니코드 한자 정보 및 異體字 사전의 편찬과 그 의미*

정 우 봉**

Ⅰ. 들어가며

유니코드가 국제 표준코드로 제정된 이래 데이터베이스 및 응용 소프트웨어 개발 등 폭넓은 분야에서 채택되어 널리 사용되어지고 있다. 우리나라의 고전 전산화 사업에서도 예외는 아니어서 유니코드에 등록된 한자는 한적 자료의 전산화에 많은 도움을 주고 있다.[1] 우리나라에서의 유니코드 사용은 2000년 이후 국내 주요 워드프로세서에서 지원하기 시작하면서 본격화되었다. 그 뒤 각종 한국학 고전 자료의 DB 구축 사업에서 표준코드로 채택하면서 그 중

* 고려대학교 특별연구비에 의하여 연구되었음.
** 고려대학교 국문학과 교수 / wbchung@korea.ac.kr

1) 현재 구축되었거나 추진 중에 있는 고전 전산화 사업에서는 대부분 유니코드 시스템으로 데이터베이스를 구축하고 있으며, 국내 주요 워드프로세서에서도 유니코드를 지원하여 입출력을 자유롭게 할 수 있다.

요성이 확대되었으며, 정보통신의 발달로 일상 어문생활에서도 활용되고 있다. 그리고 유니코드에 대응하기 위해 1995년 제정된 'KS X 1005-1'이 2006년에 폐기된 이후로, 유니코드를 대체할 만한 국가 표준규격 문자코드가 제정되지 않아 현재 유니코드는 실질적인 국가 표준규격으로 활용되고 있다.

현재 유니코드에 등록된 한자는 '한중일(CJK) 통합한자' 75,753자[2)]이다. 여기에는 한국·중국·일본·북한·대만·홍콩·베트남·마카오 등 한자문화권 국가에서 현재 사용하고 있거나, 과거에 사용되었던 한자가 총망라되어 있다. 또한 유니코드에 추가로 등록할 한자 선정 작업을 현재에도 계속 진행하고 있기 때문에, 유니코드 등록 한자는 지속적으로 늘어날 전망이다. 지난 2006년에만 Ext.C 영역에 4,219자가 최종 선정되었으며, 10,529자의 후보 한자군이 유니코드 등록을 위해 심의 중에 있다.

우리나라는 지난 2000년부터 '역사정보통합시스템'과 같은 대규모 고전 자료 전산화 사업을 유니코드 기반으로 구축하고 있다. 하지만 유니코드 한자에 대한 이해 부족과 유용한 한자 사전의 부족 등으로 인하여, 한자의 부수·획수, 또는 한자음을 정확하게 알지 못하는 경우가 많다. 이에 따라 효율적인 한국학 자료의 정보 처리에 심각한 장애를 초래하고 있다. 수많은 한자가 전산화되지 못하는 상황이 나타나게 되었으며, 가장 심각한 문제는 현재 유니코드에 포함된 한자를 확인하지 못해 이미지로 처리한 경우도 있다는

---

2) 현재 유니코드에 등록된 한자는 BMP 영역 20,902자, Ext.A 영역 6,582자, Ext.B 영역 42,711자, Ext.C 영역 4,219자, 호환용 한자 1,009자, 부수자 225자로 구성되어 있다.

것이다. 이럴 경우 구축된 DB로부터 원하는 내용을 검색할 수 없다는 맹점을 지닌다. 따라서 향후 고전 자료의 전산화를 위해서는 유니코드 기반의 한자 정보처리 기술의 개발에 활용할 보다 효율적인 한자 정보 사전의 편찬이 절실하다고 하겠다.

또한 하나의 코드체계 내에 다양한 자형을 수용할 경우, 인쇄·출판 등에 도움을 줄 수 있지만, 대단위 데이터베이스를 구축할 경우에는 입력과 검색에 심각한 문제점을 초래하게 된다. 특히 국가 차원의 고전 전산화 사업이 연차적으로 확대 수행되는 현 시점에서, 유니코드 등록 한자를 대상으로 異體 대응 관계를 설정하는 작업은 대규모 전산화 자료의 효율적 검색을 위해 시급히 요청되는 과제이다.

이러한 점에 유의하여 이 논문에서는 〈유니코드 한자 정보 및 異體字 사전〉(이하에서 '유니코드 한자 사전'으로 약칭함)의 편찬 방향과 내용, 그 의미를 다루어 보고자 한다.

Ⅱ. 유니코드 한자 사전의 편찬 배경과 방향

1. 고전 자료 전산화와 정보처리를 위한 한국학 한자 기초정보 사전

한자는 다른 문자와 달리 문자의 숫자가 방대하다는 특징을 지닌다. 아래의 표는 현재 간행되어 사용되고 있는 한중일 삼국의 대표적인 한자 사전의 규모를 비교해 본 것이다. 이 가운데 가장 많은 표제자를 수록한 사전은 최근에 단국대 동양학연구소에서 편찬 간행한『漢韓大辭典』이다.

한 국		중 국		일 본	
大字源(張三植 編)	41,386자	康熙字典	47,035자	大漢和辭典	48,902자
教學 大漢韓辭典	37,823자	中文大辭典	49,905자		
明文 漢韓大字典	51,853자	漢語大字典	54,665자		
漢韓大辭典(檀國大)	55,000자				

55,000 여자를 수록한『漢韓大辭典』에 비교해 볼 때, 현재 유니코드에는 총 75,753자의 한중일(CJK) 통합한자가 수록되어 있다. 게다가 유니코드는 현재 완성된 상태가 아니라 꾸준히 확장되고 있는 코드체계이다. 지난 2006년에만 4,219자가 추가되었으며, 현재 10,529자의 신출한자가 유니코드 등록을 위해 심의 중에 있다.

유니코드 Ver.5.0을 기준으로 할 때, 전 세계 문자 가운데 한자가 약 87% 가량 차지하고 있다. 그리고 이 가운데 전체 한자의 절반 이상을 차지하고 있는 것이 Ext.B 한자로 모두 42,711자에 달한다. 물론 이 한자는 실생활에서 많이 사용하지 않을 뿐만 아니라, 이를 구현하기 위한 프로그램 설계상의 문제와 시스템 자원의 처리 문제 등이 간단치 않은 것은 사실이다.[3] 그렇지만 지난 2000년부

3) 유니코드 Ext.B 한자의 구성을 보면, ①『康熙字典』의 한자 중 ISO 10646-2의 UCS/BMP에 올리지 못한 18,486자, ②『漢語大字典』의 한자 28,914자, ③『辭源』의 한자 66자, ④『辭海』의 한자 247자, ⑤『漢語大詞典』의 한자 553자, ⑥『中國大百科全書』의 한자 86자, ⑦『四庫全書』의 한자 522자, ⑧『方正排版系統』의 65자가 주축을 이루고 있다. 우리나

터 시작된 한국역사정보통합시스템 구축사업의 고전 자료 전산화 과정에서 약 17,000여 자에 이르는 신출한자가 발견되었는데, 이 가운데 절반 이상이 Ext.B 한자에 해당하였다. 이와 같은 상황임에도 불구하고 현재 국내외적으로 Ext.B 한자를 효율적으로 처리할 수 있는 소프트웨어는 그리 많지 않은 실정이다.

이렇게 된 데에는 여러 가지 이유가 있겠지만, 대표적으로 Ext.B 한자에 대한 字音과 字義 정보 데이터베이스의 부재를 들 수 있다. 즉 자음과 자의 정보 데이터베이스를 바탕으로 대부분의 응용프로그램에서 '한글 자음에 의한 검색' 또는 '부수와 획수에 의한 검색'을 사용할 수 있지만, Ext.B 한자에 대해서는 이러한 지원이 미비하였다. 그리고 Ext.B 한자는 주로 한자문화권 각국에서 인명과 지명으로 사용되던 한자와 기존 한자의 각종 異體字를 많이 포함하고 있는데, 특히 인명과 지명으로 사용되던 한자는 그 자음과 자의를 정의할 수 없는 것이 많기 때문에 검색과 입력에서 많은 어려움을 수반할 수밖에 없다. 이러한 까닭으로 현재 국내의 주요 워드프로세스에서 Ext.B 한자를 사용하기 위해서는 문자표를 통해 해당 한자를 직접 선택하거나, 유니코드값을 이용하여 입력하는 방법밖에는 없다.

라의 경우 〈흔글〉의 확장 한자 15,000자 가운데 UCS/BMP에 빠진 166자를 제출했다. 현재 Ext.B 한자는 유니코드 Ver.3.1에서부터 추가문자 군집(new character blocks outside BMP)에 수용됨으로써 대체문자(surrogate) 영역을 이용하여 유니코드 상에서 Ext.B 한자를 표현하는 방법이 가능해졌다. 그런데 유니코드 Ext.B 한자는 각국이 제출한 한자를 단순 통합하여 졸속으로 이루어져 제정 당시부터 많은 문제점이 노출되었다. 대표적으로 선별 과정에서 이체자 통합·분리의 원칙인 Annex T(이후 Annex S로 수정·보완됨)가 제대로 지켜지지 않았을 뿐만 아니라 수록 자형의 오류, 표제자 중복의 오류 등의 예를 들 수 있겠다.

본 사전은 유니코드 한중일(CJK) 통합한자 75,753자에 대한 정밀한 기초 정보를 제공한다. 한자의 부수와 획수는 한중일 3국뿐만 아니라, 각국의 자전에서도 편차가 나타나고 있다. 또한 유니코드에서 정의하고 있는 부수와 획수가 우리나라의 그것과도 차이가 나는 부분들이 많이 나타나고 있다. 이 사전은 각국의 한자 사용 관습을 존중하면서도 우리나라의 어문 생활에 맞는 정밀한 한자 기초 정보 사전이 될 것이다. 아울러 한자의 字音 정보는 각종 지능형 한자검색기나 문자입력기 등 응용프로그램을 개발하기 위한 기반이 된다. 원활한 국제적 정보 소통 환경에 대응하고, 효율적인 한자 정보처리를 위해 유니코드 한자 자음 정보의 정리는 매우 중요한 과제라 할 수 있다.

본 사전은 유니코드 한자 75,753자 전체에 대해 표준 수준의 한글 자음과 자의 정보를 제공할 것이다. 아울러 다국어 검색에 대응하기 위해 가능한 범위 내에서 중국어 拼音과 일본어 字音, 그리고 영문 字義 정보를 제공할 것이다. 본 사전에서 제공하는 한글 자음과 자의는 한국학 고전 자료 전산화와 정보처리에 보다 효율적으로 활용할 수 있을 것이다.

2. 고전문헌 연구 및 활용을 위한 異體字 종합 사전

유니코드 한자 내에는 다양한 형태의 異體字·略字·簡體字가 수없이 산재해 있다. 이는 그 始原의 공통성에도 불구하고 한국·중국·일본 등 한자문화권 각국의 다양한 역사적 경험과 과정 속에서 변화, 발전한 결과라 할 수 있다. 다음에서 보는 것처럼 '칼 검

(劍)'자의 경우, 이체자 · 통용자가 유니코드 내에 다양하게 존재하고 있다.

1. 正字 : 劍(U+528D)
2. 簡化字 : 剑(U+5251)
3. 異體字 : 剣(U+5263) 剱(U+5271) 劎(U+528E) 劒(U+5292) 劔(U+5294) 釰(U+91F0) 釼(U+91FC) 鐱(U+9431)

유니코드 내에 존재하는 수많은 이체자와 통용자들은 유니코드 한자 정보처리의 커다란 장애물이자 국제적 정보 소통을 위해 해결해야 할 과제이다. 한국학 문헌 자료의 정보 소통 및 정보처리에 있어서 일정한 수준의 이체자와 통용자에 대한 기준 마련이 시급한 상황이다. 이체자와 통용자에 대한 기준 마련은 국내적으로는 서로 다른 표준에 의한 정보처리 과정에서 발생할 수 있는 불필요한 낭비를 막을 수 있으며, 국제적으로는 한자문화권 각국이 서로 다른 표준에 의해 처리한 정보를 우리 표준에 알맞게 가공할 수 있는 기초가 된다는 점에서 매우 중요하다.

또한 이체자와 통용자 기준 마련은 정자 · 이체자 통합검색, 간화자 · 번체자 통합검색, 간화자를 이용한 번체자 검색 등 다양한 검색 방법을 지원할 뿐만 아니라, 중국 · 일본 · 대만 등 인터넷을 통해 제공되는 수많은 동양학 관련 한자 정보 자원을 효율적으로 검색하기 위해서도 필수적이다. 최근에 이러한 문제의식을 바탕으로 몇몇 연구자들이 이체자를 연구하고 있으나, 국제적 수준에 도달하지 못하고 있는 실정이다.

본 사전은 이와 같은 국내의 상황을 극복하기 위해 이체자 종합 사전을 편찬하여 관련 연구자들에게 제공할 수 있도록 한다. 이것은 효율적으로 이체자를 처리하여 빠르고 정확하게 원하는 자료를 검색할 수 있도록 할 것이다. 본 사전은 유니코드 한자 75,753자에 대한 異體字 및 通用字 關係를 설정함으로써 한국학 문헌처리를 위한 이체자 종합 사전 편찬을 목적으로 한다. 이를 통해 한중일 등 한자문화권 국가들 간의 정보소통과 지능적인 한자 검색 시스템 개발 등 한자 정보처리의 견고한 토대가 될 것이다.

3. 'One Source Multi Use'에 입각한 사전편찬시스템 및 전자사전 개발

본 사전 편찬에서는 'One Source Multi Use'의 개념에 입각한 '사전편찬시스템'을 개발하여 운영하고자 한다. 이 시스템은 다수의 집필자가 집필, 교열, 감수를 공동으로 수행할 수 있게 함으로써 사전 편찬의 효율성을 향상시킬 수 있을 것이다. 뿐만 아니라 구축된 DB는 향후 다양한 형태의 종이책사전과 전자사전 개발을 위한 소스로 사용할 수 있도록 할 것이다.

1. 다중 집필 · 감수 · 교열 기능 지원
2. XML Data 출력을 통한 종이책사전 출판
3. 웹사이트 연동을 통한 전자사전 출판
4. 한자 검색엔진 개발을 위한 소스 제공

전자사전은 종이책사전이 수록할 수 없는 각종 부가 정보를 추가로 제공할 뿐만 아니라, 신속한 정보의 업데이트 및 다양한 검색 방법을 제공함으로써 사전의 활용을 극대화할 것이다.

또한, 유니코드는 현재 완성된 상태가 아니라 꾸준히 진화하고 있다. 지난 2006년 한중일 통합한자 Ext.C 4,219자가 추가되었으며, 앞으로도 수많은 한자가 추가될 예정이다. 전자사전의 편찬은 추가되는 한자들에 대한 정보를 신속하게 제공할 뿐만 아니라, 새로운 종이책사전 출판에도 지속적으로 활용될 수 있다.

본 사전 편찬을 통해 구축된 정보는 향후 인터넷 전자사전으로도 출판될 것이다. 인터넷 전자사전은 종이책사전에 수록하지 못한 각종 부가 정보를 추가로 제공할 수 있을 뿐만 아니라, 다양한 검색 방법을 제공함으로써 사전의 활용을 극대화할 수 있을 것이다. 또한 실시간 수정 및 출판, 지속적인 한자 정보의 증보를 통해 정보화 시대에 부합하는 진정한 유니코드 한자 사전으로 발전시켜 나갈 것이다.

Ⅲ. 유니코드 한자 사전의 편찬 내용, 범위 및 방법

1. 중국과 일본에서의 편찬 사례

본 사전의 편찬 내용과 유사한 사전으로는 중국에서 간행된 『國際標準漢字大字典』과 일본에서 간행된 『ユニコード漢字情報辭典』

이 있다. 『國際標準漢字大字典』은 한중일 국제표준한자코드(ISO-10646 CJK)와 중국 국가표준한자(GBK)를 수록한 대형 코드북이다. 이 책은 총 20,902자를 수록하고 있으며, 중국의 간체자, 번체자는 물론 우리나라 한자, 일본 한자 등을 함께 포함하고 있다. 각 표제자에는 음훈, 부수, 획수 등의 기본 정보와 漢語 拼音, 注音부호, 筆順 編號, UCS 코드, GBK 코드, 鄭碼 부호(字根通用編碼) 등 다양한 코드 정보를 담고 있어 사용자에게 편의를 제공한다. 필획 색인, 鄭碼 색인, 병음 색인 등 여러 가지 방법으로 검색할 수 있으며, 전체 표제자는 부수 순서로 배열되어 있어 일반적인 자전에 익숙한 사용자는 누구나 쉽게 찾을 수 있는 것이 장점이다. 하지만 다루고 있는 한자의 범위가 제한적이다. 즉, 통합 한자 영역만을 대상으로 하고 확장 한자는 다루지 않았다는 점이 이 책의 단점으로 지적된다.

일본에서 2000년에 간행된 『ユニコード漢字情報辭典』는 BMP 수록 한자 20,902자에 대한 자음 및 의미 정보, 이체자 정보를 제공하고 있다. 이 사전이 제공하고 있는 정보는 한자의 정보화에 필요한 기본 정보들이다. 유니코드 순서에 따라 표제자를 배열하고, 각 글자마다 일본 음과 훈, 한국, 중국, 일본, 대만의 코드정보, 이체자, 통용자 등을 제시하였다. 그리고 일본의 JIS 규격 이외의 경우에는 한어 병음과 성조 정보를 부기하였다. 지금도 Super CJK 코드북 이외에 유니코드 한자 정보를 전문적으로 다룬 책이나 사전이 드물다는 데서 이 사전은 여전히 참고할 만한 가치가 있다. 하지만 중국에서 간행된 『國際標準漢字大字典』과 마찬가지로 통합 한자 영역만을 대상으로 하고 확장 한자는 다루지 않았다는 점이 이 책의 단점이다.[4)]

앞의 두 사전에서 설정한 항목을 도표화하면 다음과 같다.

〈표 1〉『國際標準漢字大字典』(北京 : 電子工業出版社, 1998)의 편찬 항목

字頭	· 표제자는 간체자이며, 번체자를 병기 · ISO 10646-1에 수록된 한중일 통합한자 20,902자
鄭碼	· 한자를 字根으로 분해하는 규칙을 A-Z까지 부호에 정의한 입력 및 검색식
U	· 16진수의 UCS 코드값
GBK	· 16진수의 GBK 코드값
筆劃數	· 총 필획 수
部首	· 강희자전 214부수
筆順編碼	· 한자를 구성하는 획을 '一·丨·丿·丶·乙'로 분해하여 1-5로 대응 · 상기 5자리 수로 한자를 표기한 값
拼音	· 한어 병음
注音	· 한어 주음부호
釋文	· 복수의 한자 자의
索引	· 筆劃檢字表, 鄭碼査字法, 拼音檢字表, 注音檢字表, 部首檢字表

4) 그밖에 臺灣教育部에서 제공하는 『異體字字典』은 2000년부터 10만 자가 넘는 한자의 異體字 전반에 대한 풍부한 정보를 제공하고 있다. 이 책은 유니코드 Ver 2.0에 규정된 CJK(한중일) 통합 한자 20,902자에 대한 한자 정보를 다룬 사전이다. 우리나라의 경우 고려대학교 민족문화연구원 문자코드연구센터에서 구축한 '유니코드 한자검색기'는 부수, 획수, 유니코드, 사각호마, 자음, 자의 등의 검색 방법을 지원하고 있다. 또한 한국역사정보통합시스템에서 제공하고 있는 '유니코드 한자검색시스템'은 정보통신부에서 지난 2000년부터 추진해 온 지식정보자원관리사업을 통해 출현한 신출한자 및 기타 신출문자들을 통합 관리하고, 이들 문자에 대한 다양한 정보를 일반인이 웹 상에서 쉽게 열람 검색할 수 있도록 개발되었다. 부수, 획수, 한글 음가, 사각호마, 파자에 의한 검색이 가능하며, 이체자 정보를 연동시켜 놓았으며, 이체자가 사용된 옛 문헌을 이미지상으로 확인할 수 있다.

〈표 2〉『ユニコード漢字情報辭典』(東京 : 三省堂, 2000)의 편찬 항목

見出し字	· BMP 수록 한중일 통합한자 20,902자
字形差の大きい包攝漢字	· 各國과 地域에서 통용되는 자형의 통합 규칙에 의한 분류
漢字情報	· BUCS(Basic Unified Character Set): 한중일 3국에서 常用되는 수준의 한자 약 6,000여 자를 'B'로 표기 · 常用漢字 · 人名用漢字 · 人名用漢字許容字體 : 각각 '常' · '人' · '許'로 표기 · 通用字 · 簡體字 : 각각 '通' · '簡'으로 표기 · 國字 : 일본 국자 229자를 '國'으로 표기
ユニコード	· 16진수로 유니코드값을 표기
原規格コード	· 日本 · 臺灣 · 中國 · 韓國에서 최초 제안한 16진수 코드값
読み	· 見出し字에 대한 日本의 音讀과 訓讀을 일본어로 표기 · 臺灣 · 中國 · 韓國의 음가를 로마자로 표기
異体字	· 상호 이체 관계의 표기 · 日本의 舊字와 略字 관계 표기 · 俗字와 正字 관계 표기 · 簡體字와 繁體字 관계 표기
索引	· 부수색인

2. 유니코드 한자 사전의 편찬 항목과 세부 내용

본 사전은 기존에 국내에서 간행된 적이 없는 신규 편찬 사전으로 편찬항목 자체가 신규항목이라고 할 수 있다. 그 가운데 본 사전 편찬에서 중요한 신규항목을 살펴보면 다음과 같으며, 이들 항목은 본 사전 편찬 목적에 부합하도록 선정되었다.

1) 한자 字音 및 字義 정보

본 사전에서는 최초로 유니코드 한자 75,753자 전체에 대해 기초 정보와 한자 자음 및 자의 정보를 제공하고, 가능한 범위 내에서 중국어 병음과 일본어 자음을 제공한다. 기초 정보에는 부수·잔여획수·총획수·각국 코드 정보를 표기한다. 여기서 부수체계는 『康熙字典』의 214 부수 체계를 따르며, 잔여획수와 총획수는 기본적으로 유니코드에 정의된 잔여획수와 총획수를 따르되 우리 어문 생활 규범을 반영하여 수정 보완하고자 한다. 한자의 부수와 획수는 한자문화권 각국에서 편찬한 자전마다 약간씩 편차를 보이고 있으며, 국제 표준코드체계와 유니코드에서 정의하고 있는 부수와 획수가 우리나라에서 사용되는 것과도 차이가 나는 부분이 많기 때문이다.

그리고 한글 字音 및 字義를 부여하는 문제와 관련해서 그 기준을 다음과 같이 설정하였다.

- ·국내의 대표적인 傳統字典과 韻書類를 참조하여 한글 자음 및 자의를 부여한다.
- ·국내에서 간행된 현대 자전류를 참조하여 한글 자음 및 자의를 부여한다.
- ·복수 자음인 경우에는 모두 인정하고, 이 중에서 대표자음 및 대표자의를 확정한다.
- ·중국과 일본에서 간행된 字典을 참조하여 자음 및 자의를 부여한다.

이렇게 제공되는 한글 자음과 자의는 유니코드 한자 전체를 입출

력할 수 있도록 할 뿐만 아니라, 한글 음순에 의한 정렬을 가능하게 하여 효율적으로 한국학 고전 자료의 DB 구축과 한자 정보처리를 할 수 있게 한다. 또 중국어 병음과 일본어 자음 정보는 다양한 언어에 의한 정보 검색이 가능하며, 이를 통해 한자 정보와 자료가 원활하게 국제적으로 소통하는 데에 기여할 것이다.

2) 異體字 및 通用字 관계 정보

본 사전에서 정의하는 異體字는 正字와 同音同義의 관계에 있으면서 자형이 상이한 한자를 말한다. 한자 형성 과정에서 正字로서의 지위를 인정받지 못하였으나, 正字와 서로 대체하여도 의미상 완전하게 문제가 없는 한자만을 기준으로 하였다. 그리고 본 사전에서 이체자의 설정 범위는 유니코드에 수록된 한자로 한정하였다. 유니코드 이외에 각종 문헌에 보이는 이체자를 모두 포괄하는 것은 앞으로의 과제로 남겨둔다. 이에 따라 유니코드 내에 수록된 한자를 대상으로 하여, 正字·異體字·略字·簡體字로 구분하여 이체자 관계를 설정하고자 한다. 이때 이체 관계의 표기 기준은 다음과 같다.

· 異體字와 略字는 正字에 대응하는 異體 관계로 설정한다.
· 簡體字는 繁體字에 대응하는 異體 관계로 설정한다.
· 하나의 표제자에 복수의 異體字가 존재할 경우에는 모두 표기한다.
· 표제자가 異體字일 경우에는 異體字임을 표기하고 正字를 병기한다.

본 사전에서 정의하는 通用字는 正字와 자형은 다르나 字音과

字義가 동일하여 정자와 통용해서 사용할 수 있는 한자를 뜻한다. 통용자는 完全通用字와 制限通用字로 구분하며, 완전통용자는 자음과 자의가 완전히 같아 어떠한 경우에도 서로 호환될 수 있는 글자이고, 제한통용자는 자음과 자의를 제한적으로 통용해서 사용할 수 있는 글자를 가리킨다. 통용자 관계 표기의 기준은 다음과 같다.

· 표제자는 完全通用字와 制限通用字로 구분하여 통용자 관계를 설정한다.
· 통용자 설정 범위는 유니코드에 수록된 한자로 한정한다.
· 하나의 표제자에 복수의 통용자가 존재할 경우에는 모두 표기한다.
· 표제자가 통용자일 경우에는 통용자임을 표기하고 정자를 병기한다.

한국학 문헌 자료의 DB 구축에서 이체자와 통용자의 효율적 처리는 가장 큰 문제점 가운데 하나이다. 본 사전은 이러한 문제해결에 도움을 줄 수 있도록 한국학 문헌처리를 위한 '이체자 종합 사전 편찬'을 목적으로 하고 있는 것이다. 이를 통해 국내적으로는 서로 다른 표준에 의한 정보처리 과정에서 발생할 수 있는 불필요한 낭비를 막을 수 있으며, 국제적으로는 한자문화권 각국이 서로 다른 표준에 의해 처리한 정보를 우리 표준에 알맞게 가공할 수 있는 기초를 마련하고자 한다. 그리고 검색의 측면에서 '정자-이체자 통합 검색', '간체자-번체자 통합 검색', '간체자를 이용한 번체자 검색' 등 다양한 검색 방법을 지원할 수 있고, 인터넷을 통해 제공되는 수많은 동양학 관련 한자 정보 자원을 효율적으로 검색할 수 있도록 한다.

3) 사전 참고 정보

본 사전에서는 '사전 참고 정보'를 별도로 설정했다. 여기에는 『康熙字典』, 『漢語大字典』, 『大漢和辭典』, 『漢韓大辭典』 등 한중일 3국에서 간행된 주요 자전의 출전 페이지 정보를 제공한다. 『康熙字典』의 출전 페이지 정보는 페이지와 해당 페이지에 게재된 순번 등을 표기하며, 訓釋 정보는 각 글자의 뜻풀이에 해당하는 본문을 입력하며, 『漢語大字典』, 『大漢和辭典』, 『漢韓大辭典』의 출전 페이지 정보는 권수와 해당 페이지와 게재된 순번 등을 표기한다.

'사전 참고 정보'는 한중일 3국에서 간행된 주요 자전의 출전 페이지 정보를 제공하는 것이다. 이렇게 함으로써 대부분의 이용자에게는 사전의 신뢰성을 확보할 수 있도록 해 줄 것이며, 한국학 연구자들에게는 활용의 편의와 연구 자료를 제공할 수 있다.

4) 四角號碼 정보

한자를 검색하는 방법으로 '한글 음에 의한 검색', '부수에 의한 검색' 등이 있으나, '사각호마'는 모든 한자를 5자리 숫자로 표기하여 보다 효율적으로 한자를 검색할 수 있도록 개발된 것이다. 유니코드 한자 전체에 '사각호마 정보'를 부여함으로써 종이책사전에서 보다 효율적인 색인을 작성할 수 있으며, 전자사전과 고전 자료 DB 등에서 보다 빠른 검색을 제공할 수 있을 것이다.

이상에서 논의한 〈유니코드 한자 정보 및 異體字 사전〉의 기본적인 편찬 항목을 요약하면 다음과 같다.

편찬 항목	내 용	범 위
표제자	유니코드 표준 한자 자형	유니코드 한자 75,753자
기초 정보	부수, 잔여획수, 총획수	유니코드 한자 75,753자
코드 정보	유니코드 코드값	유니코드 한자 75,753자
字音 정보	한글 字音	유니코드 한자 75,753자
	중국어 拼音	조사 가능한 한자
	일본어 字音	조사 가능한 한자
字義 정보	한글 字義	유니코드 한자 75,753자
	영문 字義	조사 가능한 한자
異體字관계정보	異體字 정보	이체 관계가 성립되는 한자
通用字관계정보	通用字 정보	통용 관계가 성립되는 한자
사전 참고정보	주요자서의 출전 및 위치정보	조사 가능한 한자
四角號碼 정보	사각호마(5단위)	유니코드 한자 75,753자

3. 유니코드 한자 사전의 편찬시스템 개발 운영

사전 편찬을 위해서는 사전집필 데이터의 질적, 양적인 관리가 매우 중요하다. 이를 위해서는 사전 데이터를 엄밀하게 관리할 수 있는 시스템 구축이 필요하다. 본 사전은 '사전편찬시스템'을 도입하여 네트워크상에서 공동 작업을 통해 유니코드에 등록된 한자에 대한 각종 정보를 DB로 구축하고자 한다. 한자 정보 및 이체자 DB는 'One Source Multi Use'의 개념을 도입하여 향후 검색 엔진 등 산업적으로도 활용할 수 있어 기존의 종이책 사전의 한계를 뛰어넘는 차별성을 가진다.(부록 1, 그림 참조)

'One Source Multi Use'의 개념을 도입하여 구축된 한자 정보 및 이체자 DB는 향후 검색 엔진 등 산업적으로도 활용할 수 있어 기존의 종이책사전의 한계를 뛰어넘는 차별성을 가지고 있다. 이에 따라 '유니코드 한자 DB'의 XML 출력에 의한 여러 형태의 출판이 가능하여 종이책사전과 전자사전 출판을 동시에 진행할 수 있는 장점을 가진다. 기존의 사전 편찬 방법에 비해 시간적, 금전적으로 많은 절감 효과를 가져 올 수 있어 기존 사전 편찬 방법과는 차별성을 가지는 부분이다.

Ⅳ. 나오며

인터넷의 활성화와 다국어 정보 소통의 증대로 유니코드의 국제적 활용은 더욱더 확대되고 있다. 우리나라에서도 지난 2000년부터 역사정보통합시스템 등의 사업을 통하여 대규모 고전 자료를 유니코드 기반으로 구축하고 있다. 하지만 유니코드 한자에 대한 이해 부족과 유용한 한자 사전의 부족으로 수많은 한자가 전산화되지 못하는 상황이 나타나게 되었다. 가장 심각한 문제는 현재 유니코드에 포함된 한자를 확인하지 못해 이미지로 처리한 경우도 있다는 것이다. 또한 우리 고문헌에 수록된 이체자 · 통용자들이 유니코드 기반 시스템에 적절히 반영되지 못하는 등 앞으로 한국학 고문헌

전산화에서 해결해야 할 과제가 많다고 할 수 있다. 고전 전산화 사업의 규모가 커지고, 범위가 확대됨에 따라 유니코드 기반의 한자 정보처리 기술의 개발에 활용할 한자 정보 사전의 편찬은 더욱 절실해지고 있는 상황이다.

〈유니코드 한자 정보 및 異體字 사전〉은 현대 정보사회의 기반이 되는 유니코드의 '한중일(CJK) 통합한자'에 대한 국제적 수준의 표준 사전을 편찬하는 것이다. 이 사전은 유니코드 '한중일(CJK) 통합한자' 75,753자에 대한 기초 정보(부수 · 획수 · 총획수)와 자음 · 자의 정보를 제공할 것이다. 또한 한중일 3국의 대표적인 한자 사전의 색인 정보와 이체자 · 통용자 관계 정보를 제공함으로써 유니코드 한자 정보처리를 위한 기초적인 토대를 마련하고자 한다. 나아가 본 사전은 기본적으로 기계 가독형 사전(MRD)으로 개발될 것이다. 기계 가독형 사전은 대규모 한자 자원의 정보처리 및 소통 등 다양한 목적으로 개발될 각종 소프트웨어에 이용될 수 있으며, 나아가 인터넷 전자사전의 기본 자원으로도 활용될 것이다. 앞으로 〈유니코드 한자 정보 및 異體字 사전〉은 홈페이지와 연동하여 한국학 연구자 및 일반 이용자를 대상으로 서비스할 예정이며, 지속적인 정보 보완 및 증보 작업을 통해 국내외적으로 공인받는 한자 정보 및 이체자 사전으로 발전시켜 나갈 계획이다.

〈참고문헌〉

1. 사전

『東國正韻』, 건국대출판부 영인본.

『奎章全韻·全韻玉篇』, 서광출판사 영인본.

池錫永 편, 『字典釋要』, 아세아문화사 영인본.

朝鮮光文會 편, 『新字典』, 다운샘출판사 영인본.

李相殷 감수, 『漢韓大字典』, 민중서림, 1997.

김혁제·김성원 공편, 『明文 漢韓大字典』, 명문당, 1984.

張三植 편, 『大漢韓辭典』, 박문출판사, 1982.

편집부 편, 『東亞 漢韓大辭典』, 동아출판사, 1982.

단국대 동양학연구소 편, 『韓國漢字語辭典』, 단국대출판부, 1992.

대한한사전편찬실 편, 『敎學 大漢韓辭典』, 교학사, 1998.

단국대 동양학연구소 편, 『漢韓大辭典』, 단국대출판부, 1999~ 2008.

『康熙字典』, 中國, 中華書局 影印本.

諸橋徹次 편, 『大漢和辭典』, 日本, 大修館書店, 1983.

漢語大字典編輯委員會 편, 『漢語大字典』, 中國, 四川辭書出版社, 1988.

漢語大詞典編纂委員會 편, 『漢語大詞典』, 中國, 漢語大詞典出版社, 1994.

中華字海編輯部 편, 『中華字海』, 中國, 中華書局, 1994.

吳光華, 『漢英大辭典(上·下)』, 中國, 上海交通大學出版社, 1995.

Rick Harbaugh, 『中文字譜: A Genealogy and Dictionary』, 美國, Yale Univ. Press, 1996.

難字大鑑編集委員會 編, 『異体字解讀字典』, 北京: 柏書房, 1987.

藍德康 主編,『國際標準漢字大字典』, 北京: 電子工業出版社, 1998.
日外アソシエーツ編集部,『漢字異体字典』, 東京: 日外アソシエーツ株式会社, 1994.
ユニコード漢字情報辭典編集委員會 編,『ユニコード漢字情報辭典』, 東京: 三省堂, 2000.

2. 논저

김홍규 외,『다국어 정보 처리를 위한 유니코드(V3.0) 한자의 이체자 연구』, 정보통신부, 2002.
김홍규 외,『2007년도 한국학기획사업(한국학기초사전편찬 분야) 연차보고서』, 한국학중앙연구원, 2008.
박종우,「고전 전산화에 있어서 신출한자의 유형과 처리 방안」,『민족문화연구』 39호, 고려대 민족문화연구원, 2003.
서경호 외,『國際 文字 코드 提案 漢字의 표준화에 대한 연구(上 · 下)』, 문화관광부, 1998.
신상현,「韓國 固有漢字 조사 연구: 人名用 固有漢字를 중심으로」,『민족문화연구』 43호, 고려대 민족문화연구원, 2005.
윤소영,「정보시스템의 유니코드 기반 한자검색 지원」,『정보관리학회지』 24권4호, 2007.12.
윤종웅,「고전 전산화 사업의 이체자 처리 현황」, 문자코드연구센터 산학협동심포지움 발표요지집, 2005.
이규옥,「한국 고전 전산화에 있어서 이체자 처리 방안」, 문자코드연구센터 산학협동심포지움 발표요지집, 2005.
이재훈 외,『한 · 중 · 일 3국의 UCS코드 통용자와 이체자 정보 처리 방안 연구』, 한국어전산학 2호, 한국어전산학회, 1998.

이재훈 외, 『한 · 중 · 일 漢字 UCS코드 異體字 · 通用字 목록』, 고려대학교 민족문화연구소, 1998.

이준석 외, 『한국 한자 이체자 조사 : 표준코드(KS C 5601) 한자를 중심으로』, 국립국어연구원, 2002.

정우봉, 「유니코드 한자의 異體字 연구」, 문자코드연구센터 산학협동심포지움 발표요지집, 2005.

문자코드연구센터 소식지, 12호-19호.

杉本つとむ, 『漢字百珍　日本の異体字入門』, 東京: 八坂書房, 2001.

笹原宏之 · 横山詔一 · エリク=ロング　編, 『現代日本の異体字 - 漢字環境学序説』, 東京: 三省堂, 2003.

小池和夫, 『異体字の世界―旧字 · 俗字 · 略字の漢字百科』, 東京: 河出書房新社, 2007.

□ 부록 1 : 〈유니코드 한자 정보 및 異體字 사전〉 편찬시스템 개념도

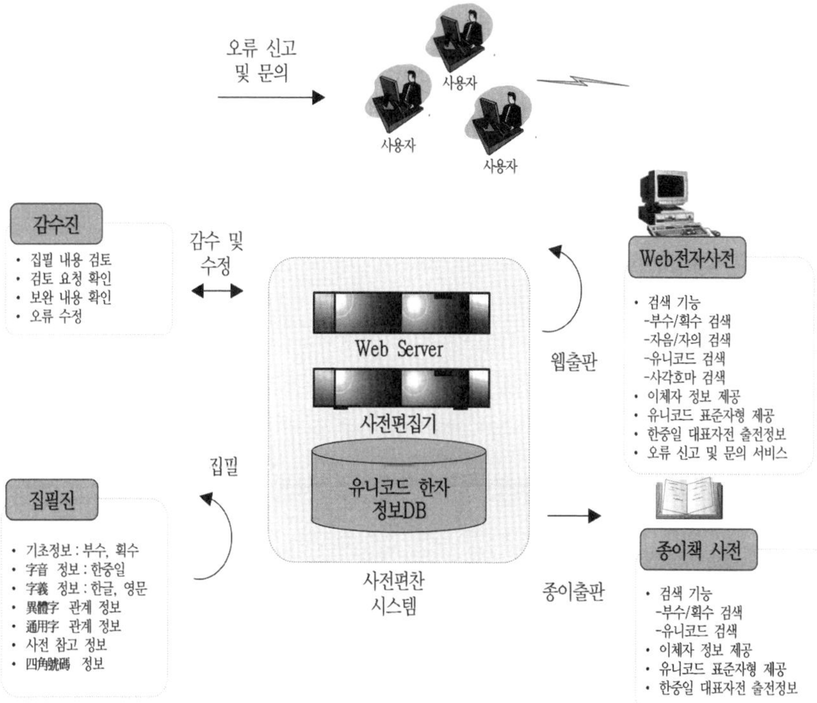

❏ 부록 2 : 〈유니코드 한자 정보 및 異體字 사전〉 편찬지침

Ⅰ. 표제자

1. 표제자 선정

본 사전의 표제자는 유니코드에 등록된 '한중일(CJK) 통합한자' 75,753자를 표제자로 선정하며, 자형은 유니코드 표준 자형을 따른다. 그러나 표제자에는 다양한 형태의 異體字가 포함되어 있기 때문에, 표제자가 반드시 正字가 되는 것은 아니다.

2. 표제자 배열

(1) 표제자는 일차적으로 영역별로 분류한다. 유니코드에 등록된 한자는 BMP 영역에 20,902자, Ext.A 영역에 6,582자, Ext.B 영역에 42,711자, Ext.C 영역에 4,219자, 호환용 한자 영역에 1,009자, 부수자 225자로 구분되어 있는데, 이를 따른 것이다.

(2) 각 영역에 속한 한자는 유니코드값 순으로 배열되어 있으므로 이를 따라 배열한다. 각 영역별 유니코드값은 다음과 같다.

① BMP 영역 : U+04E00-U+09FA5

② Ext.A 영역 : U+03400-U+04DB5

③ Ext.B 영역 : U+20000-U+2A6DF

④ Ext.C 영역 : U+2A700-U+2B77A

⑤ 호환용 한자 영역 : U+0F900-U+FAD9, U+2F800-U+2FA1D

⑥ 부수자 : U+02F00-U+02FD5, U+02E80-U+02EF3

Ⅱ. 기초 정보

(1) 기초 정보는 부수 · 잔여획수 · 총획수 및 유니코드 코드값으로 구분한다.

(2) 부수체계는 『康熙字典』의 214 부수 체계를 따른다.

(3) 잔여획수와 총획수는 기본적으로 유니코드에 정의된 잔여획수와 총획수를 따르되 우리 어문 생활 규범을 반영하여 수정 · 보완한다.

(4) 유니코드 코드값은 16진수 값으로 구성되는데, 유니코드임을 나타내기 위해 'U+00000'와 같은 형식으로 표기한다.

[예]

戰	U+06230 63550	〖전〗 싸움, 싸우다, 두려워하다
部首 : 戈 殘餘劃數: 12 總劃數: 16		

Ⅲ. 字音 정보

(1) 字音 정보는 한글 字音, 중국어 拼音, 일본어 字音으로 구분한다.

(2) 한글 字音은 유니코드에 등록된 한자 75,753자 전체를 대상으로 부여하며, 다음과 같은 방법으로 확정한다.

① 국내의 대표적인 전통자전과 韻書類 및 현대 자전류를 참조하여 한글 자음을 부여한다.

② 복수 자음인 경우에는 가능한 모두 표기한다.

③ 중국과 일본에서 간행된 자전의 反切音 등을 이용하여 자음을 부여한다.

(3) 중국어 拼音과 일본어 字音은 조사 가능한 한자로 한정하

며, 해당 한자가 복수개의 자음을 가질 경우에는 가능한 모두 표기한다.

[예]

數	U+06578 58440	【수/촉/삭】 숫자 · 헤아리다(수), 촘촘하다(촉), 자주(삭)
部首: 攴 殘餘劃數: 11 總劃數: 15		
㊥ cù · shǔ · shù · shuo ㊐ スウ · ス · かず · かぞえる		

Ⅳ. 字義 정보

(1) 字義 정보는 한글 字義와 영문 字義로 구분한다.

(2) 한글 字義는 유니코드에 등록된 한자 75,753자 전체를 대상으로 부여하며, 다음과 같은 방법으로 확정한다.

① 국내의 대표적인 전통자전과 韻書類 및 현대 자전류를 참조하여 한글 자의를 부여한다.

② 복수 자의인 경우에는 가능한 모두 표기하는 것을 원칙으로 하되, 너무 상세하게 하여 번잡스럽지 않도록 한다.

③ 중국과 일본에서 간행된 자전의 자의 등을 이용하여 자의를 부여한다.

(3) 영문 字義는 조사 가능한 한자로 한정하며, 해당 한자가 복수개의 자의를 가질 경우에는 가능한 모두 표기한다.

[예]

數	U+06578 58440	【수/촉/삭】 숫자 · 헤아리다(수), 촘촘하다(촉), 자주(삭)
部首: 攴 殘餘劃數: 11 總劃數: 15		
㊮ number; several; count; fate		

Ⅴ. 字形 정보

1. 異體字 관계 정보

(1) 이체자 관계 정보란 正字에 대한 이체자 관계가 아니라, 표제자 상호간의 이체 관계를 설정하는 것이다.

(2) 본 사전에서의 이체자는 다음과 같이 정의한다.

① 正字와 同音同義의 관계에 있으면서 자형이 상이한 한자를 말한다.

② 한자 형성 과정에서 正字로서의 지위를 인정받지 못하였으나, 正字와 서로 대체하여도 의미상 완전하게 문제가 없는 한자만을 기준으로 한다.

(3) 이체자 관계 정보 표기 기준은 다음과 같다.

① 표제자는 正字·略字·簡體字·異體字로 구분하며, 각각 '正'·'略'·'簡'·'異'의 약호로 표기한다.

② 표제자가 正字일 경우에는 표제자에 대응하는 略字·簡體字·異體字를 조사하여 그 이체 관계를 표기하고, 표제자가 正字가 아닐 경우에는 표제자에 대응하는 正字를 반드시 표기한다.

③ 略字는 正字에 대응하는 이체 관계로 설정하며, 일본의 약자규정에 의해 마련된 略字表를 참고한다.

④ 簡體字는 繁體字에 대응하는 이체 관계로 설정하며, 중국의 간화자 규정에 의해 마련된 簡化字表를 참고한다.

⑤ 하나의 표제자에 복수의 이체자가 존재할 경우에는 모두 표기한다.

[예]

數	U+06578 58440	『수/촉/삭』 숫자 · 헤아리다(수), 촘촘하다(촉), 자주(삭)

部首: 攴 殘餘劃數: 11 總劃數: 15

㊥ 数(U+06570)

㊮ 敷(U+022FD) 𰀭(U+2302D) 𣯫(U+23BEB) 𡢏(U+2188F)

㊣ 縮(U+07E2E) 遬(U+0906C)

[예]

𡜟	U+2171F 28245	『임』 ⇒妊(U+04362)

部首: 女 殘餘劃數: 6 總劃數: 9

㊮ 任(U+04EFB) 妊(U+0598A) 姙(U+059D9) 𨉃(U+28243)

[康熙字典]0261.321, [漢語大字典]21045.090, [大漢和辭典]3-675.6201, [漢韓大辭典]無

※ 𡜟(U+2171F)의 正字가 妊(U+04362)임을 표기하였다.

2. 通用字 관계 정보

(1) 통용자 관계 정보란 正字에 대한 통용자 관계가 아니라, 표제자 상호간의 통용 관계를 설정하는 것이다.

(2) 본 사전에서의 통용자는 다음과 같이 정의한다.

① 正字와 자형은 다르나 字音과 字義가 동일하여 정자와 통용해서 사용할 수 있는 한자를 말한다.

② 일반적으로 통용자는 자음과 자의가 완전히 같아 어떠한 경우에도 서로 호환될 수 있는 完全通用字와 자음과 자의를 제한적으로 통용해서 사용할 수 있는 制限通用字로 구별하지만, 본 사전에서는 이를 구별하지 않는다.

(2) 통용자 관계 정보 표기 기준은 다음과 같다.

① 표제자는 正字와 通用字로 구분하였으며, '通'의 약호로 표

기한다.

② 표제자가 正字일 경우에는 표제자에 대응하는 通用字를 조사하여 그 통용 관계를 표기하고, 표제자가 正字가 아닐 경우에는 표제자에 대응하는 正字를 반드시 표기한다.

③ 하나의 표제자에 복수의 통용자가 존재할 경우에는 모두 표기한다.

[예]

𠠞	U+20 81E 22100	〖리〗 ⇒剺(U+05299)

部首: 刀 殘餘劃數: 15 總劃數: 17
㊕ 剺(U+05299) 㓯(U+034EF) 𨠫(U+0882B)𠠂(U+20802)
𠠍(U+2080D) 𠠫(U+2082B)
𧏇(U+273C7)
㊣ 㼖(U+03F16)

※ 𠠞(U+2081E)의 正字가 剺(U+05299)임을 표기하였다.

Ⅵ. 사전 참고 정보

(1) 사전 참고 정보란 『康熙字典』·『漢語大字典』·『大漢和辭典』·『漢韓大辭典』 등 한중일 3국에서 간행된 주요 자전의 출전 페이지 정보를 표기하는 것이다.

(2) 『康熙字典』은 해당 한자가 수록된 페이지 번호와 게재된 순번을 입력한다.

(3) 『漢語大字典』·『大漢和辭典』·『漢韓大辭典』은 해당 한자가 수록된 권수와 해당 페이지 번호 및 게재된 순번을 입력한다.

(4) 해당 한자가 수록되어 있지 않을 경우에는 '無'자로 표기한다.

[예]

𠠞	U+2081E 22100	〖리〗 ⇒剺(U+05299)

部首: 刀 殘餘劃數: 15 總劃數: 17
[康熙字典]0145.340, [漢語大字典]10362.050, [大漢和辭典]無, [漢韓大辭典]無

※ [康熙字典]0145.340 : 『康熙字典』 145페이지의 34번째에 수록된 한자임을 표기.
[漢語大字典]10362.050 : 『漢語大字典』 1권 362페이지 5번째에 수록된 한자임을 표기.
[大漢和辭典]無 : 『大漢和辭典』에는 수록되어 있지 않음을 표기하였다.

Ⅶ. 검색 정보

효율적인 검색을 위해 四角號碼 정보를 표기하는데, 이것은 『大漢和辭典』의 〈四角號碼 索引〉을 기준으로 5단위로 작성한다.

[예]

數	U+06578 58440	〖수/촉/삭〗 숫자 · 헤아리다(수), 촘촘하다(촉), 자주(삭)

部首: 攴 殘餘劃數: 11 總劃數: 15

※ 數(U+06578)의 四角號碼값이 58440임을 표기하였다.

Ⅷ. 부록

(1) 본 사전 편찬 종료된 후 출판 시에는 부록을 첨부한다.
(2) 부록에는 'Annex-s' 자형통합원칙 등 본 사전 편찬과 관계된 자료와 '부수색인' · '四角號碼 색인' · '한자음 색인'을 제공하여 사전 검색에 편리하도록 한다.

[『東洋學』 46집(2009) 수록]

제2부
한국 한자사전 편찬의 실례

사전편찬에 있어서의 한문해석의 중요성

- 임자말과 풀이말의 관계에서 -

이 강 로*

Ⅰ. 한한대사전에서의 한문 해석의 중요성

한한대사전은 이국어 사전(bilingual dictionary)이다. 그러므로 한자어(더러는 句까지 포함함)가 표제어가 되고 그 주석은 한국말로 한다. 표제어가 한문의 원문 중에서 추출한 것인 만큼 그 주석은 비록 한국말로 하더라도, 주석의 내용은 한문 원문의 쓰임에서 찾아내야 한다. 한문에서 우리가 필요로 하는 주석 내용을 찾아내려면 원문을 정확하게 해독하여야 하고, 그러려면 한문을 이해하고, 그 본 뜻을 정확하게 파악할 실력이 있어야 한다. 한문에 정통한 사람이라도 간혹 본의 아닌 실수를 하는 일이 더러 있다. 어느 모로는 인간인 이상 얼마간의 실수는 있게 마련이고, 실지로 이런 실수는 아마 누구나가 경험하였을 것이다. 그러나 사전에서는 이런

* 전 단국대학교 동양학연구소 한한대사전 편찬실장

실수가 있는 일인데도, 독자는 이런 것을 용서하지 않는다. 그 이유는 간단하다. 한마디로 사전이기 때문이다. 사전은 모든 지식의 창고이고, 길잡이이고 횃불이다. 사전에 잘못이 있으면 그 잘못이 일파만파로 번져서 하나의 사회를 잘못된 방향으로 이끌어 가게 된다. 여기에 사전 편찬자의 책임이 있고, 정확하게 해야 할 당위가 있는 것이다. 이런 점에서 본고에서는 잘못 이해하기 쉽고 실지로 잘못 이해한 문장을 예로 들어 그 해석하는 방법을 제시하여 볼까 한다.

Ⅱ. 원문의 제시

이 글에서 인용한 원문은 『大明律直解』(조선총독부, 1936)에 의한 것이고, 구두점과 문단은 필자가 시도한 것이다. 원문을 제시한다.

故失減 謂吏典 故出人罪 放而還獲 止減一等 首領官 不知情以失論 失出減五等 比吏典 又減一等 通減七等 (『大明律直解』 1, 名例律, 犯罪得累減)

※ 出자가 제움직씨일 경우에는 '출'이 되고, 시킴을 나타내는 남움직씨일 경우에는 '취'이다. 여기에서는 뒤의 의미 내용으로 쓰였으므로 '취'라야 옳다.

이 원문에 대한 吏讀 번역은 다음과 같다.

令史色員亦 犯罪人矣 罪狀乙 故只 輕論放送爲有如可 還執爲在乙良 減一等齊 郞廳官亦 知情不冬爲在乙良 過失以論遣 罪狀輕重乙 詳審不冬 輕罪以 放出爲只爲使內在乙良 減五等齊 令史色員例良中 又減一等 通計七等乙 減爲乎事

※ ___부분은 원문에서 이두를 표시한 것이다.

위 글에서 문제 되는 부분은 '失出減五等'이다. 즉 失出와 減五等의 임자말에 대한 문제이다.

첫째, 失出와 減五等의 임자말이 동일하냐 다르냐 하는 점과, 둘째, 다르다면 失出의 임자말은 어느 사람이며, 減五等의 임자말은 누구일까? 이미 번역된 문헌에서 임자말을 찾아보자.

위 글에서 문제 되는 부분은 '失出減五等 ; 실취시킨 사람에게는 오등을 감한다'라는 구절의 임자말이 이전이냐 首領官이냐 하는 것이다. 즉 '失出減五等'은 범죄자에 대한 처벌 규정인데, 처벌을 받을 당사자가 숨어 있기 때문에, 어디에서 어떤 방법으로 찾아내느냐 하는 것이 이글의 핵심 논제이다.

Ⅲ. 원문 옮김의 여러 보기

이 부분을 이미 번역한 여러 문헌에서 그 번역의 내용을 소개하기로 한다.

1. 吏讀의 번역

罪狀輕重乙 詳審不冬 輕罪以 放出爲只爲使內在乙良 減五等齊

이 이두 옮김을 현대말로 옮기면

죄상의 가볍고 무거움을 잘 살피어 심사하지 아니하고, 가벼운 죄목을 적용하여 방출하도록 시킨 사람에게는 오등을 감한다.

이 이두 옮김에서도 임자말을 정확하게 찾아내기는 어렵다.

2. 法制處에서 번역한 大明律直解

1964년에 법제처에서 편찬한 法制資料誌 第 13輯 大明律直解 p.62에서는

…그 首領官(郎廳官)은 그 情을 알지 못하였으면 過失로 論罪하되, 罪狀輕重을 자세히 審理하지 않고, 輕罪로서 釋放하도록 하였다면, 刑 5等을 減輕하고……

라고 옮기었다. 이 옮김에서 보면, 문제의 임자말을 首領官(郎廳官)으로 단정하였다.

3. 明律國字解의 번역

1966년 일본에서 간행한 律例對照 定本『明律國字解』(徂來物茂著, 內田智雄, 日原利國校訂)에서는 이전과 수령관 사이의 累減에 대한 관계를 설명하고, 원문의 吏典은 옮김에서도 그대로 吏典이고, 失出減五等의 주체—문장에서는 임자말—는 科人の 罪をさばくに 其科……또는 其科人の 本罪に 五等減じて 其さばきたる 人えかくるなり……, 또는 さばきたる 人をば…… 등과 같이 모호하게 표현하였다. 필자가 실지로 요구하는 것은 失出減五等의 임자말인데, 판결을 한 사람(さばきたる 人)이라고만 하였으니, '판결을 한 사람'이 吏典인지 首領官인지는 여전히 미지의 세계이다. 전후 문맥으로 보아, 판결을 할 위치에 있는 사람은 실무자이고, 실무자는 吏典이라는 몇 단계의 가정과, 추적을 거쳐서 이것을 종합한 다음에라야 겨우 불완전하나마 失出의 임자말이 이전일 것이라는 결론을 내리게 되어 있다.

『大明律直解』는 중국의 명나라 법률을 우리나라의 吏讀로 옮긴 것이고, 명나라 법률은, 당나라의 唐律, 송나라의 宋律, 원나라의 元律 들을 거치는 동안에 뼈대는 그대로 있으면서, 지엽적인 문제에 대하여 약간씩의 수정을 하여서 명률로써 확정된 것이다.

그리고 본 항의 犯罪得累減의 항목은, 제일 아래 벼슬인 실무자가 고의로 범법을 하였다면, 그의 직속상관은 단계적으로 처벌의 규모를 감하는 정도를 규정한 것이다. 과실이면 과실대로의 누감(累減)하는 규정이 있다. 명나라의 이 부문의 관등은 제일 하위직이 吏典 그 다음 상관이 首領官 그 다음이 佐貳官 그 다음이 최고 관등인 長官의 4개 관계로 나뉘었다. 이 항목에서는 최하위의 이전의 고취인죄(故出人罪)한 경우와 실취인죄(失出人罪)한 경우의 상관측, 수령관, 좌이관, 장관 등에 대한 累減 관계를 규정한 조문이다.

Ⅳ. 임자말을 찾아서 추적하는 방법

우선 이 법률 조문의 구성을 바탕으로 추적하여 보기로 하자.

본 項은 대명률직해 중 名例律의 하위 규정으로 犯罪得累減이 있는데, 이 하위 항목은 다시 自首減, 故失減, 公罪遞減의 세 항목으로 나뉜 중, 문제 구절은 고실감에 대한 규정이다. 고실감은

(1) 고의로 범죄하였을 경우의 輕減 규정
(2) 過失로 범죄하였을 경우의 輕減 규정

들의 두 경우에 대한 규정이다. 그러므로 이 두 규정을 엄밀하게 구별하여서 기술하였을 것이라는 전제를 바탕으로 분석하여야 한다.

우선 失出와 減五等이 겉짜임새로는 직접 이어져 있다. 그러나 이것은 성질이 아주 다른 두 풀이말이 편의상 이어져 있을 뿐이고, 속짜임새는 아주 다른 두 내용의 속짜임새가 특정한 언어 환경에서 부자연스럽게 이어져 있다는 언어적 사실을 분명하게 파악하여야 한다. 즉 '失出는 범죄자의 범죄 행위이고, 減五等은 처벌 기관의 처벌 내용'이다. 따라서 失出의 임자말은, 범죄의 행위자가 될 것이고, 減五等의 임자말은 처벌의 책임을 맡은 국가 기관이 될 것이

다. 우선 이와 같이 문장을 정리하여야 임자말을 추적할 수 있는 실마리가 잡힐 것이다. 먼저 失出의 임자말을 추적하기로 하자. 겉짜임새로 失出에 근접하여 있는 임자말은 원문에서는 '首領官'이고 이두 번역에서는 '郎廳官亦'이다. 그리고 이 임자말과 失出 사이에는, 원문에서는

① 不知情
② 以失論

의 두 풀이말이 끼어 있고, 이두 번역에서는

① 知情不冬爲在乙良
② 過失以 論遣

의 두 풀이말이 끼어 있다. 그런데 ①②의 두 풀이말 중, ①은 범죄행위이고, ②는 처벌 내용이다. 이렇게 보면

① 失出→罪狀輕重乙 詳審不冬 輕罪以 放出爲只爲使內在乙良
② 減五等→減五等齊

와 같이 된다. 이럴 경우에는 그 겉짜임새가 앞에서 지적한

① 不知情→知情不冬爲在乙良
② 以失論→過失以 論遣

과 동일하게 된다. 그러면

임자말 : 首領官→郎廳官亦
풀이말 : 不知情→知情不冬爲在乙良

은 범죄자와 범죄 행위를 규정한, 임자말+풀이말의 규정이고, 以失論은

임자말 : 제로(zero) 처벌 기관
풀이말 : 以失論=過失以 論遣

은 처벌 기관에서 처벌한 내용을 규정한 문장이다. 그렇다면 失出의 임자말은 首領官은 아니라는 것이 간접적으로 입증된 셈이다. 그러면 이 문장에서는 범죄자로는 吏典과 首領官 밖에 없는데, 首領官과 그 범죄 행위에 대하여는 이미 처벌 기관에서의 처벌을 받아서 완전히 끝이 났다. 그러면 失出의 임자말은 吏典 밖에 갈 데가 없다는 막연한 추측을 할 수 있다.

그러면 이 문장의 짜임새를 전체적으로 면밀히 검토하여야 할 단계에 이르렀다. 이 문장 짜임새는

(1) 범죄인
(2) 범죄 행위 } 의 둘은 속짜임새로 보아 한 문장이다.
(3) 부수 조건(범죄 행위의)
(4) 처벌 규정
(5) 범죄인의 上位官
(6) 범죄인[上位官]의 범죄 구성과의 관계
(7) 처벌 규정(상위관에 대한)

(1)~(7)은 고취인죄(故出人罪)의 경우이다.

(8) (범죄인의) 범죄 행위
(9) 처벌 규정(범죄인에 대한)
(10) 범죄인의 상위관에 대한 처벌 규정
(11) 전체적인 법률 적용 결과
(8)~(11)은 실취인죄(失出人罪)의 경우이다.

위의 (11)개의 사항을 실지의 문장에 맞추어 보자.

(1) (謂)吏典
(2) 故出人罪
(3) 放而還獲
(4) 止減一等
(5) 首領官
(6) 不知情
(7) 以失論
이상 고취인죄의 경우
(8) 失　出
(9) 減五等
(10) 比吏典 又減一等
(11) 通減七等
이상 실취인죄의 경우

(1)에서 (11)까지를 연결한 것이 문제의 전체 문장의 짜임새이다.

그런데, 앞의 문장을 자세히 살펴보면 짜임새가 규칙적인 차이를 드러내고 있다는 점을 알 수 있다.

앞의 대문은, 즉 고취인죄의 대문은 (7)개 항의 속뜻을 가졌는데,

뒤의 실취인죄의 규정은(4)개 항의 속뜻만이 기술되었다. 이것을 더 자세히 살펴보면 실취인죄의 규정에는

(1) (1)에 해당하는 범죄인이 빠졌고
(2) (5)에 해당하는 범죄인의 상위관이 빠져있다.
(3) (3)의 부수 조건은 해당되지 않으며 자연히 제외될 성질이므로 문제될 것이 없다.

문제를 해결하는 초점은 고취인죄에 해당하는 짜임새와 실취인죄에 해당하는 짜임새를 비교 검토하는 데에 맞추어야 할 것이다.

앞의 11개의 이은말(phrase) 중에서 임자말로 쓰일 수 있는 이은말은 (1)의 이전과 (5)의 수령관뿐이다. 그러면 실취(失出)의 임자말이 될 수 있는 것도 이 두 이은말 중의 어느 하나에 해당할 터인데, (1)의 吏典은 (2)의 고취인죄와 (3)의 *放而還獲*의 임자말이 되고, (5)의 수령관은 (6)不知情의 임자말이 된다. 이럴 경우 (4)의 止減一等과 (7)의 *以失論*의 임자말은 처벌하는 官衙가 될 터인데, 실지 문장에서는 나타나지 않고 있다. 여기에서 (8)의 실취의 임자말은 숨어서 나타나고 있지 않다. 실취의 임자말을 억지로 수령관으로 잡는 데에는 두 가지의 큰 모순이 있다. 첫째는 수령관의 임자말은 不知情이고, *以失論*의 임자말은, 숨어서 나타나지 않으나 속짜임새로 추적하면, 처벌 관청이다. 즉

① 首領官이 不知情이어든
② (刑部)에서는 以失論하라, ( ) 안은 속짜임새의 임자말을 편의상 보충한 것이다.

가 된다.

이런 짜임새에서, ①의 수령관과, ②의 처벌관청인 형부가 이끄는, 두 문장(Sentence)을 뛰어 올라가서 실취의 임자말을 수령관으로 볼 수는 없는 것이다. 둘째로 (1)에서 (7)까지는 故出人罪에 대한 규정이고, (8)에서 (11)까지는 失出人罪의 규정인데, 풀이말이 되는 失出는 失出人罪에 대한 것인데, 그 임자말이 故出人罪의 首領官이 된다는 논리는 있을 수 없다. 그렇다면 이 문장에서 失出의 임자말을 찾아 내려면 다음 두 가지 관점에서 검토 분석되어야 한다.

첫째, 대명률직해의 한문의 짜임새는 법률 규정이므로 간략하면서도 분명하여야 한다. 그러므로 한 대문에서 중복 되어 나타나는 낱말이나 이은말은 되도록 간략하게 줄이어 표현하였다.

둘째, 한문의 짜임새는 그 핵심이 통어론적 짜임새에 실리어 있다. 한국말이나 영어는, 이와는 반대로 문장 짜임새의 핵심이 형태론적 짜임새에 실리어 있다.

이 두 가지의 특성을 고려하고 앞에서 분석한 속짜임새의 이은말을 바탕으로 문장 성분표를 만들어 본다.

문장번호	문장 \ 죄목	1	2	3	4	5	6	7
		← 吏典에 대한 규정 →				←首領官에 대한 규정→		
(1)	고 취 인 죄	(謂)吏典	故出人罪	放而還獲	止減一等	首領官	不知情	以失論
(2)	실 취 인 죄	×	失出(×)	×	減五等	×	比吏典	又減一等
(3)	(2)의 보충 재구	(謂)吏典	失出人罪	~~~~~~	減五等	首領官	比吏典	又減一等

이 표의 (1)(2)의 대응 되는 두 문장을 띄어 쓰지도 않고, 구두점도 없이 한 줄로 이어 썼기 때문에 謂吏典故出人罪放而還獲止減一等首領官不知情以失論失出減五等比吏典又減一等通減七等 이 문제의 초점으로 부각한 것이다.

앞의 표에서 보면, (1)의 故出人罪의 부분은 吏典을 임자말로 한 문장과 首領官을 임자말로 한 문장과의 두 문장으로 구성되었다. 그런데 (2)의 失出人罪에서는 故出人罪와 중복되는 부분은 모두 줄이어 버렸다. 그 중복되는 부분이 (3)의 ~~~로 나타낸 것이 보충재구한 낱말이다. 바꿔 말하면, 故出人罪의 문장 그대로의 짜임새를 失出人罪에 적용하면 (3)의 문장과 같이 된다. 이렇게 되면 1의 吏典, 2의 人罪, 5의 首領官이 동일한 짜임새에 二重으로 나타나서 간략하고 분명하여야 할 법률 문장의 핵심이 도리어 흐리어지게 된다.

이와 같이 법률적인 문장에서는, 중복하여 나타내면 초점이 흐리게 될 소지가 있는 부분은 되도록 줄이어서 나타내는 것이 특성이요, 동시에 한문의 특성도 되는 것이다. 이런 점을 이해하지 못하면 故失減의 문장과 같이 간명한 짜임새에서, 본문의 의미와는 거리가 먼 해석이 되기 쉬운 것이다. 이 문장을 올바르게 해석하면 다음과 같다.

- 놓아 보내서는 안 될 죄인을 고의로 내어 보내었다가 다시 붙들어 들인 吏典에게는 일등만을 감죄하는 데에 그치고,
- 그의 수령관에게는(이전에게 과죄할) 실수로 죄인을 놓아 보낸 죄율로 논한다.
- 놓아 보내서는 안 될 죄인을 실수로 내어 보낸 이전에게는 오

등을 감죄하고.

· 그의 수령관에게는 이전에게 과죄한 죄에 견주어, 또 일등을 감죄한다.

이렇게 해독하고 보면, 고취인죄하였을 경우의 이전에게 대한 처벌과 그의 수령관에게 과한 처벌 규정이 명백하여지고, 다음에는 실취인죄하였을 경우의 이전에게 대한 처벌과 그의 수령관에게 과한 처벌 규정이 아주 명백하여져서 조금도 미진한 데가 없게 된다.

Ⅴ. 마무리

한한대사전은 고전 한문에 나타난 낱말이 표제어(Source-word)가 되고, 이 표제어를 해당 한문의 문장 내용에서 정확한 의미를 抽出하여 이것을 한국말(target word)로 주석한 이국어 사전(Sino Korean bilingual dictionary)이다.

그러므로 이 사전에서는 한문의 원문 해독이 사전 편찬에 결정적인 구실을 하고, 이 사전에 종사하는 편찬자는 한문 해독에 충분한 실력이 있어야 하고, 동시에 이와 상응한 국어학적 지식이 있어야 한다. 만일 이 두 분야 중 어느 하나라도 부족함이 있다면 그 부족된 부분만큼을 보충할 노력이나 성의를 쌓아야 한다는 당위성을 절감하여야 한다. 이와 같은 노력이나 성의가 없이는, 우리나라의 몇

천년의 문화 유산을 집대성하여 총정리하는 명실상부한 한한대사전이 되기는 어려울 것이다.

[『東洋學簡報』 7집(1987) 수록]

漢字의 音讀과 國語 註釋

李 忠 九*

Ⅰ. 漢字의 音讀

본고는 한자에 제시된 音讀에 따라, 그 해당 한자의 國音과 國義가 표현되는 양상을 살펴보는 데에 목적이 있다. 이는 한자의 音讀解義에 대한 것이고, 이를 국어로 표현하는 것은 한자의 國語註釋이다. 그 결과는 국어 사용자에게 한자의 음과 의미를 이해하게 하는 것이다.

본고에서는 위의 목적을 달성하기 위하여 한자의 音讀과 國音相別, 音讀과 國音 不相別로 나누어 살펴보고자 한다. 音讀과 國音 相別은 同字異音의 각각 音讀이 國音에 각각 다르게 구별되는 경우이고, 音讀과 國音 不相別은 동자이음의 각각 음독이 국음에 구별되지 않고 동일하게 나타나는 경우이다. 이들 음독은 중국음으

* 성신여자대학교 연구교수

로는 모두 구별되는 것이지만, 국음으로는 구별되는 것과 구별되지 않는 것이 있다.

音讀은 直音 · 反切 · 聲調 · 如字를 다루고자 한다. 이들에 대한 개념 및 표현양식 등을 간략히 소개한다.

'直音'은 '音'으로 나타나는데, '어느 한자에 대하여 그와 同音의 단일 한자로 음을 나타내는 일' 또는 '표현 방식이 어느 한자 아래에 음을 무엇이라고 注낸 것[字下注音某字, 名直音.]'이다. 예를 들면 '雨, 音芋.'와 같은 것이다. 이 경우 被注音字(雨)와 注音字(芋)는 同一音이다. 이 주음 방법은 '反切'이 쓰이기 이전부터 사용된 것이다. 그러나 직음은 해당 한자에 同音字가 없는 경우, 또는 제시된 동음자가 알기 어려운 경우에는 해당 한자의 음독을 곤란케 하기도 한다. 이를 극복한 새 표음 방법이 반절법인데, 반절법이 나온 이후에도 직음은 소멸되지 않고 함께 사용되었다.

'反切'은 '반절' 또는 '번절'이라고도 읽는데, '○○反' 또는 '○○切'로 나타난다. 이는 '어느 한자에 대하여 2개의 한자로 음을 나타내는 일', 또는 '한자음을 二分시켜 표현하는 방법'으로, '切' · '反' · '反切' 이외에도 '翻' · '紐' · '體語' · '反語' · '反音' · '切語' · '切音'이라고 하는데, 일찍부터 '反'을 쓰다가 唐나라 위정자들이 반란을 두려워하여 '反'을 쓰지 못하게 하자, '切'로 쓰게 되었다. 이리하여 '反切'로 합칭되었던 것이다. 반절은 '음을 반복적으로 자세히 토의하고 논의한다'는 뜻이다. 예컨대 '都'의 음을 나타내기 위하여 '當'과 '孤' 두 글자를 사용하여 '都, 當孤切.'이라고 한 경우, 이때 반절의 앞에 쓰인 글자 '當'을 '反切上字'라고 하고, 뒤에 쓰인 글자 '孤'를 '反切下字'라고 한다. 그리고 음을 알려고 하는 글자

'都'를 '被切字'라고 한다. 반절의 기본원리는 반절상자에서 음절의 첫소리, 즉 '當'의 첫소리 't(ㄷ)'를 취하여 피절자 '都'의 첫소리로 삼는다(이 첫소리를 聲母라 한다). 반절하자에서는 음절의 첫소리 이외의 소리, 즉 '孤'의 첫소리 'k(ㄱ)' 이외의 나머지 소리(이를 韻母라 한다) 'u(ㅗ)'(聲調 포함)를 취하여, 피절자 '都'의 첫소리 이외의 소리로 한다. 이같이 만들어진 소리 'tu(도)'가 피절자 '都'의 음이 된다. 반절의 표음원리는 한글의 결합법칙과 비슷한 면도 있으나 같지는 않은 것이다. 표음문자인 한글은 글자마다 하나의 음소를 표기하기 때문에 둘 혹은 둘 이상의 글자를 합하여 하나의 음절을 표기할 수 있으나(예를 들면 ㄱ+ㅏ=가), 한자는 하나의 글자 가운데 성모·운모가 다 결합되어 있는 음절문자인 만큼, 한글의 자모처럼 하나의 글자가 하나의 자음 혹은 모음을 표시할 수 없다. 그리고 반절하자에는 성조가 있으나, 한글의 모음 'ㅗ' 등에는 성조가 없다는 점도 다르다. 반절을 표음할 때에는 반절상자에서 성모만 취하고 반절하자에서는 운모만 취하여 결합시킨다. 이 때 반절상자에서의 운모는 표음에 아무런 관계가 없고, 반절하자의 성모도 마찬가지로 표음에 아무런 관계가 없다. 이 문제에는 반절의 雙聲·疊韻의 관계를 이해할 필요가 있다. 漢語音韻學에서는 반절상자와 피절자를 쌍성이라 하고, 반절하자와 피절자를 첩운이라 한다. 쌍성은 두 글자의 성모가 같은 것이고, 첩운은 두 글자의 운모가 같은 것이다. 반절법은 대략 동한 후기(2세기 경)에 만들어졌다. 이 시기에 반절법이 출현하게 되는 데에는 佛教의 전파가 결정적인 역할을 하였다. 동한 초기에 불교가 중국에 수입되었으나, 당시 불교의 경전은 모두 고대 인도의 표음문자인 산스크리트문으로만 쓰여져서, 한자로의 번역을 상당히 필요로 하였다. 이와 같이 불교를 매체로 중국과 인도 두 나라 사이의 문화 교류가 이루어지는 가운데, 중국의 학자들은 산스크리트문의 표음방법에 착안하여 새로운 표음방법인 반절법을 만들어냈던 것이다.

'聲調'는 한자에 四聲을 나타낸 것이다. 이는 平·上·去·入聲으로 표시된다. 성조만 가지고도 音義를 지정할 수 있을 때에는 이것이 쓰인다.

'如字'는 '한 글자에 둘 또는 둘 이상의 독음이 있을 때 本音에 따라 읽는 글자'를 말한다. 음의의 표시에는 여자 또한 직음·반절처럼 빈번히 나타난다.

Ⅱ. 音讀과 國音 相別

어느 한자의 음이 둘 이상일 때, 음독으로 나타난 한자 표기음이 동일 한자 안에서 다른 음과 서로 구별되고, 그것이 한국표음에도 구별되어 나타나는 경우이다.

1. 직음과 국음 상별

1) 賈 音古

貿·賈, 市也. 音義,[1] 賈, 音古. 邢疏, 謂市賣買物也. (『爾雅』「釋

1) 音義 : 본고에 인용된 『爾雅』의 音義는 陸德明의 『經典釋文』의 「爾雅音義」이다.

言」 第二)

‘賈’는 ‘音古’에 의해 음이 ‘고’, 의미가 ‘市(장사하다)’로 된다. ‘古’에 의해, ‘古訝切’ 즉 ‘가’에 의한 ‘價(값)’로 주석되지 않는 것이다.

2) 樂 音洛 3) 樂 音岳

怡·懌·悅·欣·衎·喜·愉·豫·愷·康·妉·般, 樂也. 音義, 樂, 音洛.(『爾雅』「釋詁」 第一)

宮中謂之衖……三達謂之劇旁. 注, 今南陽冠軍樂鄉. 音義, 樂, 音岳, 又音各.(『爾雅』「釋宮」 第五)

‘樂’은 직음이 ‘洛’(來聲鐸韻[2])(歷各切 入聲 藥[3])韻: 『中辭典』)으로 제시되었는데, 이에 의해 의미가 ‘喜也’ 즉 ‘기쁘다’로 된다. 이 ‘音洛’에 의해 ‘怡·懌·悅……妉·般’은 모두 ‘喜也’로 해석되는 것이다.

또 ‘樂’은 직음이 ‘岳’(疑聲覺韻)(五角切 入聲 覺韻: 『中辭典』[4]))으로 제시되었는데, 이에 의해 의미가 ‘五聲八音總稱’ 즉 ‘音樂’ 등과 관련될 수 있으나, 이 경우 ‘樂鄉’(지명)에 쓰여 의미 제시에는

---

2) 이 ‘來聲鐸韻’은 『漢語大字典』(漢語大字典編輯委員會, 湖北辭書出版社·四川辭書出版社, 湖北省·四川省, 1990, 1版. 이하 『漢字典』으로 약칭)에 의한 41성류·206운목을 표시한 것이다. 이하 반절 또는 직음 다음의 ( )에 나타낸 성운은 모두 『漢字典』에 의거한 것이다. 예외인 경우는 따로 출전을 제시한다.

3) ‘鐸’과 ‘藥’의 차이 나는 표기는 206운(『廣韻』)의 ‘鐸·藥’ 2운이 106운(詩韻)에서 ‘藥’ 1운으로 통합되었기 때문이다.(林尹, 『中國聲韻學通論』, 民國 77, 204면 도표 참조. 이하 운목의 통합은 모두 이 표에 의한다.)

4) 『中辭典』:『中文大辭典』, 中文大辭典編纂委員會, 中國文化學院華岡出版有限公司, 臺北市, 民國 68年. 4版.

난점이 있다. 그러나 고유명사인 경우 음의가 없으면 독음에 더욱 곤란을 받는다는 점에서 음의의 제시는 매우 긴요한 것이다. 또 음을 '各'으로도 제시했는데, 이는 확인하기 어렵다.

'樂'에는 또 직음 '燎'(來聲笑韻)(力照切 去聲 嘯[5])韻: 『中辭典』)에 의한 '療也' 즉 '치료하다'라는 의미가 있고, 또 五效切[6])(疑聲效韻) 去聲 效韻: 『中辭典』)에 의한 '好' 즉 '좋아하다'라는 등의 의미가 있다. '樂'은 '악'에 의해 '음악' 그리고 '락'에 의해 '기쁘다'로 풀이되고, 각각 '치료하다' 또는 '좋아하다'로 풀이되지 않는 것이다.

'樂'의 여러 가지 반절상자 · 하자에는 성과 운의 동이가 있다. '洛'은 '岳'과 이성이운(異聲異韻), '燎'와 동성이운(同聲異韻), '五效切'과 이성이운이다. '岳'은 '燎'와 이성이운, '五效切'과 동성이운이다. 그리고 '燎'와 '五效切'은 이성이운이다. 이러한 성 · 운의 동이에 의해 음과 의가 각각 다르게 나타나는 것이다.

4) 復 音服

還 · 復, 返也. 注, 皆廻返也. 音義, 還, 音旋. 復, 音服.(『爾雅』「釋言」 第二)

'復'은 '服'(奉聲屋韻)(音馥(奉聲屋韻[7])) 房六切 入聲 屋韻: 『中辭典』)으로 제시되었는데, 이에 의해 국음이 '복', 의미가 '返也' 즉 '되돌리다'로 된다. '復'은 또 '付'(奉聲遇韻)(扶富切 去聲 宥韻[8]): 『中

---

5) 206운의 '笑'는 106운에서 '嘯'로 통합되었다.

6) 『중사전』에 직음이 표시되지 않았다.

7) '復'의 음을 『爾雅』에는 '服', 『중사전』에는 '馥'이라 하였는데, 그 성류 · 운목 '奉聲屋韻'은 '服'과 '馥'이 같아 동음이 된다. 이와 같이 성류와 운목이 같으면 동음이 되고, 이와 달리 둘 중에 하나가 다르거나 둘 다 다르면 이음(異音)이 되는 것이다.

辭典』)로도 제시되는데, 이에 의해 국음이 '부', 의미가 '再也' 즉 '다시'로 된다. '復'의 '服'과 '付'는 동성이운인 바, '복'에 의해 '되돌리다'로, '부'에 의해 '다시'로 되는 것이다.

5) 食 音嗣

肉謂之羹……魚謂之鮨. 注, 鮨, 鮓屬也, 見公食大夫禮. 音義, 食音嗣, 又作飤, 音同.(『爾雅』「釋器」 第六)

'食'는 '嗣'(邪聲志韻)(音寺(邪聲志韻) 習字切 去聲 寘[9]韻: 『形字典』)로 제시되었는데, 이에 의해 의미가 '以食與人. 通飼.' 즉 '飼(飤)[10]와 통용'으로서 '먹이다'로 된다. '食'에는 또 '蝕'(船聲職韻)(舌弋切 入聲 職韻: 『形字典』)에 의한 '啗' 즉 '먹다'라는 의미가 있고, 또 '異'(以聲志韻)(逸吏切 去聲 寘韻: 『形字典』[11])에 의한 '人名'[12]이라는 의미가 있다. '食'는 '嗣'에 의해 '飼'로 풀이되고, '啗' '人名'으로 풀이되지 않는 것이다. 이에 의하면 '公食大夫禮'는 '공사대부례'로 읽는데, 이는 『의례(儀禮)』의 편 이름으로, '공(公 : 諸侯)이 사신을 온 대부에게 먹이는 예절'로 해석된다. '食'의 '嗣'와 '蝕'은 이성이운이고, '嗣'와 '異'는 이성동운(異聲同韻)인 바, '食'는 '사'에 의해 '먹이다'로, '식'에 의해 '먹다'로, '이'에 의해 '인명'

8) 『漢字典』의 '遇'운과 『中辭典』의 '宥'운이 차이를 보이는데, 『中辭典』에 제시한 직음 '付'에 문제가 있는 것 같다. 그러나 반절상자 '扶'에 의해 '奉聲'이 재확인되고, 운목은 '遇·宥'의 어떤 경우라도 '服'의 '屋' 운목과 다르다. 따라서 '服'과 '付·扶富切'은 동성이운 관계이다.

9) '志'는 106운에서 '寘'로 통합되었다.

10) '飼'는 본자, '飤'는 속자의 관계를 갖는 동자이다.

11) 『形字典』:『正中形音義綜合大字典』, 高樹藩, 正中書局, 臺北市, 民國 68年. 增訂3版.

12) '食'(이)가 인명으로 쓰인 예는 한(漢)의 '審食其'·'酈食其'가 있다.

으로 해석되는 것이다.

6) 還 音旋

般, 還也. 音義, 還, 音旋. 邢疏, 般·還, 反也.(『爾雅』「釋言」第二)

'還'은 '音旋'에 의해 음이 '선', 의미가 '反(되돌리다)'으로 된다. 이 예는 '還踵'(선종)이 '발을 되돌리다'라고 설명한 "還, 讀曰旋. 旋踵, 回旋其足也"[13]에서 보다 잘 드러난다. '旋'에 의해, '戶關切' 즉 '환'에 의한 '返·歸(돌아오다)'로 주석되지 않는 것이다.

2. 반절과 국음 상별

1) 亟 墟記反

屢·曬, 亟也. 注, 亟亦數也. 亟, 墟記反.(『爾雅』「釋言」第二)

'亟'는 '墟記反'에 의해 음이 '기', 의미가 '至(이르다)'로 된다. '墟記反'에 의해, '居力切' 즉 '극'에 의한 '速(빠르다)'으로 주석되지 않는 것이다.

2) 宿 夙又反

壽星, 角·亢也. 注, 數起角亢, 列宿之長, 故曰壽. 音義, 宿, 夙又反, 長, 丁丈反.(『爾雅』「釋天」第八 113)

'宿'는 반절이 '夙又反'(心聲宥韻)(音秀 去聲 宥韻: 『形字典』)으

---

13) 『漢書』「晁錯傳」의 "前死不還踵矣."의 顔師古注.

로 제시되었는데, 이에 의해 국음이 '수', 의미가 '列星' 즉 '별'로 된다. '宿'에는 또 반절 '胥郁切'(心聲屋韻)(音肅 入聲 屋韻: 『形字典』)에 의한 '住' 즉 '머물다'라는 의미가 있다. '夙又反'은 '胥郁切'과 동성이운으로, '宿'는 '夙又反'에 의해 '수/별'로 되고, '胥郁切'에 의해 '숙/머물다'로 된다. 그리하여 위의 예문 '列宿之長'은 '여러 별의 으뜸'으로 해석된다.

3) 樂 五角反

釋樂第七. 音義, 樂, 五角反, 說文云, 總五聲八音之名, 象鼓鞞之形, 木其虡也.(『爾雅』「釋樂」 第七)

'樂'은 앞의 '直音' 항목에서 음을 제시한 바, '岳' 즉 그에 상응하는 반절 '五角反'(疑聲覺韻)에 의해 의미가 '五聲八音總稱' 즉 '音樂' 등으로 된다. 이에 의하면 '釋樂'은 '음악을 해석하다'로 해석된다. 또 '樂'은 '歷各切'(來聲鐸韻)에 의한 '락'의 '기쁘다', '力照切'(來聲笑韻)에 의한 '료'의 '치료하다', '五效切'(疑聲效韻)에 의한 '요'의 '좋아하다'라는 등의 의미가 있다.

4) 著 直略反 5) 著 丁畧反

餀謂之餘……摶者謂之糷. 注, 飯相著. 音義, 著, 直略反.(『爾雅』「釋器」 第六)

瓞, 瓝. 其紹瓞. 注, 俗呼瓝瓜爲瓞, 紹者, 瓜蔓緖亦著子, 但如小瓝. 音義, 著, 丁畧反.(『爾雅』「釋草」 第十三)

'著'은 '直略反'(澄聲藥韻)(藥韻 入聲 直略切: 『中辭典』)으로 제시되었는데, 이에 의해 국음이 '착', 의미가 '附也' 즉 '엉키다'로 된

다. 또 '丁署反'(端聲藥韻)(音芍 入聲 藥韻: 『中辭典』)으로 제시되었는데, 이에 의해 국음이 '착', 의미가 '附也' 즉 '부치다, 맺다'[14]로 된다. '著'에는 또 '陟慮切'(知聲御韻)(音箸 去聲 御韻: 『中辭典』)에 의한 '顯也' 즉 '드러나다'라는 의미가 있다. '直慮反'은 '丁署切'과 이성동운이고, '陟略切'과 이성이운이다. 그리고 '丁略切'은 '陟慮切'과 이성이운이다. 이리하여 '直略反'과 '丁署反'[15]에 의하여 '착/'엉키다. 부치다. 맺다'로 되고, '陟慮切'에 의하여 '저/드러나다'로 된다. 이에 의하면 위의 예문 '飯相著'은 '밥이 서로 엉키다'로, '瓜蔓緖亦著子'는 '오이의 덩굴이 연이어지고 또 열매를 맺는다'로 해석된다.

6) 徵 之矢反

宮謂之重, 商謂之敏, 角謂之經, 徵謂之迭, 羽謂之柳. 郭注, 皆五音之別名. 徵, 之矢反.(『爾雅』「釋樂」 第七)

'徵'는 '之矢反'에 의해 음이 '치', 의미가 '五音之別名(오음의 별명)'으로 된다. '之矢反'에 의해, '陟陵切' 즉 '징'에 의한 '召(부르다)·明(증명하다)' 등으로 해석되지 않는 것이다.

7) 植 直吏反

木謂之虡. 注, 縣鐘磬之木, 植者名虡. 音義, 植, 直吏反.(『爾雅』「釋器」 第六)

---

14) 『중사전』에서는 '直略反'과 '丁署反'의 두 음을 한데 묶고, 그 의미도 묶어 '附也'라 하였다. 국어 표현에 '엉키다' '부치다, 맺다'로 다르게 된 것은 '著'이 쓰인 용례에 맞추어 나타낸 것이다.

15) 이 '착' 음에 해당하는 한자는 뒷날 '着'으로 썼다.

'植'는 '直吏反'(澄聲志韻)(音緻 去聲 寘[16]韻 直吏切: 『中辭典』)으로 제시되었는데, 이에 의해 국음이 '치', 의미가 '柱也' 즉 '직립(直立)한 기둥'으로 된다. '植'에는 또 '常職切'(禪聲職韻)(音殖 入聲 職韻: 『中辭典』)에 의한 '種也' 즉 '심다'라는 의미가 있다. '植'는 '直吏反'과 '常職切'이 이성이운으로, '치/직립한 기둥'으로 되고, '식/심다'로 된다. 이에 의하면 '縣鐘磬之木, 植者名虡.'는 '종・경쇠를 거는 나무로서 직립한 것을 거(虡)라 부른다'로 해석된다.

8) 見 賢遍反

林・烝・天・帝・皇・王・后・辟・公・侯, 君也. 注, 詩曰, "有壬有林." 又曰, "文王烝哉!" 其餘義皆通見詩書. 音義, 見, 賢遍反. 下迄卷終, 注悉放此.(『爾雅』「釋詁」 第一)

'見'은 '賢遍反'(匣聲霰韻)(音現 去聲 霰韻: 『中辭典』)으로 제시되었는데, 이에 의해 국음이 '현', 의미가 '顯示' 즉 '보이다'로 된다. '見'에는 또 '古甸切'(見聲霰韻)(音堅 去聲 霰韻: 『中辭典』)에 의한 '視也' 즉 '보다'라는 의미가 있다. '賢遍反'은 '古甸切'과 이성동운으로, '현/보이다'로 되고, '견/보다'로 된다. 이에 의하면 '皆通見詩書'는 '모두 통틀어 시경・서경에 보인다'로 해석된다.

3. 성조와 국음 상별

1) 殺 去聲

親親之殺, 尊賢之等, 禮所生也. 殺, 去聲.(『中庸』 20章 「集註」)

16) '志'는 106운에서 '寘'로 통합되었다.

'殺'는 '去聲'에 의해 음이 '쇄', 의미가 '줄다'로 된다. 이 去聲에 의해, 입성 즉 '살'에 의한 '죽다'로 해석되지 않는 것이다.

2) 惡 去聲

如惡惡臭, 如好好色, 此之謂自謙, 故君子必愼其獨也. 惡好上字, 皆去聲.(『大學』 傳6章 「集註」)

'惡'는 '惡惡'(오악)으로 연용이었는데, 앞의 '惡'는 去聲에 의해 음의가 '오/싫어하다'로 된다. 이 去聲에 의해, 入聲 즉 '악/不正也(나쁘다)'로 해석되지 않는 것이다. 뒤의 '惡'에는 音注가 없는데, 이는 본음대로 독해하여 '악/나쁘다'로 된다. 이에 의하면 '惡惡臭'는 '나쁜 냄새를 싫어하다'로 해석된다.

3) 易 去聲

三年學, 不至於穀, 不易得也. 易, 去聲.(『論語』「泰白」「集註」)

'易'는 去聲에 의해 음의가 '이/不難也(쉽다)'로 된다. 이 去聲에 의해, 入聲 즉 '역/改(바꾸다)'로 해석되지 않는 것이다. 이에 의하면 '不易得也'는 '얻기 쉽지 않다'로 풀이된다.

4) 施 去聲

是以聲名洋溢乎中國, 施及蠻貊. 施, 去聲.(『中庸』 31章 「集註」)

'施'는 去聲에 의해 음의가 '이/미처가다'로 된다. 이 去聲에 의해, 平聲 즉 '시/베풀다'로 해석되지 않는 것이다.

5) 辟 去聲

伯夷辟紂, 居北海之濱. 辟, 去聲.(『孟子』「盡心上」)

'辟'는 去聲에 의해 음의가 '피/피하다'로 된다. 이 去聲에 의해, 入聲 즉 '벽/편벽되다'로 해석되지 않는 것이다.

4. 여자와 국음 상별

동일한 漢字가 如字와 非如字일 때 의미가 다르면서 국음에 차이를 보이는 경우이다.

1) 識 如字

默而識之, 學而不厭, 誨人不倦, 何有於我哉? 識, 音志. 又如字. O 識, 記也, 默識, 謂不言而存諸心也. 一說, 識, 知也, 不言而心解也, 前說近是.(『論語』「述而」「集註」)

'識'은 如字에 의해 음의가 '식/알다'로 된다. '識'에는 '志' 독음이 있는데 이 경우는 去聲으로 '지/기억하다'로 풀이된다. '默而識之'에는 '志' 또는 '如字'로도 읽혀서 '志'에 의하면 '묵묵히 그것을 기억한다.'로, '如字'에 의하면 '묵묵히 그것을 안다.'로 독해되는 것인데, 「集註」에서는 '기억하다'가 더 나은 것이라고 하였다.

2) 惡 如字

苟志於仁矣, 無惡也. 惡, 如字.(『論語』「里仁」「集註」)

'惡'은 如字에 의해 음의가 '악/나쁘다'로 된다. 如字에 의해, 非

如字 즉 '오/미워하다' 또는 '오/어찌'로 해석되지 않는 것이다. 이에 의하면 '無惡也'는 '나쁨이 없다'로 풀이된다.

3) 樂 如字

鍠鍠, 樂也. 注, 鐘鼓音. 音義, 樂, 如字. 疏, 鍠鍠, 樂之聲也.(『爾雅』「釋訓」 第三)

聞樂不樂, 居處不安, 故不為也. 樂上如字, 下音洛.(『論語』「陽貨」「集註」)

'樂'은 如字에 의해 음의가 '악/音樂'으로 된다. 如字에 의해, 非如字 즉 '락/喜(기쁘다)' 또는 '요/好(좋아하다)'로 해석되지 않는 것이다. 이에 의하면 '鍠鍠'은 '음악의 소리'로 풀이된다.

'聞樂不樂'에는 '樂'이 두 번 나오는데 위는 如字이어서 '악/음악'으로 독해되고, 아래는 음이 '洛'이어서 '락/즐겁다'로 독해되어, '聞樂不樂'은 '음악을 들어도 즐겁지 않다'로 독해된다.

4) 肉 如字 又如授反 (好 如字 又音耗)

珪大尺二寸謂之玠……肉倍好謂之璧. 注, 肉, 邊也. 好, 孔也. 好倍肉謂之瑗. 注, 孔大於邊小也. 肉好若一謂之環. 注, 邊孔適等. 音義, 肉如字, 又如授反, 璧邊也. 注及下同. 好如字, 又音耗, 璧孔也. 注及下同, 疏, 邊大倍於孔者名璧, 孔大而邊小者名瑗, 邊孔適等若一者名環.(『爾雅』「釋器」 第六)

'肉'은 여자(音衄 如育切(日聲屋韻) 入聲 屋韻: 『形字典』)에 의해 음이 '육', 또 반절 '如授反'(日聲宥韻)(柔去聲 宥韻: 『形字典』)에 의해 음이 '유'로도 되는데, 의미는 '璧邊也' 즉 '구멍난 구슬의

변두리 두께'로 된다. 이 경우 '肉'의 음은 후세에 여자 '육'을 따르지 않고 '유'를 써서 여러 자전에 수록되어 있다. '육'은 '胾肉' 즉 '자른 고기' 등을 나타낸다.

구슬은 구멍과 변의 두께 비율의 생긴 모양에 의해 차별하여 부르는 것이 있는데, 璧 · 瑗 · 環이 그것이다. 璧은 변의 두께가 구멍의 2배이고, 瑗은 구멍의 크기가 변 두께의 2배이고, 環은 변 두께와 구멍이 같다는 것이다. 이에 의하면 '肉倍好謂之璧'은 '肉이 好(구멍)에 배인 것을 璧이라 한다'로, '好倍肉謂之瑗'은 '好가 肉에 배인 것을 瑗이라 한다'로, '肉好若一謂之環'은 '肉과 好가 같은 것을 環이라 한다'로 해석된다.

5) 弔 如字

迄 · 臻 · 極 · 到 · 赴 · 來 · 弔 · 艐 · 格 · 戾 · 懷 · 摧, 詹, 至也. 音義, 弔如字, 又音的. 疏, 弔者, 小雅天保云, 神之弔矣.(『爾雅』「釋詁」 第一)

'弔'는 如字에 의해 음이 '조', 또 직음 '的'에 의해 음이 '적'으로도 되는데, 의미가 '至(이르다)'로 된다. 이 경우 '弔'의 음은 후세에 여자 '조'를 따르지 않고 '적'을 써서[17] 여러 자전에 수록되어 있다. 그리고 '조'는 '問終(죽음을 위문하다)' 등을 나타낸다. 이에 의하면 '迄 · 臻……詹, 至也'는 '迄 · 臻……詹은 이르름이다'로, '神之弔矣'는 '신께서 이르다'로 풀이된다.

---

17) 『詩經』(「小雅」「天保」)의 '神之弔矣' 注에 "弔, 至. 弔, 都歷反."이라 하여, '조'로 하지 않고 '적'으로 하고 있다.

Ⅲ. 音讀과 國音 不相別

어느 한자의 음이 둘 이상일 때, 음독으로 나타난 한자 표기음이 동일 한자 안에서 다른 음과 서로 구별되고, 그것이 한국표음에 구별되어 나타나지 않는 경우이다.

1. 직음과 국음 불상별

1) 幾 音機

君子幾, 不如舍. 幾, 音機.(『周易』 屯 六三 大全)

幾, ① 平, 見聲微韻. 微細的迹象, 事情的苗頭或預兆. ② 上, 見聲尾韻. 表示疑問.

機, 平, 見聲微韻. 通'幾'.(이상 『漢語大字典』에 의함)

幾는 機와 '見聲微韻'이 같은 平聲에 의하여 '조짐[預兆]'으로 해석되고 上聲 '見聲尾韻'의 '몇'으로 해석되지 않는다.

2) 分 音粉

律謂之分. 音義, 分, 音粉. 疏, 律, 一名分. 鄭注月令云, "律, 候氣之管也, 以銅爲之."(『爾雅』 「釋器」 第六)

'分'은 직음이 '粉'(非聲吻韻)(府吻切 上聲 吻韻: 『中辭典』)으로 제시되었는데, 이에 의해 의미가 '律' 즉 '땅 기운을 기다리는 대롱'

또는 '십이율(十二律)'로 된다. '分'에는 또 직음 '芬'(非聲文韻)(夫氳切 平聲 文韻: 『形字典』)에 의한 '別'[18] 즉 '가르다'라는 의미가 있고, 또 '汾去聲'[19](附問切(奉聲問韻) 問韻: 『形字典』)에 의한 '名分'이라는 의미가 있다. '分'은 '粉'에 의해 '십이율'로 풀이되고, '가르다' 또는 '명분'으로 풀이되지 않는 것이다. '粉'과 '芬'은 동성이운이고, '汾去聲'과는 이성이운이다. 그리고 '芬'과 '汾去聲'과는 이성이운이다.

3) 盛 音成

彝 · 卣 · 罍, 器也. 注, 皆盛酒尊. 音義, 盛, 音成.(『爾雅』「釋器」第六)

'盛'은 '成'(禪聲淸韻)(時征切 平聲 庚[20]韻: 『中辭典』)으로 제시되었는데, 이에 의해 의미가 '受' 즉 '담다'로 된다. '盛'에는 또 '晟'(禪聲勁韻)(時正切 去聲 敬[21]韻: 『中辭典』)에 의한 '旺' 즉 '무성하다'라는 의미가 있다. '成'은 '晟'과 이성이운으로, '盛'은 '成'에 의해 '受'로 풀이되고, '晟'에 의해 '旺'으로 풀이된다. 이에 의하면 '盛酒尊'은 '술을 담는 두루미'로 해석된다.

---

18) 여러 의미가 있으나, 하나만 제시한다. 이하 같다.

19) 汾去聲 : '汾'의 거성임. 직음을 변형한 표음 방법의 한가지로서, 해당 한자의 '동류음(同類音)이면서 성조가 다른 한자로 주음하는 방법'이다. '汾'은 평성이고 '分'은 이 경우 거성이어서 '分 音汾'이라고만 한다면 성조(聲調)가 맞지 않아 부정확하므로, '汾'의 성조를 바꾸어야 '分'의 음을 얻을 수 있다. 이는 직음의 어려운 글자를 피하여 상용자(常用字)로 주음하는 진보된 모습을 보이는 것이지만, 이 역시 성조를 바꾸어야 해당 한자의 음독이 가능하게 된다는 결점이 있다.

20) '淸'은 106운에서 '庚'으로 통합되었다.

21) '勁'은 106운에서 '敬'으로 통합되었다.

4) 勝 音升

不違農時, 穀不可勝食也. 勝, 音升.(『孟子』「梁惠王上」「集註」)

勝, ① 平, 書聲蒸韻. 盡. ② 去, 書聲證韻. 勝利.
升, 平, 書聲蒸韻. 量具.(이상 『漢語大字典』에 의함)
勝은 升과 書聲蒸韻이 같은 것에 의하면 平聲이 적용되어 '盡(모두)'로 해석되고 去聲의 '勝利(이기다)'로 해석되지 않는다.

5) 予 音與

台 · 朕 · 賚 · 畀 · 卜 · 陽, 予也. 郭注, 予, 音與. 邢疏, 予卽與也, 皆謂賜與.(『爾雅』「釋詁」 第一)

'予'는 '音與'(以聲語韻 上聲)에 의해 음의가 '여/'賜與(주다)'로 된다. '予'에는 또 '以諸切'(以聲魚韻 平聲)에 의한 '我(나)'라는 의미가 있다. 특히 '台 · 朕'은 '我'로 풀이될 소지가 농후하나, '音與'에 의해 '주다'로 해석되고, '나'로 해석되지 않는 것이다.

6) 雨 音芋

南風謂之凱風……風而雨土爲霾……雨霓爲霄雪. 注, 詩曰, "如彼雨雪." 音義, 雨, 音芋. 下雨霓, 注雨雪同.(『爾雅』「釋天」 第八)

'雨'는 '芋'(云聲遇韻)(王遇切 去聲 遇韻: 『中辭典』)로 제시되었는데, 이에 의해 의미가 '降雨也' 즉 '〈하늘에서〉 내리다'로 된다. '雨'에는 또 '羽'(云聲麌韻)(王矩切 上聲 麌韻: 『中辭典』)에 의한 '水從雲下也' 즉 '비'라는 의미가 있다. '芋'는 '羽'와 동성이운으로, '雨'는 '芋'에 의해 '내리다'라는 동사로 풀이되고 '羽'에 의해 '비'라는 명사로 풀이되는 것이다. 이에 의하면 '雨土'는 '흙이 내리다', '雨霓'은 '싸라기눈이 내리다', '雨雪'은 '눈이 내리다'로 해석된다.

7) 治 音持

治, 音持.[22](春獵爲蒐……出爲治兵, 尙威武也. 音義, 治, 音持.)(『爾雅 釋天 第八』)

'治'는 '持'(澄聲之[23]韻:直之切 平聲 支[24]韻:『中辭典』)에 의해 의미가 '理(다스리다)'로 해석된다. '治'에는 또 '穉'(澄聲至韻:直利切 去聲 寘[25]韻:『中辭典』)에 의한 '功績(공적)'이라는 의미가 있다. '持'는 '穉'와 동성이운으로, '治'는 '持'에 의해 '다스리다'로 풀이되고, '穉'에 의해 '공적'으로 풀이된다. 이에 의하면 '治兵'은 '군대를 다스리다'로 해석된다.

'治'는 음의의 제시가 여러 자전에 혼란상을 보이고 있다. 『形字典』에는 '持'의 뜻 갈래에 '理, 治理.'라 하고 또 '穉'의 뜻 갈래에도 '理, 治理'.라 하여 같게 제시되기도 하였다. 『中辭典』 등도 명백하지 않다. 이에 대하여 자세히 살펴보기로 한다.

① 二帝三王之治(平聲, 澄之反. 鄒氏季友曰, 治字本平聲, 借用乃爲去聲, 故陸氏於諸經中平聲者, 並無音, 去聲者, 乃音直吏反, 而讀者不察, 乃或皆作去聲讀之. 今二聲並音, 以矯其弊. 平聲者, 修理其事, 方用其力也. 去聲者, 事有條理, 已見其效也.)天下之大經大法……二帝三王之

---

22) 이 경우 '持'는 한국음에 '치'로 주음되고 있다.
23) 206韻의 韻目임. 『漢字典』에 의함.
24) '之'는 106운에서 '支'로 통합되었다.
25) '至'는 106운에서 '寘'로 통합되었다.

治,(去聲) 本於道.(「書經集傳[26]序」 小註)

② 徂·在, 存也. 注, 以徂爲存, 猶以亂爲治. 音義, 治, 直吏反.(『爾雅』「釋詁」 第一)

③ 乂·亂·靖·神·弗·淈, 治也. 音義, 治, 直吏反. 謝如字.(『爾雅』「釋詁」 第一)

④ 治人不治反其智. 治人之治平聲, 不治之治去聲.(『孟子』「離婁上」「集註」)

⑤ 先治其國(治, 平聲.)……家齊而後國治.(治, 去聲.)(『大學』 經 1章 「集註」)

⑥ 飛龍在天, 上治也.(傳義, 傳直吏反, 本義讀作平聲.)(『周易傳義』 乾卦)

⑦ 治, 치, 理也. 다시릴치(支). 理效, 다사린효험치(寘).(『字典釋要』)

①에는 '二帝三王之治'가 두 번 쓰였는데, 앞의 경우는 '平聲 澄之反'으로 '持' '支韻'에 해당하는 것이고, 뒤의 경우는 '去聲 直吏反'으로 '穉' '寘韻'에 해당하는 것이다. '治'는 본래 평성이고, 이를 차용하여 거성으로 하기 때문에 陸氏(陸德明)는 여러 경전 중에 평성으로 쓰인 경우 음을 달지 않았고,[27] 거성으로 쓰인 경우 음을 '直吏反'으로 했는데, 독자들이 살피지 않고 거성으로 읽는다는 것이다. 의미는 평성인 경우 '理事'(일을 다스리다)이고, 거성인 경우 '見效'(효과를 보다·다스려지다. 치적)이다. 이에 의하면 '二帝三王之治天下之大經大法'은 '二帝三王이 천하를 다스린……'으로 풀이되고, '二帝三王之治 本於道'는 '二帝三王의 치적은……'으로 풀이된다. 이러한 '治'의 성조에 의한 뜻 갈래를 명쾌히 분별한 자전

26) 『五經讀本』, 中新書局有限公司, 臺北:中華民國 65年. 再版.

27) 이 지적에 의하면 '治 音持'는 희귀한 경우이다.

은 ⑦의 『자전석요』이다. 거성 '直吏反'이 『이아』에 제시된 경우는 ②③을 들 수 있는데, ③의 경우는 謝嶠의 '如字'를 제시하여 동일문에서 거성과 평성으로 함께 독해될 수 있음을 밝혔다. ④⑤는 각각 앞의 경우 평성이고 뒤의 경우 거성인데, 이에 의하면 '治人'은 '남을 다스리다'로, '不治'는 '다스려지지 않다'로, '治其國'은 '그 나라를 다스리다'로, '國治'는 '나라가 다스려지다'로 해석된다. ⑥은 ③처럼 동일문에서 두 음의로 나타난 경우인데, '上治'는 『역전(易傳)』에 의하면 '上(임금)의 치적이다'로, 『본의』에 의하면 '上(위)에서 다스림이다'로 해석된다.

8) 縣 音玄

木謂之虡. 注, 縣鐘磬之木, 植者名虡. 音義, 縣, 音玄. 植, 直吏反.(『爾雅』「釋器」 第六)

'縣'은 '玄'(匣聲先韻)(穴員切 平聲 先韻: 『形字典』)으로 제시되었는데, 이에 의해 의미가 '懸과 동자'로 '繫掛' 즉 '걸다'로 해석된다. '縣'에는 또 '現'(匣聲霰韻)(系硯切 去聲 霰韻: 『形字典』)에 의한 '地方行政區域名' 즉 '행정 단위'라는 의미가 있다. '玄'은 '現'과 동성이운으로, '縣'은 '玄'에 의해 '걸다'로, '現'에 의해 '행정 단위'로 된다. 이에 의하면 '縣鐘磬之木'은 '종 · 경쇠를 거는 나무'로 해석된다.

2. 반절과 국음 불상별

1) 冠 古亂反

宮中謂之衖……三達謂之劇旁. 注, 今南陽冠軍樂鄕. 音義, 樂, 音岳, 又音各.(『爾雅』「釋宮」第五)

'冠'은 반절이 '古亂反'(見聲換韻)(音貫 去聲 翰[28]韻: 『中辭典』)으로 제시되었는데, 이에 의해 국음이 '관', 의미가 '戴冠也, 居首也' 즉 '관을 쓰다. 으뜸가다' 등과 관련될 수 있으나, 위의 「석궁」의 경우 '冠軍'이라는 지명에 쓰여 의미 제시에는 난점이 있다. 그러나 고유명사인 경우 음의가 없으면 앞의 직음 '樂 岳'의 경우처럼 독음에 더욱 곤란을 받는다는 점에서 음의의 제시는 매우 긴요한 것이다. '冠'에는 또 반절 '古丸切'(見聲桓韻)(平聲 音官 寒[29]韻: 『中辭典』)에 의한 '弁冕之總名也' 즉 '모자'라는 의미가 있다. '古亂反'은 '古丸切'과 동성이운으로, 전자는 '관/관(모자)을 쓰다'로 되고, 후자는 '관/모자'로 된다. 이에 의하면 '冠軍'은 '군대에 으뜸가다'로 해석된다.

2) 思 息嗣反

哀哀悽悽, 懷報德也. 注, 悲苦征役. 思所生也. 音義, 思, 息嗣反.(『爾雅』「釋訓」第三)

'思'는 '息嗣反'(心聲至韻)(音伺 去聲 寘[30]韻: 『形字典』)으로 제

---

28) '換'은 106운에서 '翰'으로 통합되었다.
29) '桓'은 106운에서 '寒'으로 통합되었다.

시되었는데, 이에 의해 국음이 '사', 의미가 '意趣' 즉 '생각'[31] 등으로 된다. '思'에는 또 '塞兹切'(心聲之韻)(音偲 平聲 支[32]韻:『形字典』)에 의한 '懷念' 즉 '생각하다'[33]라는 의미가 있다. '息嗣反'은 '塞兹切'과 동성이운으로, 전자는 '사/생각'으로 되고, 후자는 '사/생각하다'로 된다. 이에 의하면 '思所生也'는 '소생(부모)을 생각하다'로 해석된다.

3) 相 息亮反

回毛在膺, 宜乘. 注, 樊光云, "俗呼之官府馬, 伯樂相馬法, 施毛在腹下如乳者千里馬." 音義, 相, 息亮反.(『爾雅』「釋畜」第十九)

'相'은 '息亮反'(心聲漾韻)(音向 去聲 漾韻: 『形字典』)으로 제시되었는데, 이에 의해 국음이 '상', 의미가 '狀貌. 視' 즉 '모양. 보다' 등으로 된다. '相'에는 또 '西央切'(心聲陽韻)(音湘 平聲 陽韻: 『形字典』)에 의한 '交互' 즉 '서로'라는 의미가 있다. '息亮反'(去聲)은 '西央切'(平聲)과 동성이운으로, 거성은 '상/모양. 보다'로

---

30) '至'는 106운에서 '寘'로 통합되었다.

31) '思'가 명사로 쓰인 예에 의거한 것이다. 『형자전』의 '思'의 의미 갈래에 '名'(명사)을 표시하고 '卽意趣'로 의미를 제시하고 다음에 '儲精垂思'라는 명사로 쓰인 예문을 제시하였는바, 그에 따라 '생각하다'라는 동사로 나타내지 않고 '생각'이라는 명사로 나타냈다. 동사인 경우는 『형자전』의 '思'의 의미 갈래에 '動'(동사)을 표시하고 '懷念'으로 의미를 제시하고 다음에 '低頭思故鄕'이라는 동사로 쓰인 예문을 제시하였는바, 그에 따라 '생각'이라는 명사로 나타내지 않고 '생각하다'라는 동사로 나타냈다.

32) '之'는 106운에서 '支'로 통합되었다.

33) 여러 자전에 '思'의 반절에 의한 의미 제시가 혼란되어 있다. 『한자전』에서는 평성과 거성의 경우를 하나의 갈래로 통합하여 '생각'과 '생각하다'가 구분되지 않았다. 이를 명쾌히 제시한 것은 『新字典』의 "思 생각할(支:평성), 생각(寘:거성)"에서 찾아볼 수 있다.

되고, 평성은 '상/서로'로 된다. 이에 의하면 '伯樂相馬法'은 '백락이 말을 상보는 법은'으로 해석된다.

4) 數 色主反

數往者順, 知來者逆, 是故易逆數也. 數, 色主反.(『周易』「說卦傳」3章 大全)

數, ① 去, 生聲遇韻. 數目. ② 上, 生聲麌韻. 計算.
主, 上, 章聲麌韻. 君主.(이상 『漢語大詞典』에 의함)
數는 主와 疊韻이 麌韻이어서 上聲의 '計算(헤아리다)'으로 해석되고, '去聲의 數目(수)'으로 해석되지 않는다.

5) 予 羊汝切

賚·貢·錫·畀·予·貺, 賜也. 郭注, 皆賜與也. 予, 羊汝切.(『爾雅』「釋詁」第一)

'予'는 '羊汝切'(以聲語韻 上聲)에 의해 '賜與(주다)'가 된다. 이는 위의 직음에서 살펴본 바 '予, 音與'(以聲語韻)와 동음으로, 표기양식만 직음과 반절로 다를 뿐이다.

6) 長 丁丈反

育·孟·耆·艾·正·伯, 長也. 郭注, 育·養亦爲長, 正·伯皆官長. 長, 丁丈反.(『爾雅』「釋詁」第一)

'長'은 '丁丈反'(知聲養韻 上聲)에 의해 '長上(우두머리)'이 된다. '長'에는 또 '直良切'(澄聲陽韻 平聲: 『中辭典』)에 의한 '短之對(길

다)'라는 의미가 있다.

7) 種 章勇反

葍, 藑茅. 注, 葍華有赤者爲藑. 藑 · 葍一種耳. 音義, 種, 章勇反.(『爾雅』「釋草」第十三)

'種'은 '章勇反'(章聲腫韻)(音踵 上聲 腫韻: 『形字典』)으로 제시되었는데, 이에 의해 국음이 '종', 의미가 '穀種, 品目' 즉 '씨. 품종' 등으로 된다. '種'에는 또 '注用切'(章聲用韻)(鍾去聲 宋[34]韻: 『中辭典』)에 의한 '蓺' 즉 '심다'라는 의미가 있다. '章勇反'은 '注用切'과 동성이운으로, 전자는 '종/씨 · 품종'으로 되고, 후자는 '종/심다'로 해석된다. 이에 의하면 '藑 · 葍一種耳'는 '경(藑)과 복(葍)은 같은 품종일 뿐이다'로 해석된다.

8) 重 直龍反

山三襲, 陟. 注, 襲亦重. 音義, 重, 直龍反. 疏, 山之形, 若三山重累者名陟.(『爾雅』「釋山」第十一)

'重'은 '直龍反'(澄聲鍾韻)(音穜 平聲 冬[35]韻: 『中辭典』)으로 제시되었는데, 이에 의해 국음이 '중', 의미가 '疊也' 즉 '겹치다' 등으로 된다. '重'에는 또 '柱用切'(澄聲用韻)(音緟 去聲 宋(用)韻: 『中辭典』)에 의한 '不輕也' 즉 '무겁다'라는 의미가 있다. '直龍反'(평성)은 '直用切'(거성)과 동성이운으로, 평성은 '중/겹치다'로 되고, 거성은 '중/무겁다'로 된다. 이에 의하면 '襲亦重'은 '襲은 또한 겹

34) '用'은 106운에서 '宋'으로 통합되었다.
35) '鍾'은 106운에서 '冬'으로 통합되었다.

침이다'로 해석된다.

3. 성조와 국음 불상별

1) 王 去聲

黎民不饑不寒, 然而不王者, 未之有也. 王, 去聲. 凡有天下者人稱之曰王則平聲, 據其身臨天下而言曰王則去聲.(『孟子』「梁惠王上」「集註」)

'王'은 去聲에 의해 음이 '왕', 의미가 '왕으로 근무하다'로 된다. 천하를 소유한 사람을 사람들이 일컬어 王(명사)이라고 하는 경우 평성이고, 그 몸이 천하를 다스리는 것을 의거하여 말하기를 王(동사)이라고 하는 경우 거성이라는 것이다. 따라서 '王'이 평성인 경우는 본음대로 독해하여 음의가 '왕/임금'으로 된다. 즉 王이 평성이면 명사 '왕/임금'이고 거성이면 동사 '왕/왕으로 근무하다'로 풀이된다.

2) 衣 去聲

衣敝縕袍, 與衣狐貉者立而不恥者, 其由也與. 衣, 去聲.(『論語』「子罕」「集註」)

'衣'는 去聲에 의해 음의가 '의/입다'로 된다. '衣'가 평성인 경우는 본음대로 독해하여 음의가 '의/옷'으로 된다.

3) 知 去聲

予知之知, 去聲.(人皆曰予知, 驅而納諸罟擭陷阱之中, 而莫之知辟也. 人皆曰予知, 擇乎中庸而不能期月守也. 予知之知, 去聲.)(『中庸』7章「集註」)

‘知’는 ‘予知’와 ‘莫之知’가 제시되었는데, ‘予知’의 ‘知’는 ‘去聲’이라는 것이다. ‘去聲’에 의해 음이 ‘지’, 의미가 ‘智’와 同字인 ‘智慧(지혜롭다)’로 된다. ‘莫之知’에는 음주가 없는데, 이는 본음대로 독해하여 음이 ‘지’로 되고, 의미가 ‘識(알다)’으로 된다.

4) 中 去聲

中節之中, 去聲.(喜怒哀樂之未發, 謂之中, 發而皆中節, 謂之和. 中也者, 天下之大本也, 和也者, 天下之達道也. 中節之中, 去聲.)(『中庸』1章「集註」)

‘中’은 ‘中節’과 ‘謂之中’·‘中也者’가 제시되었는데, ‘中節’의 ‘中’은 ‘去聲’이라는 것이다. ‘去聲’에 의해 음의가 ‘중/當(알맞다)’으로 된다. ‘謂之中’·‘中也者’에는 음주가 없는데, 이는 본음대로 독해하여 음의가 ‘중/內(속, 가운데)’로 된다.

5) 行 去聲

言忠信, 行篤敬, 雖蠻貊之邦行矣. 言不忠信, 行不篤敬, 雖州里行乎哉? 行篤行不之行, 去聲.(『論語』「衛靈公」「集註」)

‘行’은 ‘行篤’·‘行不’일 경우 去聲인데 이 去聲에 의해 음의가 ‘행/행실’로 된다. ‘行矣’·‘行乎哉’에는 음주가 없는데, 이는 본음대로 독해하여 음의가 ‘행/행하다’로 된다.

이외에 위에서 살펴본 '治'는 '平聲'에 의해 음의가 '치/다스리다'로 되고, '去聲'에 의해 음의가 '치/다스려지다'로 된다. 또 위에 제시된 '如好好色'에서 앞의 '好'는 '去聲'에 의해 '호/좋아하다'로 되고, 뒤의 '好'는 음주가 없어 본음대로 독해하므로 '호/예쁘다'로 된다. 이에 의하면 '好好色'은 '예쁜 여색을 좋아하다'로 풀이된다.

4. 여자와 국음 불상별

동일한 漢字가 如字와 非如字일 때 의미가 다르나 국음에 차이를 보이지 않는 경우이다.

1) 道 如字

迪·繇·訓, 道也. 音義, 道, 如字, 或徒報反非. 疏, 惠迪吉.(『爾雅』「釋詁」第一)

'道'는 如字(音稻 徒皓切(定聲皓韻) 上聲 皓韻:『中辭典』)에 의해 음의가 '도/理(도리)'로 해석된다. '道'에는 또 '音盜 大到切'(定聲号[36]韻 去聲 號韻)(『中辭典』)에 의한 음의가 '도/與導通(導와 통용. 인도하다)'의 의미가 있는데, 이는 여자가 아니다. 위의 경우는 '徒報反(大到切[37]과 같음 : 인도하다)'을 적용하면 틀린다는 것이다. 여자에 의하면 '迪·繇·訓, 道也.'는 '迪·繇·訓은 도리이다'로, 그리고 '惠迪吉'은 '도리에 순응하면 길하다'로 해석된다.

36) 206운의 '号'를 106운에서는 '號'로 바꾸었다.
37) 徒와 大는 모두 定聲이고, 報와 到는 모두 號韻이므로, 동음으로서 '導'의 음 '도'를 나타낸 것이다.

2) 相 如字

益之相禹也, 歷年少, 施澤於民未久. 舜禹益相去久遠, 其子之賢不肖, 皆天也, 非人之所能為也. 之相之相, 去聲. 相去之相, 如字. (『孟子』「萬章上」「集註」)

'相'은 如字에 의해 平聲인 '서로'로 해석된다. 그리고 去聲에 의해 '돕다''재상으로 일하다'로 해석된다. 이에 의하면 '舜禹益相去久遠'은 평성이 적용되어 '舜·禹·益의 서로 거리가 오래됨은'으로 해석되고, '益之相禹也'는 '益이 禹를 도운 것은'으로 해석된다.

3) 言 如字

大簫謂之言. 注, 編二十三管, 長尺四寸. 音義, 言, 如字.(『爾雅』「釋樂」 第七)

'言'은 如字(語軒切(疑聲元韻) 平聲 元韻:『中辭典』)에 의해 음의가 '언/大簫(악기 이름)'으로 되는데, 이는 '언/語(말, 말하다)'의 경우와 동음이다. '言'은 23관을 엮어 만드는데, 길이가 1자 4치라는 것이다. '言'에는 또 '音銀 魚巾切'(疑聲諄[38]韻 平聲 眞韻)(『中辭典』)에 의한 음이 '은', 의미가 '與誾通(誾과 통용. 화합한 모양)'이라는 의미가 있는데, 이는 여자가 아니다. 여자에 의하면 '大簫謂之言'은 '大簫를 言이라 말한다.'로 해석된다.

4) 知 如字

曰, "仁矣乎?" 曰, "未知, 焉得仁?" 知, 如字.(『論語』「公冶長」「集

38) '諄'은 106운에서 '眞'으로 통합되었다.

註」)

'知'는 如字에 의해 平聲인 '지/알다'로 해석된다. 또 去聲으로도 독해되는데 이 경우는 '지/지혜'로 독해되는데 '智'와 통용이다.

5) 好 如字 又音耗

예문은 위의 '肉 如字 又如授反'에 보였다.

'好'는 如字(蒿上聲 黑襖切(曉聲皓韻) 皓韻: 『形字典』)에 의해 음이 '호', 또 직음 '耗'(黑奧切(曉聲号(號)韻) 去聲 號韻: 『形字典』)에 의해 음이 또 '호'로도 되는데, 의미는 '璧孔也' 즉 '구슬 구멍'으로 된다. 이 경우 '好'의 음은 후세에 여자를 따르지 않고 '耗'에 의한 음을 써서 여러 자전에 수록되어 있다. 그리고 '好'는 '구슬 구멍' 이외에 여자인 상성의 경우 '호/美' 즉 '아름답다. 좋다'로, 거성인 경우 '호/喜歡' 즉 '좋아하다'로 쓰이게 되었다. 그러나 국음으로는 모두 '호'이어서 의미의 차이에 의한 국음의 차이가 나타나지 않는다.

Ⅳ. 韓·中 漢字音의 相別과 不相別

한자음의 표기는 직음·반절·성조·여자 등으로 나타나는 바, 이 중에 어느 것으로 표기하느냐에 대한 문제는 주해자의 채택 여하에 좌우되는 것이다. 어느 것이건 특정 음을 지정하고, 그에 따른 의미가 수반되는 점은 같다.

한국한자음은 중국한자음을 수용하여 정착시켜 가면서 변화된 것이다. 그 음이 초기에는 상당히 유사했을 것이나, 시대가 내려가면서 점차 차이가 커지고 마침내 통하지 않는 다른 음으로 되었다. 一字多音인 경우 성조에 의해 변별되는 것이 많은데, 한국도 임란 이전에는 성조표기를 해오다가 임란 이후로는 폐기되고, 그 잔영은 장단음으로 약간 유지되었을 뿐이다. 현재는 장단음이 혼란되어 한국한자음의 성조에 의한 변별은 사실상 불가능한 상태에 이르렀다. 중국음의 一字異音으로 변별되는 음이 한국음으로는 1음으로 통합된 모습을 보이게 된 것이다. 이는 한자음에 의한 의미의 차별이 국음에 반영되지 못하게 되어, 국음을 들어도 의미의 차별을 인식할 수 없는 것이다. 이 경우 중국음은 차별이 되지만, 국음은 차별이 안 되어 중국음보다 듣고 인지하는 데에 불리한 것이다.[39)]

동일 한자 안에서 異音의 상별과 불상별을 살펴보면, 한·중이 모두 상별인 것, 중국음은 상별이나 한국음은 통합된 것으로 나눌 수 있다. 한자음은 聲과 韻이 모두 다른 경우는 물론, 성과 운의 어느 하나만 달라도 異音으로서 상별이 되는 것이다. 이것이 국음에서는 음의 상별과 불상별로 나타나는데, 예컨대 '長'의 異聲異韻은 聲과 韻이 모두 다른 데도 국음에서는 모두 '장'의 동음으로 나타나 불상별이 된다.

한자 음의의 변별과 불변별의 문제를 의미의 각도에서 살피면, 한자 의미의 차이에 국음이 다르게 되는 것과 의미의 차이에도 국

39) 중국한자음도 平上去入이었던 것이 현대음에 통합된 경우가 있다. 예컨대 易은 入聲(역/바뀌다)과 去聲(이/쉽다)가 현대음에 [yì]로 통합되었고, 葉은 入聲(엽/잎사귀)과 入聲(섭/지명·姓)이 현대음에 [yè]로 통합되었다(『漢語大詞典』에 의함). 중국한자음의 통합에 대하여는 다음 기회에 살피기로 한다.

음이 다르게 되지 않는 것이 있다고 할 수 있다. 한국음이 의미 차이에 반영되는 것, 즉 의미의 차이에 국음이 다르게 되는 것은 국음에 의해 의미의 변별이 가능하다. 그러나 국음이 의미 차이에 반영되지 않는 것, 즉 의미의 차이에도 국음이 다르게 되지 않는 것은 국음에 의해 의미의 변별이 불가능하다. 예컨대 '樂'은 국음 '락'에 의해 의미 '기쁘다'를 그리고 '악'에 의해 '음악'을 변별할 수 있다. 그러나 '長'은 국음 '장'에 의해 의미가 '어른'인지 '길다'인지 변별할 수 없다. '長'의 '丁丈切'과 '直良切'은 '樂'의 '岳'과 '洛'처럼 한자음의 차이가 같은 조건인 것인데, '丁丈切'과 '直良切'은 성조어인 중국한자음에서는 차이를 보여도, 성조가 소멸된 현대 한국한자음에서는 차이를 보이지 않는 것이다.

이러한 경향으로 인해 諸經傳 및 기타 漢文을 독해할 때, 한자 音注에 의한 한국한자음이 의미 차이에 반영되는 것은 보다 쉽게 식별되고 그 중요성이 강조될 수 있었으나, 音注에 의한 한국한자음이 의미 차이에 반영되지 않는 것은 쉽게 식별되지 못하고 그 중요성이 강조되지 않았다. 즉 한자의 의미에 따라 국음이 차이나지 않는 경우, 세밀하게 살피는 데에 소홀하게 되었던 것이다.

그 결과는 한자의 의미를 정확하게 제시하지 못하는 결정적 결함을 초래하게 된다. 이는 번역으로 나타난다. 예컨대 위에서 살핀 「書經集傳序」의 '二帝三王之治……'와 『주역』 經文 '上治也'에 '治'[40]의 평성 '치/다스리다' 그리고 거성 '치/정치 업적. 다스려지다'를 적용한 번역서는 찾아보기 어려운 실정이다. 이와 같이 예민한 예는

40) 『주역』 乾卦 程傳에는 '治'에 '直吏反' '平聲'이라 하여 반절·성조를 제시하고 직음이 나타나지 않았으나, 결국 이 반절·성조는 직음 '穉'(直吏反)와 '持'(平聲)에 직결되는 것이다.

'思'가 거성 '息嗣反'일 때 '사/생각' 그리고 평성 '塞玆反'일 때 '사/생각하다'로 되고, '好'가 여자일 때 상성 '호/좋다' 그리고 비여자일 때 거성 '호/좋아하다'로 되는 등 매우 많다. 다시 부언하면 '思'에 '息嗣反'이라고 했으면 '생각'으로 풀이하고 '생각하다'로 풀이하지 말라는 표현인 것이다. 직음 · 여자도 마찬가지여서 '治 音持'라고 했으면 '다스리다'로 풀이하고 '다스려지다'로 풀이하지 말아야 하고, '道 如字'라고 했으면 '도리'로 풀이하고 '인도하다'로 풀이하지 말라는 표현인 것이다. 이 점은 결코 간과해서는 안 되는 것인데, 우리나라에서는 소홀히 다루어져 왔던 것이다.

따라서 제경전 등을 비롯하여 한문을 독해할 때, 직음 · 반절 · 성조 · 여자에 의한 한국한자음이 의미 차이에 반영되지 않는 것, 즉 한자의 의미에 따라 한국음이 차이나지 않는 경우, 그 의미를 보다 세밀하게 살필 것이 요망된다. 그리고 聲律을 생명으로 하는 作詩와 讀詩 등 운문의 경우에는 이것이 더욱 긴요한 것임을 상기해야 한다.

[『東洋學簡報』 12집(2001)에 수록되었던 글을 수정 보완한 것임]

'歪'字音考

金 東 吉*

Ⅰ. 序 言

'歪'자의 음에 대해서는 주로 '의', '외', '왜'의 세 음이 뒤죽박죽으로 쓰이고 있고, 그 論據에 대해서도 各樣各色이다. 따라서 우리 國語에 쓰이는 '歪'자의 標準的인 現實音을 찾아야 한다는 것은 時急하면서도 중요한 일이 아닐 수 없다.

東洋學硏究所에서 推進하고 있는 漢韓大辭典에서는 그 뿌리를 캐어 표준 현실음을 提示함으로써 지금껏 日可日否해 온 論難을 終熄시켜야 한다는 일종의 責任感에 몰려, 이 字音攷를 발표하면서, 뜻있는 분들의 質正을 바라는 마음 간절하다.

그리고 이에 관한 논문으로는 '한글'誌 123號에 실린 鄭在道氏의 '歪자 음에 대한 고찰'이 있다. 이 논문은 한글학회에서 펴낸 '우

* 전 단국대학교 동양학연구소 한한대사전 편찬실장

리말 큰사전'에서, '歪曲'의 독음을 '왜곡'으로 정착시키는데 있어, 그 이론적 뒷받침이 되었던 논문이라는 점에서 매우 중요시해야 할 논문이며, 그러기에 주로 이 논문과의 對比的 檢討에서 漢韓大辭典에 정착시킬 음을 찾아보고자 한다.

Ⅱ. '歪'자의 字音에 관한 文獻的 資料

이 '歪'자는 僻字에 속한다. 흔하게 쓰인 字가 아니기 때문에, 우리의 數多한 諺解 중에 이 자가 끼여 있지 아니하여 字音의 混亂을 加重시켰던 것으로 여겨진다.

이 자가 한글에 의하여 음이 정착된 것은 訓蒙字會가 그 효시이다. 그러나 그도 板本에 따라 다음과 같이 다르게 정착되었다.

① 叡山文庫本 歪 : 기울 괴
② 東京大學本 歪 : 기울 왜

그 후의 三韻聲彙, 奎章全韻, 全韻玉篇 등에서는 이 자를 採錄하지 않았던 것을, 近代에 와서 다음과 같이 정착시키고 있다.

③ 字典釋要 : [의] 不正, 빗들 의. (尾)
④ 新字典 : [외] 不正, 기울·빗들. (尾)

이상에서 본 바와 같이 '歪'자에 대한 한글에 의한 정착음이 각 字書에 따라 다르기 때문에, 中國의 文獻에 의한 考證이 필요하게 된다.

康熙字典 : [字彙] 烏乖切. 音崴. 不正也. ○按, 此乃竵字之俗字.

강희자전의 字解에 根據를 두고 '歪'자의 음을 推定하려면, 먼저 다음과 같은 사실을 확인할 필요가 있다.

첫째, 反切에 의한 初·中·終聲의 확인

1. 初聲으로서의 '烏'는 다음에 의하여 'ㅇ'임이 분명하다.
   - ① 平聲 虞 廣韻 : 哀都切, 集韻·正韻 : 汪胡切
   - ② 平聲 麻 集韻·類篇 : 於加切
   - ③ 去聲 諫 集韻·類篇 : 於諫切
2. 中終聲으로서의 '乖'의 韻母를 구명해 보면 다음과 같다.
   - ① 乖자의 韻統과 反切
     - 平聲 佳 廣韻 : 古懷切
     - 平聲 佳 集韻·韻會·正韻 : 公懷切
   - ② 康熙字典 : [唐韻] 古懷切. [集韻·韻會·正韻] 公懷切, 竝怪平聲.

이로써 '乖'의 韻母가 '懷'이기에, 다시 이 자를 조사해 보면 다음과 같다.

- 平聲 佳 廣韻 : 戶乖切
- 平聲 佳 集韻·韻會 : 乎乖切

그래서, '懷 · 乖'와, 강희자전의 '竝怪平聲'의 '怪'에 착안하여 이 3자에 대한 한글에 의한 정착음을 살펴보면 다음과 같다.

	奎章全韻	全韻玉篇	三韻聲彙
乖	(華音)괘, (東音)괴	괴	괴(괘)
懷	(〃)홰, (〃)회	회	회(홰)
怪	(〃)괘, (〃)괴	괴	괴(괘, 쾌)

위의 표에서 보는 바와 같이 이 3자는 우리의 音으로서는 그 中聲이 이미 'ㅚ'로 굳어져 있음을 알 수 있다.

또 한 가지 看過할 수 없는 것은 華音으로서의 'ㅚ'의 운모를 가진 字는 평성에는 佳, 상성에는 蟹, 거성에는 泰 · 卦 · 隊의 5韻統에 分屬되어 있는데, 이 중 평성 佳의 운통에 딸린 華音 운모로서의 'ㅚ'는 모두 우리 음에서는 'ㅘ'로 굳어져서, 佳의 운통의 운모는 우리 음에서는 'ㅐ, ㅚ, ㅣ, ㅙ'의 4음에서 'ㅐ, ㅚ'의 2음으로 굳어졌다는 사실이다.

그러므로 反切에 의한 '歪'의 韻母는 'ㅙ'의 華音에서 'ㅚ'의 우리 음으로 굳어진 것이라고 보아야 할 것 같다.

둘째, 강희자전에서 '音崴'라고 하였으니, 이 '崴'자의 운통과 反切을 조사해 보면 다음과 같다.

① 平聲 灰—集韻 : 烏回切

② 上聲 蟹—集韻 : 烏賣切

③ 平聲 佳—廣韻 : 乙乖切, 集韻 : 烏乖切

④ 上聲 尾—集韻 : 羽鬼切

이 같은 4갈래의 운통이 있는데, 이 중에서 강희자전이 '音崴'라고 한 것은 ③의 佳의 운통의 음과 같다는 뜻이지, 결코 ①이나 ②, 또는 ④의 어느 운통을 두고 한 音의 표시는 아니라는 점에 유의할 필요가 있다.

셋째, '歪'자는 '竵字之俗字'라고 한 강희자전의 주석에 따라, 竵자의 운통과 反切을 조사해 보면 다음과 같다.

① 平聲 佳 廣韻 : 火媧切, 集韻 : 火鼃切
② 平聲 佳 集韻 : 空媧切
③ 平聲 佳 正字通 : 烏乖切

여기서도 '歪'가 初聲이 다른 ①, ②의 운통 갈래의 俗字가 아니라, '竵'의 俗字로 쓰이는 것은 ③의 운통 갈래에 限한다는 점에 유의해야 한다.

위에서 摘示한 文獻的 資料로 볼 때, '歪'자의 우리 音은 '의'도 '왜'도 아닌 '외'로 잡는 것이 타당하리라 여겨진다.

Ⅲ. 各字書의 定着音과 鄭在道氏 所論의 論據

鄭在道氏는 전기 논문의 序頭에서 다음과 같이 논하고 있다.

> "歪"자의 음에 대해서 시비가 많음은 康熙字典(1716)에 "烏乖切音崴"라 한 것, 즉 "烏灰切"만이라면 별로 의혹을 느끼지 않겠으나, "音崴"라 한 데에서 말썽이 비롯한다 하겠다.
>
> "崴"자 음을 康熙字典에 "乙皆切, 烏回切, 音磈, 又 烏賣切, 音㟴"라 했고, 辭海(1937)에는 "烏灰切, 灰韻"이라고 음을 밝혔고……

이에서 필자가 느끼는 것은, 강희자전이 '崴'자에 대한 글자 주석을 함에 있어, 위의 둘째에서 摘示한 네 갈래의 운통 중에서 ①, ②의 갈래만을 취하고, ③, ④의 갈래는 취하지 않았다는 사실을 看過하고, 강희자전의 주석을 過信해 버린 데서, 전기 논문은 그 출발을 잘못한 失手를 저지른 것 같다.

이 출발의 잘못 때문에, 그 以下의 論旨에서는 '歪'의 음은 '왜'라야 한다는 결론을 얻기 위한 非論理的이고 억지에 가까운 변명이 여러 곳에 나타난다. 그것을 일일이 다 들기에는 시간이 너무도 많이 걸리기에 核心的인 것만을 들어 보기로 한다.

> 三韻聲彙와 奎章全韻, 全韻玉篇들에는 없는 "歪"자를 字典釋要(1909)에 실으면서 느닷없이 그 음을 "의"라 하고, 그 운을 "尾"라 하여, 요즘 옥편들이 맹목적으로 字典釋要를 그대로 따라 거

의 "의"라 한다.

이는 '의'로 읽는 논거라고 하여 논자가 첫째로 든 이유인데, 필자의 생각으로는

(1) 자전석요[신자전도 같다]를 엮은 분은 강희자전의 '音崴'를 믿었고,
(2) 崴 자는 '山+威→崴'로 된 形聲字인데다가 '崴'의 음이 '위'이고,
(3) 崴의 운통과 반절에는 위의 둘째에서 적시한 바와 같이 ④의 갈래가 있다.

는 점을 근거로 하여,

(1) 운통은 尾
(2) 음은 '위-의'
〈威의 反切은 於非切 하나뿐이다.〉

로 잡은 것이지, 결코 논자가 주장하듯 아무런 根據도 없는 것을 느닷없이 음을 '의'로 잡은 것은 아니라 생각된다.

또, '의'가 아닌 이유를 논하는 자리에서,

그 때에 문하생들인 실무자들이 원고를 붓으로 쓴 데다가 글자는 草書이었을 것이니 "외"가 "의"로 오인되고, "隹"의 초서가 "尾"의 초서와 비슷한 데서 서로 혼동된 것이라고 하는 추정이 과히 틀리지 않으리라고 믿는다. 왜냐 하면, 韻은 아무나 제멋대

> 로 고치는 것이 아닌데, 달라진 것은 고의 아닌 실수 이외의 경우를 생각할 수 없기 때문이다.

와 같이 말한 것은 음 '의'를 부인하기 위한 억지가 아닌가 여겨진다.

다음으로, 전기 논문은 '외'로 읽어서는 안 되는 이유로서 다음의 두 가지를 들고 있다.

> 1. "歪"의 본자 "竵"의 음이 "홰"이지 "회"가 아니므로 "歪"의 원음이 "홰"이지 "회"가 아니라는 사실과, 그 원음의 "ㅎ"소리가 줄어서 현음 "왜"로 되었다는 가정을 부정하지 않는다면 "歪=외"를 긍정할 수 없음이 명백하다.
>
> 2. 康熙字典에 "乖"자 음이 "古懷切, 公懷切 竝怪平聲"이라 되어 있고, 奎章全韻이 "懷=홰, 怪=괘"라고 그 본음을 밝히고 있음을 보면 "乖"자의 본음이 "괘"인 줄을 알겠는데, 奎章全韻에도 "乖"의 본음은 "괘"인데, 현음이 "괴"라 했고 현재 "괴"로 통용되는 것을 보면, "乖"라는 글자의 음이 "괘"에서 "괴"로 변한 것을 알 수 있다. 그리고 그것은 어디까지나 "乖"에 한한 문제다.

이에 대해서는 文獻的 資料를 말하는 대목에서 細細히 言及한 터이므로 敷衍을 피하기로 하고, 한글로 정착되어 있지 않은 約 三萬餘字에 달하는 漢字音을 推定해야 하는 우리로서 留念해야 할 事案 중, 위의 논문의 내용과 관계 깊은 몇 가지를 적시하여, 위의 내용을 논거로 삼을 수 없음을 밝혀 두고자 한다.

(1) 논자는 反切에 의한 漢字音의 推定에 있어, 장황하게 〈音韻의 脫落現象 -初聲에 있어서〉 外國語의 例까지 곁들여 가며 논하

고 있는데, 필자가 알고 있는 범위에서는 反切에 의한 初聲의 推定에 限하여서는 脫落現象의 이론이 적용되는 글자는 없다는 사실이다.

(2) 앞에서 보인 바와 같이 三韻聲彙는 我音과 正音으로, 奎章全韻은 華音과 東音으로 각각 갈라서 그 音을 달았는데, 여기서 我音과 東音은 受用하여 정착한 우리의 音을 뜻하며, 이를 正音과 華音으로 표현한 中國人의 音과는 엄연히 구별해 놓았다. 따라서 논자가 '본음'이라 한 것은 본음이 아니라 中國音이다.

우리가 反切에 의하여 漢字音을 추정할 때, 이 중 어느 것을 그 기준으로 삼아야 하겠는가를 한 例로써 생각해 보기로 하자.

[紅] 集韻 : 胡公切, 平聲 東의 운통

	삼 운 성 휘	규 장 전 운
公	(我)공 (正)궁, 쿵	(東)공 (華)궁
東	(我)동 (正)둥, 뚱	(東)동 (華)둥

전기의 논문에 따른다면, '紅'의 음은 '홍'이 되어야지 '홍'은 되지 못한다. 이럴진대, '乖'의 韻母를 꼭 'ㅙ'로 고집해야 하겠는가?

우리 音으로 受用하여 정착시킨 我音이나 東音을 反切에 活用하면 안 된다는 論理는 우리의 표준 현실음의 추정에 있어 이득보다는 혼란을 조장하는 쓸모없는 짓이 아닌가 여겨진다.

Ⅳ. 結　語

이상에서 보아 온 바와 같이 '歪'의 음은 '외'이어야 한다. 鄭在道氏의 論文에 대해 조목별로 필자의 소견을 개진하지 못한 아쉬움이 있으나, 그래도 위의 내용에서 그에 관한 필자의 소견은 다 反映시켜 놓았으리라 생각된다.

하루속히 '歪'자의 표준음이 定立되기를 바라는 마음만 간절하다.

[『東洋學簡報』 2집(1985) 수록]

單位語의 쓰임에 대하여

朴 成 勳*

Ⅰ. 머리에

단위어는 언어나 문자생활에서 매우 중요한 부분을 차지하고 있다. 그럼에도 불구하고 단위어에 대한 정리나 연구가 아직 제대로 되어 있지 않은 것은 애석한 일이다. 단위어는 量詞 · 單位詞 · 數量詞 · 陪伴詞 · 助數詞라고도 부르며, 수사 바로 뒤에 붙어서 사물의 수량, 성질 등을 나타내는 단위로 쓰인다.

단위어 중에는 현재와 거리가 먼 것도 있으나 많은 수가 그대로 쓰이고 있다. 그 중에는 현재에도 같은 뜻으로 쓰이고는 있지만 그 수나 양이 변하여 쓰이는 것도 많다. 세상의 모든 물건은 그 수를 셀 수 있는 것이 있는가하면 셀 수 없는 것도 많다. 수를 셀 수 있는 것은 직접 숫자를 써서 그 수를 표시할 수 있지만, 숫

* 전 단국대학교 동양학연구소 한한대사전 편찬원

자로서 그 낱낱의 수를 헤아릴 수 없는 것은 度·量·衡의 단위를 이용하거나 또는 용기나 기구를 이용하여 그 크기나 양을 가늠하게 된다.

단위어 중에는 ① 尺·斗·斤 따위와 같이 度量衡의 기구를 사용하는 것, ② 一杯酒와 같이 어떤 용기를 사용해야 하는 것, ③ 一把米, 一把花와 같이 동작이나 행위를 빌리는 것, ④ 一訥과 같이 집합이나 묶음의 성격을 가진 것, ⑤ 一陣風과 같이 시간과 관련이 있는 것 등이 있는데, 이상의 단위어에서 ④를 제외하면 모두 낱낱의 수를 헤아릴 수 없는 것들이다. (『中國文法要略』 文史出版社, 中華六十三年二月)

전에 단위어에 대하여 간략히 소개한 일이 있으나(『漢文學論集』, 第三輯, 檀國大 漢文學會), 본고에서는 그때 소개하지 못한 부분을 길이·낱개·짝·묶음이나 덩이·양·토지의 넓이·기타 등으로 나누어 같은 부류끼리 묶어서 한 가지씩 지면이 허락하는 한 몇 차례에 걸쳐서 소개하려고 한다.

지금까지 190여 개의 단위어를 정리하였으나, 그 밖에 우리나라에서 사용하고 있는 단위어는 셀 수 없이 많다. 본고에서는 출전이 있는 것만을 대상으로 1900년대 이전의 문헌을 가지고 현재와 서로 비교하면서 통시적으로 정리하였다.

Ⅱ. 각 단위어의 쓰임

1. 묶음이나 덩이

1) 脚

'각'(脚)의 뜻으로, 짐승을 잡아 그 고기를 나눌 때, 전체를 몇으로 등분한 부위를 셀 때 쓰이었다.

猪肉醬方湯一器(猪肉二脚 牛內心肉半半部…)〈壬寅進宴儀軌, 三〉

2) 巨衣

巨衣는 '거리'의 취음 차자 표기로 끈, 새끼, 줄 따위를 사리어 놓은 묶음을 셀 때에 쓰이었다. 사전에서의 '거리'는 오직 '오이, 가지 등의 수효를 셀 때, 50개를 일컫는 말'이라고만 되어 있으나, 이 거리는 발[把]의 상위 단위로서 끈, 칡줄[葛乼], 줄바[條所·条所], 뭇줄[束乼], 세겹바[三甲所] 따위의 묶음을 헤아릴 때에 쓰이었다. 그러나 줄의 종류와 만들어진 재료, 또는 그 쓰임에 따라 각각 그 길이와 무게가 달라지는데, 같은 한 '거리'라도 뭇줄은 열 발(十把)이지만 줄바는 30발이 되고, 같은 뭇줄이라도 대·중·소에 따라 무게가 달라진다. 세겹바도 별세겹바[別三甲所]냐 또는 흰무명으로 만든 세겹바[白木三甲所]냐에 따라 그 길이는 같지만 그 무게는 달라진다.

대체로 세겹바의 한 '거리'는 열 발이고, 한 발의 길이는 3자 6치이니까, 한 '거리'의 길이는 36자가 된다. 이 '巨衣'는 '巨里'와 서로 같은 뜻으로 通用된다.

大葛乬一艮衣 大束乬一艮衣(長十把 重二十五斤) 中束乬一艮衣(長十把 重二十斤) 小束乬一艮衣(長十把 重十五斤) 別三甲所一艮衣(長十把 重七斤) 三甲所一艮衣(一把長三尺六寸 長十把 重二斤十兩) 条所一艮衣(長三十把 重二斤十兩)〈度支準折, 五〉 回繩次紅綿糸三甲所三艮衣二把 〈度支準折, 五十六〉 索一百艮衣, 中束乬十艮衣〈度支準折, 六十〉 別條所七十五艮衣八把〈昌慶宮營建都監儀軌, 實入〉

3) 巨里

巨里는 '거리'의 취음 표기로서, 艮衣와 같은 뜻으로 쓰인다.

용마름[龍舍音] · 바자[把子] · 사슬[沙乬] · 세겹바[三甲所] · 줄바[条所]또는 꿴 구슬 따위를 일정한 길이로 사리어 놓은 묶음을 셀 때 쓰이었다.

한 '거리'의 길이는 물건의 종류와 쓰임에 따라 각각 달라지는데, 한 간(間) 정도의 길이가 될 때도 있고, 열발[十把] 혹은 한 필(疋)이 될 때도 있다.

小木匠所用 陶罐二 延日礪石二片 魚膠一斤 小索二巨里〈樂器造成廳儀軌〉

一間巨里五峯障子一雙 長沙乬兩排具二十五折二巨里 十七折二巨里 鷺頭沙乬六巨里,〈昌慶宮營建都監儀軌, 實入〉

樺皮索一千一百四十七巨里(每巨里價錢一分五里)〈華城城役儀軌, 五, 財用一〉

鐵沙乫四十八巨里〈萬機要覽, 軍政, 三〉

熟麻三甲所三巨里 熟麻條所三巨里 〈孝宗寧陵山陵都監儀軌, 雜物秩〉

樽花結裹紅綿絲三甲所一巨里 〈顯宗明聖后嘉禮都監儀軌, 世子宮〉

三甲所陸巨里次紅鄕絲 〈尙方定例, 二〉

巨里(十把 謂之巨里) 〈吏讀便覽, 行用吏文〉

五色珠(四百介作一尺 卽一巨里) 〈度支準折, 十四〉

長沙乼半巨里(重三斤八兩 折價一兩六戔七里二戶) 〈度支準折, 二十二〉

輦擔乼一巨里 玉轎擔乼一巨里 白木三甲所一巨里(長一疋) 〈度支準折, 三〉

龍舍音一間巨里(穀草三束) 杻把子(一間巨里價錢三戔 二間巨里價錢五錢) 紫門 〈度支準折, 二十五〉

4) 貫

'꿰미'의 뜻으로 엽전이나 구슬 등 구멍이 뚫인 물건을 꿰어 묶은 수를 셀 때 쓰이었다. 돈은 百錢, 곧 十兩이면 한 貫이 된다.

講曰 過失殺人者 依死罪贖銅錢四十二貫 四十二貫者 四百二十兩也 東人誤以百錢爲一貫 收贖錢皆收十分之一 〈欽欽新書, 七〉

吾東 百錢一串 謂之一兩 乃以一兩借名一貫 亦名緡 〈雅言覺非〉

國幣用銅錢(百文爲兩 十兩爲貫) 〈大典會通, 二, 戶典, 國幣〉

齋戒七日 浮座具晨水上 龍天八部侍從引入崛内 參禮空中 出水精念珠一貫獻之 〈三國遺事, 三〉

5) 塊

'덩이'의 뜻으로 작은 덩어리를 셀 때에 쓰이기도 하지만, 달리

종이 백권을 이를 때에도 쓰이었다.

蜜月茶一塊 毛尖茶一塊 〈度支準折, 十八〉

額石一塊 高莫只石一塊 柱礎石三塊 階石一塊 〈度支準折, 六十〉

中朝麵肉柴炭 皆以斤稱 而我國則 麵以斗 肉以塊 柴以束 炭以石 輕重多少 亦不的矣 〈芝峯類說, 三十四〉

紙物充包 曾無定限 癸亥爲始 壯紙定以節行一百四十塊 (百卷爲一塊), 曆行七十塊 後市四十塊 其外潛入者嚴禁 〈萬機要覽, 財用, 五, 燕行八包〉

成川玉五塊 〈正宗大王殯殿魂殿都監儀軌, 上, 品目〉

紫香丹一塊 〈昌慶宮營建都監儀軌, 甘結〉

大柱礎十九塊 八尺墻臺石二塊 橋耳機一塊 〈昌慶宮營建都監儀軌, 實入〉

6) 鉤

실 따위를 감은 뭉치를 셀 때 꾸리의 뜻으로 쓰이었다.

美濃絁三十疋 絹十疋 絲一百五十鉤 〈渤海考, 二十二, 臣考〉

絹三十疋 美濃絁三十疋 絲二百鉤 〈渤海考, 三十三, 臣考〉

7) 卷

한지(韓紙)의 한 분량을 하나치로 셀 때 장(張)의 상위 단위로 쓰이었다. 한 장의 크기는 모두 일정하지 않고 종류, 쓰임, 목적에 따라 달라진다. 같은 搗鍊紙라도 상품이냐 하품이냐에 따라 그 규격이 다르고, 같은 草注紙라도 供上이냐 아니냐에 따라서도 그 규격이 달라진다.

贈琉球國王……厚紙十卷 油紙席十五張……〈朝鮮世祖實錄, 四十三, 三十年八月〉

路費 銀一百兩 壯紙五十卷 白紙一百卷〈磻溪隧錄, 三〉

白綿紙五百卷 黃毛筆五十枝 油烟墨五十錠〈通文館志, 三〉

白休紙一斤(三卷作一卷 一卷重一兩) 供上草注紙一卷(長二尺九寸 廣一尺九寸) 草注紙一卷(長二尺二寸 廣一尺五寸) 上品搗鍊紙一卷(長二尺三寸 廣一尺八寸) 下品搗鍊紙一卷(長二尺三寸 廣一尺八寸) 青扇子紙一卷(長八寸 廣六寸五分)〈度支準折, 六〉

8) 級

두름의 이두 표기로서 冬音·冬乙音과 같은 뜻으로 쓰인다. 비웃·웅어는 열 마리씩 엮어서 두 줄이 되고, 고사리 따위의 나물은 일정한 모숨이 없다.

古沙里菜一級 價錢三分〈度支準折, 三十四〉

一級者一等也 秦法斬賊一首 拜爵一級 故一首曰一級乃東語 凡編物至十 謂之一級(方言曰 두름) 海艾一級 乾魚一級(魚或以二十爲一級)〈雅言覺非〉

陳艾五級〈萬機要覽, 財用, 五, 信使〉

內下 葦魚一百級 蘇魚一百級〈華城城役儀軌, 二, 頒賜〉

各色截肉一器(洪魚·沙魚 各五十尾…乾大鰕五十級 海帶二十條 實栢子一升)〈壬寅進宴儀軌, 三〉

眞茸一級〈己丑進饌儀軌〉

級, [鮮] 編魚二十曰級, 두룸 급〈字典釋要〉

冬音, 듣음, 猶級也〈吏讀便覽, 行用吏文〉

9) 訥

訥은 '누리'의 차자 표기로, 보통 기와나 벽돌 천 장을 셀 때에 張의 상위단위로 쓰이었다. 사전에는 '우리'가 표준말로 되어 있으나, '우리'보다는 '누리'가 오히려 표준말에 가깝지 않은가 한다.

訥의 音에는 '눌', '찰' 두 음이 있을 뿐 '울'의 음은 없다. 따라서 '눌'은 우리말의 '누리'를 나타내기 위하여 訥의 음 '눌'을 차자 표기한 것이다. '울'이 '우리'의 준말이라면, '눌'이 아닌 '울'의 음이 있는 尉이나 鬱 등의 한자를 사용하여 '우리'의 음을 취했을 것이다.

訥이 첫째 음절에 쓰인 말을 찾아보면 訥辯, 訥澀, 訥魚, 訥玉島, 訥音, 訥齋先生集, 訥祗王, 訥催 등 물고기 이름, 땅 이름, 책 이름, 사람 이름 등을 막론하고 모두 눌의 음으로 쓰이고 있다.

또 訥魚와 重唇魚는 현재 누치를 이르는 말로서, 옛 문헌에서 보면 눌치, 눕치, 눈치, 눗티 등으로 표기되어 있다. 이들은 모두 '누'에 ㄹ, ㅂ, ㄴ, ㅅ 등의 받침이 붙은 음으로 나타나 있을 뿐, '우'의 음으로는 표기되어 있지 않다. 이는 예부터 지금까지 초성은 변하지 않고 그대로 쓰였다는 것을 의미하는 것이다. 그러므로 '우리'보다는 '누리'가 표준말에 더 가깝지 않은가 생각된다. 국어사전에는 2천 장이 한 우리라 하였으나 2천 장이 아니고 천 장이 한 누리이다.

今雖有若干未覆之處 不過二十許訥 此亦計除用餘之數 大牙鍊幾至七十餘訥 中牙鍊亦如之 常瓦亦至六十餘訥 合而計之 不下二百餘訥 方磚二十餘訥 半磚十五六訥 防草四訥 穴磚百餘訥龍頭・土首・烟家・雜像等物 亦有餘數 此皆初用之物 〈光海君日記, 一百六, 八年八月〉

中女夫瓦 一百六十訥九百二十一張 (每訥價錢 十二兩 旺倫燔造) 〈華城城役儀軌, 五, 財用上〉

常瓦二十九訥七百五張, 方磚四訥八百三十張 半磚一訥五百五十四張(以上 燔瓦所) 〈孝宗寧陵山陵都監儀軌, 造成所〉

瓦甎, 常瓦一訥(一千張) 〈度支準折, 二十八〉

鴛瓦謂之夫瓦 鴦瓦謂之女瓦 瓦一千張爲一訥 〈古今釋林, 二十八, 東韓譯語, 釋宮〉

10) 臺乃

'타래'의 취음 표기이다. 실이나 줄 같은 것을 감아서 틀어 놓은 덩이를 셀 때 쓰이었다.

火繩九千三百七十六臺乃. 〈萬機要覽, 軍政, 三, 摠戎廳, 軍器〉

11) 同

동은 굵게 묶거나, 여럿을 한 덩이로 만든 묶음을 셀 때 쓰이었다. 묶은 덩이에 따라 피륙은 쉰 필, 조기[石首魚]는 천 마리, 청어는 이천마리, 三甫는 여섯 뭇, 바자[把子]는 스무 뜸[浮] 이엉[草飛乃] ·달발은 다섯 마름[舍音], 욋가지[椳木]는 다섯 단(丹), 黃灰木은 여섯 단, 먹은 열 자루[十丁]가 한 동이 된다.

命納綿紬二同于內(俗云 五十匹爲一同) 〈朝鮮中宗實錄, 三十七, 十四年十一月〉

胡椒丹木之貿 不爲足數 胡椒丹木加貿則通計 布三百餘同(五十匹爲一同) 〈朝鮮明宗實錄, 十四, 八年二月〉

舊價貿易 木棉一千七百五十同(五十匹爲一同) 縱新價貿易則 木棉

一千一百八十五同 〈朝鮮中宗實錄, 五十五, 二十年八月〉

綿布三十五尺一疋 五十疋爲一同 〈大東野乘, 三, 諛聞瑣錄〉

令官家捧藿上納 而藿五十條爲一束 五十束爲一同 每同 折錢七兩五十文 〈增補文獻備考, 一五八, 財用考, 魚鹽〉

生葛一同(五十沙里 重百斤) 〈度支準折, 五〉

中眞墨一同(十丁) 大節常墨一同 〈度支準折, 七〉

黃灰木一同(六丹作一同) 三甫一月乃(一束重十斤 六束作一同) 〈度支準折, 十〉

椳木一同一丹七介 · 一同(二十介作一丹 五丹作一同) 水靑木一丹(一介長八尺 至十三尺 二十介作一丹 五丹作一同) 〈度支準折, 二十三〉

草把子一浮(廣一把) · 二十浮作一同 三同作一駄 草飛乃一同(十束作一舍音 五舍音作一同) 草薍(十束爲一舍音 五舍音爲一同 三同爲一駄) 〈度支準折, 二十五〉

石首魚一束(十介作一束 百束作一同) 眞魚一束(十介) 靑魚一冬音(二十介作一冬音 百冬音作一同) 〈度支準折, 三十二〉

12) 冬乙音

두름(冬音 · 冬乙音 · 級)의 이두식 표기로서 물고기나 나물을 짚으로 두 줄로 엮은 것으로서 물고기는 한 줄에 열 마리씩 스무마리를 한 두름이라고 한다.

十四日 宋奴自咸悅入來 咸悅贈送正租一石 · 眞麥十斗 · 末醬二斗 · 粘米四升 · 生葦魚一冬乙音 朝飮白粥半鉢 飢餒方極 今得此物 卽與妻子炊飯烹魚 共食 深謝厚意 〈瑣尾錄, 三, 甲午日錄〉

13) 冬音

'두름'의 이두 표기로 물고기나 나물을 짚으로 두 줄로 엮은 것을 셀 때 쓰이었다. 이는 '級 · 冬音 · 冬乙音'과 서로 같은 뜻으로, 비웃, 웅어 따위는 한 줄에 열 마리씩 스무 마리가 한 두름이고 고사리 따위는 일정한 모숨이 없다.

使令二十一名 各生蘇魚一冬音〈祭器都監儀軌〉

散賣之鹽魚等屬 每駄一冬音式 收捧事〈各廛記事, 人, 亂廛事〉

戶曹啓 元貢不足物種中 眞魚五十八束 靑魚八十九束 冬音石首魚一千五百九束〈增補文獻備考, 一五一, 田賦考, 貢制〉

生葦魚(每冬音 四斗), 冬白魚一百十七冬音半 生小螺十冬音〈萬機要覽, 財用, 一〉

柳靑吐紬(每匹 三甫參冬音)〈向方定例, 七〉

靑魚一冬音(二十介作一冬音 百冬音作一同) 大蝦一冬音〈度支準折, 三十二〉

蕨菜一冬音〈度支準折, 三十四〉

冬音 드음 猶級也〈吏讀便覽, 行用吏文〉

14) 乬介

둥글거나 네모지게 생긴 물건을 낱낱으로 셀 때 쓰이었다. 曲은 麯으로서 方曲은 方麯을 이르는 말이다.

方曲一乬介(小麥六升五合 重三斤) 價錢二戔半 太常〈度支準折, 三十七〉

15) 味

약재의 가짓수를 셀 때 쓰이었다. 예문중 藥材十八味는 약재 18 가지를 이르는 말이다.

判承寧府事李貴齡 回自京師 貴齡賫禮部咨一道 藥材十八味 及布告天下勑諭一道來〈朝鮮太宗實錄, 五, 三年六月〉

味, 量詞, 食物或藥物之數量單位〈形音義綜合大字典〉

16) ㅏ

'짐'의 이두 표기로, 들거나 지거나 또는 운반하도록 만든 물건 따위를 셀 때, 또는 조세를 계산하기 위한 토지 면적의 단위로서 열 뭇, 곧 백줌의 곡식을 거두어 들일 수 있는 토지의 넓이를 이르는 말이다.

一握者 謂之把 遞以上之至于結 十把爲束 十束爲負(或稱ㅏ 今每一負 出租一斗) 百負爲結(俗音 먹) 八結爲夫〈萬機要覽, 財用, 二, 田結〉

壬者 於是一負曰一ㅏ 二負曰二ㅏ 輕重之馱曰ㅏ 馬裝辦之載曰ㅏ〈雅言覺非〉

綿鈴一介所入 綿花三ㅏ 麻糸二ㅏ 常綿子二ㅏ 綿𠆾赤一介所入 綿花一戔 麻糸二ㅏ 常綿子二ㅏ〈度支準折, 三〉

ㅏ, ㅏ本負之𠃌點 詳見前篇 ㅏ馬ㅏ馱 皆從本音非是〈吏讀便覽, 行用吏文〉

17) 封

종이에 싼 것이나 봉지에 들어 있는 물건의 수를 셀 때 쓰이었다.

薛天使所奉送 墨刻一快 蜀扇二握 書簡三封〈朝鮮中宗實錄, 九十一, 四十四年八月〉

各色糖一器(糖各十二封 水玉糖六斤 蜜棗·青梅糖·人蔘糖 各十封) 乾葡萄一封〈壬寅進宴儀軌, 三〉

封草(一千四百七十五封) 芙蓉香(一封價錢一兩)〈萬機要覽, 財用, 一〉

閩薑一斤(一封)〈度支準折, 十八〉

萬壽香一封 芙蓉香(一劑價艮一百六十兩 一封五雙價錢一兩) 衣香一封〈度支準折, 四十一〉

18) 釜

'가마'의 차자 표기로, 원래는 갈모나 쌈지 따위를 셀 때 백 개를 일컫기도 하지만 黃毛 백줄(가닥)을 이르기도 한다.

黃毛一釜(百條)·(價錢三十兩 一條錢三戔)〈度支準折, 十三〉

19) 篩

'체'의 취음표기로 두부·묵·造果 따위의 한 판을 이를 때 쓰이었다. 두부[豆泡]·청포묵[青泡] 따위는 열 모[十片]를 한 체라고 한다.

豆泡一篩(十片爲篩)價錢八分 青泡一篩 價錢一戔三分〈度支準折, 三十七〉

四色甘絲果十三篩 五色鈴强篩十三篩〈仁祖國葬都監儀軌, 二〉

20) 沙里

'사리'의 취음 표기로 국수 · 실 · 새끼 · 박오가리[朴右巨里] · 火繩 · 실국수[細麵] · 杻繩 · 生葛 따위를 사리어 놓은 것을 셀 때 쓰이었다. 同의 하위 단위로서, 줄의 종류나 그 쓰임에 따라 달라지는데, 대개 줄 따위는 50사리가 한 同이 되며, 한 사리는 50발[把]이 된다.

本麵三十沙里 〈壬寅進宴儀軌〉

生葛二百三十三同十沙里 每同五十沙里 藁索十四同 每同五十沙里 每沙里三十把 藁索十五同 每同一百沙里 各長五十把 〈孝宗寧陵山陵都監儀軌, 座目〉

火繩四千四十二沙里 藥線一十二千六沙里 〈萬機要覽, 軍政, 二〉

杻繩一沙里(長五十把) 〈度支準折, 五〉

朴右巨里(一沙里價錢二分) 〈度支準折, 三十四〉

21) 舍音

'마름'의 이두 표기로 이엉[草飛乃] · 달발 · 풀 등을 엮어 말아 놓은 묶음을 셀 때 쓰이었다. 대개 열 뭇(束)이면 한 마름이 되고, 다섯 마름이면 한 동이 된다. 동의 하위 단위로 쓰이었다.

藁草飛乃二百四十一同 每同六舍音 每舍音十五把內 九十八同二舍音 〈孝宗寧陵山陵都監儀軌, 座目〉

草飛乃七十六駄二舍音 〈昌慶宮營建都監儀軌, 實入〉

草亂(十束爲一舍音, 五舍音爲一同 三同爲一駄) 草飛內一同(十束作舍音 五舍音作一同) 〈度支準折, 二十五〉

22) 手

'손'의 차자 표기로서, 조기나 암치, 고등어 같은 것은 큰 것 작은 것을 끼어 둘씩을, 미나리나 파는 한 줌씩을, 또 어떤 것은 넷이나 다섯씩을 한 손이라 한다.

完子湯一器(……水芹二手……) 〈壬寅進宴儀軌, 三〉

23) 握

(1) '줌' 또는 '춤'의 차자 표기로 여러 오리로 가늘고 기름하게 생긴 물건을 한 손으로 쥠만한 분량을 셀 때 쓰이었다. 도라지[吉更]·토란줄기[土卵莖]·고사리[生蕨]·승검초[辛甘菜]·미나리[水芹]·순무채[蔓菁根菜]·무우채[蘿葍菜]·박고지[朴古之] 따위에 쓰이었다.

皮吉更一斤(十握作一丹 重七十兩一斤半 實一斤) 土卵莖一握 生蕨一握 辛甘菜一握 水芹一握 蔓菁根菜一丹(卽十握) 蘿葍菜(卽十握) 生葱(十介作一束 又作一握) 〈度支準折, 三十四〉
朴古之五握 〈己丑進饌儀軌〉

(2) '자루'의 뜻으로, 부채 따위와 같이 자루가 달린 물건을 낱낱으로 셀 때 쓰이었다.

薛天使所奉送 墨刻一快 蜀扇一握 書簡三封 〈朝鮮中宗實錄, 九十一, 三十四年八月〉

24) 月乃

'타래'의 취음 차자 표기로 풀이나 · 실 · 낙지 · 고비나물[高飛菜] · 속새[木賊] · 三甫 따위를 감아서 틀어놓은 것을 셀 때에 쓰이었다. 月乃는 타래 외에 달래, 다리, 말다래의 취음 차자 표기로도 쓰이고 있다.

三甫一月乃〈仁祖國葬都監儀軌, 下, 三房〉

生落蹄二十月乃(每月乃價一兩二錢)〈萬機要覽, 財用, 一, 供上, 大殿〉

粧飾取色 三甫壹月乃〈尙方定例, 一, 准折式〉

三甫一月乃〈度支準折, 十〉

槐皮一月乃〈度支準折, 二十三〉

木賊一斤(一月乃 重八兩)〈度支準折, 二十五〉

眞茸一斤(一斤重二兩一戔) · (一月乃重十五兩)〈度支準折, 三十三〉

高飛菜一月乃〈度支準折, 三十四〉

月乃菜一丹〈度支準折, 三十四〉

新郎所騎馬는 梨花似的白雲馬에 靑靑月乃에 月乃는 謂障泥之革也〈朝鮮女俗考, 六〉

月乃所入 草度十立 休紙七斤…〈仁祖國葬都監儀軌, 下, 二房〉

25) 注之

'좨기'의 취음 차자 표기로서, 데친 나물이나 다시마[多士麻] · 미역 · 김[甘苔] · 박오가리[朴右巨里] 또는 반죽한 가루 따위를 조그마하고 둥글넓적하게 만든 덩이를 셀 때 쓰이었다.

昆布一斤(二十立作一注之 重二斤) 多士麻一斤(三十立作一注之 重五斤) 早藿一斤(十立作一注之 重三斤) 甘苔一斤(十注之作一貼) 朴右巨里(一注之價錢五分 一把價錢三分) 〈度支準折, 三十三〉

26) 竹

'죽'의 취음 표기로 옷이나 그릇 등의 열 가지나 열 개를 하나치로 셀 때 쓰이었다. 닢(立)의 상위 단위로 사발, 대접[大貼], 보시기[甫兒], 접시[貼匙], 종지[種子] 따위를 셀 때에 쓰이었다.

濟綱五竹 價金三十八圓七十五錢 〈四介松都治簿法, 二十〉
隅板五竹 砂鉢・砂湯器・砂種子 各四十一竹 砂楪匙 二竹四立 〈己丑進饌儀軌〉
墨漆小盤一竹八立 〈正宗大王殯殿魂殿都監儀軌, 中, 各殿手本〉
常沙鉢一竹 大貼・甫兒 各五竹 〈上同, 下, 品目〉
沙鉢三竹 沙甫兒一竹 沙貼匙三竹 〈孝宗寧陵山陵都監儀軌〉
沙鍾子一竹 〈萬機要覽, 財用, 一〉
沙鉢 甫兒 各一竹 〈順元王后嘉禮都監儀軌〉

27) 串

'꼬치'의 뜻으로 꼬챙이에 꿴 물건의 수를 셀 때 쓰이었으며, 대개 한 꼬치는 열 개를 꿴 것으로서 접(貼)의 하위 단위로 쓰이었다.

各色花陽炙一器(高七寸 各色花陽炙五百五十串…) 〈壬寅進宴儀軌, 三〉
大切全卜一貼(十介作一串 十串作一貼) 〈度支準折, 三十二〉
乾柿一貼(十介作一串 十串作一貼) 〈度支準折, 三十五〉

黃牛(每首一百五拾串式 二十六首一百四十八串) 中牛(二十首一百四十八串 每首價錢二十八兩)〈度支準折, 五十九〉

28) 貼

'접'과 '첩'의 뜻으로 쓰이었다.

(1) '접'의 뜻으로 과실이나 마늘 · 무우 · 배추 등의 백 개씩을 이르기도 하지만, 김은 열 쾌기, 전복은 다섯 줄(條), 포(脯)는 열 줄, 한지는 열 장, 貼金이나 貼銀은 열 장, 꼬치에 꿴 건시나 전복은 열 개를 꿴 꼬치 열 개가 한 접이 된다. 貼의 音은 본래 첩이지만, '접'이라는 음과 뜻을 우리나라에서 새로 만들어 쓴 國音字인 동시에 國義字이다.

時政記紙一貼(低品大好紙 十張作一貼)〈度支準折, 六〉

貼銀 · 貼金(方三寸作一張 十張作一貼, 十貼作一束)〈度支準折, 十九〉

中脯一條(十條作一貼)〈度支準折, 三十一〉

海衣一貼 甘苔一斤(一注之 重一兩六戔 十注之作一貼)〈度支準折, 三十三〉

全鰒二十貼…乾柿二十二貼〈春官通考, 二, 方物數目〉

乾柿二百四十貼〈萬機要覽, 財用, 五, 方物〉

貼 [鮮] 公文鈐印成一 성접할 접 魚果百 脯十 접접〈字典釋要〉

(2) '첩'의 뜻으로 약봉지에 싼 약을 셀 때 쓰이었다.

貢緞黑膏藥(一貼價錢一兩五錢 一張價錢三戔)〈度支準折, 十八〉

29) 軸

軸은 軸의 訛字로 두루마리로 된 물건을 셀 때 쓰이었다. 이외 책력은 스무권, 한지는 열권, 과거(科擧)의 글장 열 장을 묶은 것 따위를 셀 때에 쓰이었다.

華天使所奉送 小畫一軸 〈朝鮮中宗實錄, 九十一, 三十四年八月〉

30) 快

'쾌'의 취음 표기로서 북어는 스무마리, 엽전은 열 꿰미를 한 단위로 셀 때 쓰였으며, 먹을 셀 때에도 쓰이었다.

薛天所奉送 墨刻一快 〈朝鮮中宗實錄, 九十一, 三十四年八月〉

31) 駄

'바리' 또는 '짐'의 뜻으로 소나 말 따위의 등에 실은 짐을 세거나 사람이 한 번 져 나를만한 분량을 셀 때 쓰이었다.

이엉[草飛乃], 바자[把子], 달발[草亂] 따위는 석 동이 한 '바리'가 된다.

細沙九百五十駄 沙壁一千三十五駄 草飛乃七十六駄 一同二舍音 椳木一百七十八駄 楡皮一駄半 〈昌慶宮營建都監儀軌, 實入〉

草飛乃二駄 〈己丑進饌儀軌〉

杻籠四十五駄 〈正宗大王殯殿魂殿都監儀軌, 實入〉

草飛乃一同(十束作一舍音 五舍音作一同 長四間 三同作一駄) 草把子一浮(廣一把)・(二十浮作一同 三同作一駄) 草亂(…三同爲一駄) 〈度支準折, 二十五〉

常瓦一訥(一千張 一駄四十張…)〈度支準折, 二十八〉

32) 土里 · 吐里

'토리'의 취음 표기로서 실이나 줄, 또는 박고지(朴古之) 따위를 둥글게 뭉친 덩이를 셀 때 쓰이었다.

苦椒六升 朴古之四百一土里 古非四十三級 〈華城城役儀軌, 六, 財用下〉

饅蒸湯一器(…朴古之半吐里…)〈己丑進饌儀軌〉

2. 낱개

1) 角

(1) '갑'(匣)의 뜻으로, 작은 상자 속에 든 물건의 양을 헤아릴 때 쓰이었다.

王親臨賜酒 仍賜輔成 · 顒等 公服一襲 幞頭二枚 腦原茶一角 〈高麗史, 世家, 七, 文宗〉

(2) '뿌리'의 뜻으로, 짐승의 뿔과 같은 모양으로 생긴 삼(蔘)이나 생강 따위를 낱낱으로 셀 때 쓰이었다.

雖一角蔘 若無帖文 而私貿者與受 俱以潛商律論 〈大典會通, 二, 戶典, 雜稅〉

生薑一斤(十角作一升 · 鹽于一升 重八兩 皮一升作實半升 重七兩)

元米三斗 〈度支準折, 三十四〉

2) 介

'介'는 '個'나 '箇'와 함께 '개'의 뜻으로 국화동(菊花童), 감잡이[甘佐非], 장도리(長道里), 인두[引刀]등 낱으로 된 물건을 셀 때 쓰이었다.

半白雕羽一介 牛尾一介 〈度支準折, 十二〉

菊花童大一介 甘佐非(丁具)大一介 長道里大一介 引刀一介 〈度支準折, 二十二〉

3) 莖

'줄기'의 뜻으로 긴 모양의 한 물건을 셀 때 쓰이었다.

파는 한 뿌리, 두 뿌리라고도 한다. 등심(燈心)은 한의학에서 이르는 골풀의 속. 곧 '골속'을 이르는 말이다.

酒半升 豆豉半兩 燈心十莖 葱白二莖 〈新編集成馬醫方, 腎部〉

4) 骨

피륙 · 종이 · 나무판자 같은 것을 길이로 똑같이 나누어 오리거나 접은 폭의 수를 셀 때 쓰이었다. 예문에서 보이는 蘇州緞은 중국 소주에서 나는 비단의 하나로 족자나 粧帖의 화장에 많이 쓰이는 비단이다. 따라서 半骨은 피륙의 반 폭을, 전골은 전폭을 이르는 말이다.

綿草大段全骨十一尺七寸 黃丹牛骨六寸 藍叚半骨六寸 〈嘉禮都監儀軌(顯宗明聖后), 稟目〉

紅水紬十幅床巾十件(每件每幅 紅水紬長一尺七寸) 同道里次 草綠水紬半骨七尺 并內下 〈壬寅進宴儀軌, 三〉

雲足次厚板半骨二尺八片 〈正宗殯殿魂殿都監儀軌, 下, 別工作〉

薄松板半半骨四尺 〈己丑進饌儀軌〉

大紅蘇州叚半骨三尺五寸 〈仁祖國葬都監儀軌, 下, 二房〉

禮葬時紅燭籠衣一隻(紅細苧布三幅 各一尺七寸 矜鴉青細苧布半骨二尺八寸) 〈度支準折, 三〉

5) 顆

'송이' 또는 '알'의 뜻으로 둥글고 작은 덩이나 그 덩이가 모여 이루어진 물건의 낱개 또는 그것을 세는 단위어이다. 포도, 구슬, 방울 따위를 셀 때 쓰이었다.

葡萄一顆價錢一兩 〈度支準折, 三十五〉

五色珊瑚玉旒珠 并膽珠共一百六十六顆內 紅三十六顆 白三十六顆 蒼三十六顆……〈朝鮮太宗實錄, 六, 三年十月辛未〉

乙巳二年 晋遣范匡政・張季凝 來冊王……鍍金鷹鈴二十顆 銀鏁鏇子五色條銀尾銅全鍍金鴿子鈴二十顆銀鏁尾銅全細白氎布一百匹……〈高麗史, 世家, 二, 惠宗〉

編鍾九架 每架 正聲一十六顆 中聲一十二顆……流珠三十顆 盤子七箇……〈高麗史, 志, 二十四, 樂一, 軒架樂器〉

齋戒七日 浮座具晨水上 龍天八部 侍從引入崛內 叅禮空中 出水精念珠一貫 獻之湘領受 而退東海龍 亦獻如意寶珠一顆 師捧出 〈三國遺事, 三, 義相〉

熊膽一戔半 大蒜一顆〈新編集成馬醫方, 六陰圖〉

6) 管

모양이 둥글고 길며, 속이 비어 管 모양으로 생긴 물건의 낱개를 셀 때 쓰이었다.

賜宋朝細筆一千二百管于進上〈高麗史, 世家, 十二, 肅宗〉

篪中正聲各二管……篴中正聲各二管〈高麗史, 志, 二十四, 樂一〉

7) 掛

'걸이'의 뜻으로 물건을 걸어두는 기구를 셀 때 쓰이었다.

燈盞十一掛〈朝鮮成宗實錄, 一百三十六, 十二年十二月壬戌〉

8) 口

사람이나 가축의 수효를 셀 때 쓰이었다. 대개 사람은 평민 이하에만 사용하였고, 가축이나 짐승에 대해서는 네 발이 달린 짐승에 대해서만 사용하였다.

賜楊州爲食邑 兼賜金帛·奴婢四十口·廐馬十匹……〈高麗史, 二, 太祖二〉

羊一口 羔一口 猪一口 生兔一口 家獐一口〈度支準折, 三十〉

賑恤食 壯男一口 十日 米五升……(父母年九十 全給侍丁 八十實役 三口所生 二口侍丁)〈度支準折, 六十〉

生獐十八口(每口價三十兩) 生兔三口(每口價六兩)〈萬機要覽, 財用, 一〉

奴婢貢給式 戶曹所管 己未條 八道實貢 奴一萬二千六百四十一口 婢一萬三千八百五十四口〈萬機要覽, 財用, 四〉

口 家畜也 計畜之數詞 〈中文大辭典〉

9) 根

긴 물건의 수효를 낱낱으로 셀 때 쓰이었다.

烟筒三十根 〈春官通備, 二, 迎勑禮單〉

朝鮮國王 并王父叚匹書籍等件……平天冠板一片 王桁一根 〈朝鮮太宗實錄, 六, 三年十月辛未〉

金銀裏槍一十根 〈高麗史, 世家, 二, 惠宗〉

根, 量詞, 長形物一枝, 一條, 一株曰一根 〈形音義綜合大字典〉

10) 代

'대'의 뜻으로 자루와 같이 길고 가는 물건의 낱개를 셀 때 쓰이었다. '對'와 같이 짝이 합하여 한 벌이 되는 물건이 아니고, 낱개를 세는 단위어로서 여기에서는 '쇠갈비 한 대'의 뜻으로 쓰이었다.

牛乫非一代價錢二戔(一部 重二斤 一隻六代) 〈度支準折, 三十一〉

11) 道

'통(通)' 또는 '건(件)'의 뜻으로, 편지 · 문서 · 증서 따위를 셀 때 쓰이었다. '通, 宗, 紙'와 같은 뜻으로 쓰인다.

判承寧府事李貴齡 回自京師 貴齡賚禮部 咨一道 藥材十八味 及布告天下勑諭一道來 〈朝鮮太宗實錄, 五, 三年六月甲子〉

或一道文記內 田民並付 則勿爲分掌並聽理〈續大典, 五, 刑典〉
道, 量詞 計事物之數者 一數曰一道〈形音義綜合大字典〉

12) 輛
수레나 차량의 수효를 셀 때 쓰이었다.

木造車運價 車一輛 十里(價米) 四斗式〈度支準折, 六十〉
戰車 五十一輛(五輪五輛 兩輛二十輛 獨輪二十六輛)〈萬機要覽, 軍政, 三〉

13) 令
영은 皮, 곧 털이 붙어 있는 동물 가죽의 수효를 셀 때 쓰이었다. 국어 사전에는 '가죽을 세는 말'이라고만 되어 있으나, 가죽은 털이 있고 없음에 따라 그 단위를 영과 장(張)으로 가려서 사용하고 있는데, 털이 붙어 있는 가죽은 '영'으로 털이 없는 가죽은 '장'으로 각각 달리하여 쓰이고 있다.

皮物(有毛曰令 無毛曰張) 毛獐皮一令 狸皮一令 毛狗皮一令 山羊皮一令 胡貂皮一令 唐猫皮一令〈度支準折, 十一〉
虎皮三十令 豹皮十七令 水獺皮一令 海獺皮一令〈度支準折, 六十〉
衣襨次 唐獺皮壹百拾參令〈尙方定例, 一〉
盖捉虎……分定虎皮 或一邑二三令〈磻溪隨錄, 三十一〉

14) 立
'닢'의 뜻으로, 자리 · 대접 · 접시 · 사발 · 모자 · 박철(縛鐵) · 판자 · 상 · 벽돌 · 미역[昆布] · 다시마[多士麻] · 기와 따위와 같이 넓적한 물건을 낱낱으로 셀 때 '竹'의 하위 단위로 쓰이었다.

草席一立 細草席一立 〈度支準折, 八〉

白帽子一立價錢一戔 〈度支準折, 十二〉

城門朴鐵一立 〈度支準折, 二十一〉

山柚子板一立 七星板一立 椳子板一立 楸板一立 〈度支準折, 二十三〉

黑眞漆大盤一立 〈度支準折, 二十七〉

磚石一立 〈度支準折, 二十九〉

昆布一斤(三十立作一注之 重二斤) 多士林一斤(三十立作一注之重五斤) 〈度支準折, 三十三〉

網瓦十五立 〈度支準折, 五十八〉

濕紙板參立(壹立失) 〈鑄字所應行節目〉

空石四十一立 〈交隣志, 一, 差倭〉

彩花席一立 草方席二立 白沙鉢二立 白沙盆二立 白大貼二立 〈正宗殯殿魂殿都監儀軌, 中, 品目〉

茶食果饅頭果六十立 〈壬寅進宴儀軌, 二〉

散子板八立 朴工四立 翼工九十二立 〈昌慶宮營建都監儀軌, 實入〉

砂楪匙二竹四立 砂鉢 · 砂湯器 · 砂鍾子 各四十一竹六立 倭朱紅漆大圓盤參立 〈尙方定例, 一〉

15) 笠

立과 通用되는 단위어이다. 임모(笠帽)나 방갓[方冠] 따위를 셀 때 쓰이었다.

方冠一笠 價錢六戔 〈度支準折, 十二〉

16) 枚

종이나 널빤지 따위와 같이 넓적한 물건이나 幞頭, 솔[省] 따위를 낱낱으로 셀 때 쓰이었다.

壎中正聲各二枚 〈高麗史, 志, 二十四, 登歌樂器〉
公服一襲 幞頭二枚 〈高麗史, 世家, 七, 文宗〉
梳省四枚 〈三名日方物謄錄, 三〉
枚 量詞 物一個曰一枚 〈形音義綜合大字典〉

17) 面

벼루 · 거울 · 책상 · 거문고 · 깃발 등 넓적한 물건을 낱낱으로 셀 때에 쓰이었다.

硯石一面價錢五分 倭鏡一面價錢三兩 〈度支準折, 四十一〉
大紫石硯一面 〈三名日方物謄錄, 一〉
紫硯三面 〈昌慶宮營建都監儀軌, 甘結〉
千里鏡一面 風眼鏡三十面 大緞大旗幟三十八面 〈萬機要覽, 軍政, 三, 禁衛營〉
銀筯貳面 〈尙方定例, 三, 別例下, 國婚〉
天使在京時求硯 故各贈大小硯各一面 及回還時 命各加贈一面 故臣謹以贈之也 〈朝鮮中宗實錄, 八十四, 三十二年四月丁丑〉
銀裏脚角竿頭金栢木冊案一面 〈高麗史, 世家, 二, 惠宗〉

18) 尾

'마리'의 뜻으로 물고기의 수효를 낱낱으로 셀 때 쓰이었다.

黃大口魚一尾 民魚一尾 廣魚一尾 文魚一尾 沙魚一尾 鮒魚一尾 乾秀魚一尾 訥魚一尾 錦鱗魚一尾 錢魚一尾 道味一尾 古冬魚一尾 〈度支準折, 三十二〉

長都會規……乾魚物一千一百十尾 〈平壤志, 二, 學校〉

八帶魚二十尾 大口魚二百尾 〈三名日方物謄錄, 一〉

乾秀魚一百二尾 炙仇非石首魚二十五尾 生錦鱗魚二十尾 銀口魚五十尾 生烏賊魚三十尾 〈萬機要覽, 財用, 一〉

文魚四尾 〈壬寅進宴儀軌, 二〉

19) 放

銃砲를 發射하는 횟수를 셀 때 쓰이었다.

每年四試 中旬賞木 戶曹進排 銃亦九放 〈萬機要覽, 軍政, 二, 鍊訓都監〉

步兵則砲手鳥銃三放 射手立蒭五矢 可也 〈磻溪隨錄, 二十一〉

20) 畨

번은 '뜸'의 뜻으로, 番의 俗字이다. 이 단위어는 油芚이나 草芚 따위의 낱개를 셀 때 쓰이었다.

유둔은 비가 올 때 쓰거나 덮기 위하여 이어붙인 두꺼운 油紙를 이르는 말이고, 초둔은 뜸으로 띠, 부들 같은 것의 풀로 거적처럼 엮어 만든 물건으로, 비 올적에 물건을 덮거나 볕을 가리는 데 쓰는 물건을 말한다. 番은 본래 回數나 枚數 또는 張數를 셀 때에 쓰이었다.

그런데 '畨'과 '浮'는 서로 같은 뜻으로 通用하고 있음을 알 수 있다. 浮는 '뜸'을 세는 단위어로서 浮의 訓 '뜨다'의 명사형 '뜸'과 우리말 '뜸'과의 同音關係에서 생겨난 차자 표기이다. 그러므로 畨은 '뜸'의 뜻으로 '뜸'을 세는 단위어로 쓰였음을 알 수 있다.

進獻六油芚一畨 薄六油芚一畨 前排六油芚一畨 四張付油芚一畨 〈度支準折, 六〉
草芚一百七十一畨 〈孝宗寧陵山陵都監儀軌〉
草芚一浮 〈度支準折, 二十五〉
仰遮六油芚十六畨 〈己丑進饌儀軌〉
油芚一百十三浮 〈萬機要覽, 軍政, 二〉
進獻油芚(每番二十石 湖南) 〈萬機要覽, 財用, 二〉
賫咨行 青漆皮十張 六油芚一畨 四油芚一畨 〈通文館志, 三〉
番 通俗小說作畨 〈宋元以來俗字譜〉
畨 番之俗字 〈中文大辭典〉
番 回數 枚數 〈中文大辭典〉
番 計數之詞 一張曰一番 〈形音義綜合大字典〉

21) 柄

'자루'의 차자표기로서, 붓·우산·양산·비·칼·조총·龍脂·초·부채 등 긴 물건이나 자루가 달린 물건의 낱개를 셀 때 同의 하위 단위로 쓰이었다.

黃毛筆(十柄) 抄筆一柄 〈度支準折, 十〉
常長劒 小環刀一柄 〈度支準折, 二十二〉

倭雨傘一柄 鄕鳥銃一柄 魚尾扇一柄 〈度支準折, 四十一〉

紅陽傘一柄 雉尾箒一柄 〈度支準折, 五十八〉

世傳 鄭知常詩曰 三丁燭盡天將曉……余按三丁 猶言三條 今奉常寺祭燭 以一柄爲一丁 以三柄爲三丁 〈芝峯類說, 十三, 文章, 東詩〉

黃筆八同七柄 龍脂二十柄 〈正宗殯殿魂殿都監儀軌, 上, 品目〉

三枝槍一柄 鳥銃一柄 引導五柄 〈三名日方物謄錄〉

串光伊二十四柄 廣光伊四十五柄 〈昌慶宮營建都監儀軌, 實入〉

22) 本

'본'의 뜻으로 초목이나 화훼(花卉)의 '그루'나 '포기'를 낱낱으로 셀 때 쓰이었다. 여기에서는 파나 외톨마늘[獨頭蒜]을 셀 때 쓰이었다.

獨頭蒜二本 價錢一分 〈度支準折, 二十四〉

生蛤八百箇……生松耳一百五十本(每本價二戔) 〈萬機要覽, 財用, 一, 供上〉

生葱五本 蒜十本 〈壬寅進宴儀軌, 二〉

本, 量詞, 草木花卉一株曰一本 〈形音義綜合大字典〉

23) 浮

'뜸'의 차자표기로서 뜸을 세는 단위어이다. 이는 浮의 訓 '뜨다'의 명사형 '뜸'과 우리말 '뜸'과의 同音關係에서 생겨난 차자표기이다.

뜸은 비 올 적에 물건을 덮거나 볕을 가리는데 쓰기 위하여 띠, 부들같은 풀로 거적처럼 엮어서 만든 물건이다. 여기에서는 毛氈·戎氈·바자[把子]·뜸[草芚]·달발[亂簾]·삿자리[蘆簟]·面席·地衣·帳幕·遮日 등을 셀 때에 쓰이었다.

紅氈一浮 白戎壇一浮 〈度支準折, 十二〉

杻把子一浮(廣一把) (二十浮作一同 三同作一駄) 草芚一浮 亂簾一浮 大蘆簟一浮(長二十尺 廣五尺) 〈度支準折, 二十五〉

彩花面席二張付一浮 〈度支準折, 四十五〉

油遮日一浮所入(排設房所用 中東乷二艮衣) 〈度支準折, 六十〉

茅芚二浮 〈磻溪隨錄, 三, 田制後錄上〉

地衣伍浮 草席地衣貳浮 〈鑄字所應行節目〉

大蘆簟二十二浮 大芦簟二十二浮 破張十六浮 大杻把子二十七浮 〈孝宗寧陵山陵都監儀軌〉

彩花四張付地衣二浮 〈正宗殯殿魂殿都監儀軌〉

布後遮帳二浮 布單軍幕九十浮 御房帳二浮 大地衣二浮 〈萬機要覽, 軍政, 二〉

24) 夫里

'부리'의 취음표기로서, 끝이 뾰족하며 가늘고 긴 물건을 낱으로 셀 때에 쓰이었다. '薪金'는 '섶쇠'의 뜻으로 식물이나 물건을 버티느라고 곁들여 꽂아 두는 쇠꼬챙이를 말한다.

庚申 營建都監啓曰 薪串別將金純 措備車牛七首 鹽一百石 薪金四十七夫里 正鐵三千四百斤 刃加乃一百三十六箇 〈光海君日記, 一百五十三, 十二年六月〉

25) 備

여러 가지가 한데 갖추어져서 만들어진 물건을 셀 때 쓰이었다.

革裏大簿匣一備 〈交隣誌, 一, 差倭〉

26) 笥

오리나 대오리로 엮어서 옷·밥·나물·책 따위를 담는 조그맣고 네모진 상자의 수를 셀 때에 쓰이었다.

誕日 白吐紬二十尺……薺菜二笥(每笥價三兩六錢)〈萬機要覽, 財用, 一, 供上〉

笥 量詞 一方箱曰一笥〈形音義綜合大字典〉

27) 箱

상자의 수를 셀 때 쓰이었다.

海紅菜五箱(每箱價一兩六錢)〈萬機要覽, 財用, 一, 供上, 大殿〉

28) 召角

'조각'의 취음 표기이다. 조각은 넓적하거나 얇은 물건에서 떼어낸 부분이나, 갈라져서 따로 떨어진 물건으로서, 그 수효를 낱낱으로 셀 때 쓰이었다.

'召'자는 音과 義를 우리나라에서 새로 만들어 쓰는 國音字인 동시에 國義字이다. 그래서 지금도 良民의 아내 또는 상류 계급이 아닌 과부를 '召史'라고 쓰고 '조이'라고 읽으며, 한의학에서 새앙 세 쪽과 대추 두 개를 '干三召二'라고 쓰고 '간삼조이'라고 읽는다.

雜物容入都數……骨灰四斗(細沙入量 大沙入量) 檜木皮七召角〈仁祖國葬都監儀軌, 三房〉

召[조] 棗也 대초 見醫方 ○ 召史 조이 良家妻 又云寡婦 見吏讀

〈新字典〉

禹召史 僉知李容妾也 事親至孝 以父母死於亂離中 不得厚葬 平生衣不挾新絮〈東京雜記, 三, 孝行〉

29) 首

수는 '마리'의 뜻으로, 일반적으로는 짐승이나 물고기 또는 벌레의 수를 세는 단위어로 쓰이고 있으나, 여기에서는 짐승에 대하여서만 쓰이었다. 물고기에는 尾나 介의 단위어가 쓰이고 있다.

黃牛一首 黑牛一首 活鷄(月致)一首 鴨子一首 唐雁一首 乾雉一首〈度支準折, 三十〉

傳曰 鷹三牌 曠日留兔山 而獲雉只一百 其責三牌 各納一百首〈朝鮮燕山君日記, 三十五, 五年十一月庚午〉

生雉三千二百五十二首 兒雉三十首 半乾雉(每首八斗) 黃牛(每首二十五石 三南)〈萬機要覽, 財用, 一〉

軟鷄五十首〈壬寅進宴儀軌〉

30) 飾

겉을 여러 가지로 장식한 물건을 셀 때에 쓰이었다.

大刀長刀鎧 各二十 屛風二十雙 銀臺子二飾 辛卯 臺子二飾〈通文館志, 六〉

31) 葉

'닙'의 차자 표기로서 돈이나 가마니같이 납작한 물건을 낱낱으로 셀 때 쓰는 단위어로 '立'과 通用하여 쓰이었다.

空石一百五十葉〈萬機要覽, 財用, 一, 戶曹各掌事例〉

庚申 營建都監啓曰 薪串別將金純……炭一千五百石 燔瓦吐木十二萬斤 松板一百葉〈光海君日記, 一百五十三, 十二年六月〉

32) 五里

'오리'의 취음 표기로서, 실 · 나무 · 대 따위의 가늘고 길게 오린 조각을 낱낱으로 셀 때 쓰이었다.

印信封標纓子鹿皮三五里〈仁祖國葬都監儀軌, 上, 都廳〉

33) 腰

'띠'의 수를 셀 때에 쓰이었다.

賜兀良哈萬戶甫里起花 銀帶一腰 靑緜布 · 黑麻白苧布 · 廣紅綃各一匹 古里銀帶一腰 黑麻布 · 白苧布 各一匹〈朝鮮太祖實錄, 十一, 六年五月乙未〉

紅鞓皮一腰 人蔘十兩 花八枝 紅蠟燭三丁〈高麗史, 六十八, 禮志, 老人賜設儀〉

腰 量詞 帶一條曰一腰〈形音義綜合大字典〉

34) 元

'알'의 뜻으로 橘餠이나 사탕 등 작고 둥글게 생긴 물건을 셀 때 쓰이었다. 圓과 같은 뜻으로 쓰인다.

橘餠一斤五元價錢五戔. 砂糖一斤(一元重四兩二戔二十五元作一鈕)〈度支準折, 十八〉

35) 員

'원'의 뜻으로, 어떤 일에 관계하는 사람의 수를 셀 때 쓰이었다.

算學總例(教授一員 兼教授一員 別提一員 以上從六品……) 〈度支準折, 六十〉

誌石陪進時 陪往堂上一員 郎廳一員 監造一員 肅拜單子紙三張 〈仁祖國葬都監儀軌〉

本房郎廳二員 監造官二員 坐起處所 每日點火木半丹爐炭五合 〈純元王后國葬都監儀軌, 二, 稟目〉

36) 圓

원은 元과 함께 둥글게 만들어진 물건의 낱개를 셀 때 쓰이었다. 曲子는 麯子와 같은 뜻으로 쓰인 글자이다.

曲子一圓 〈度支準折, 三十七〉

石麯子一圓 麯末(一斗貿米二斗半 一圓貿錢三戔 七升作一圓) 〈度支準折, 十八〉

橘餅四十圓 砂糖三十圓 大砂糖橘餅一器(高一尺……大圓橘餅二百圓) 〈壬寅進宴儀軌〉

37) 張

활 또는 자리나 종이와 같은 넓적한 조각을 셀 때 쓰이었다.

(1) 활을 셀 때 쓰이었다.

角弓五長 〈萬機要覽, 財用, 一, 供上〉

弓二十長〈春官通考, 二, 迎勑禮單〉
六兩弓五長〈萬機要覽, 軍政, 二, 龍虎營, 軍器〉
弓子六十長〈尙方定例, 一, 大殿〉
角弓三長〈三名日方物謄錄〉

(2) 종이를 셀 때 卷, 貼, 軸의 하위 단위어로 쓰이었다.

監試落幅紙一軸(二張作一度 十度作一軸)〈度支準折, 六〉

(3) 자리를 셀 때 쓰이었다.

자리는 종류에 따라 그 크기가 달라지는데, 같은 한 장이라도 십 문과 팔 문으로 그 크기가 다르고, 같은 십 문이라도 자리의 쓰임이나, 종류에 따라 서로 그 크기가 달라진다.

龍紋席一張(十紋) (長九尺六寸 廣四尺一寸半) 鳳紋席一張(十紋) (長九尺六寸 廣四尺一寸半) 彩花席一張(十紋) (長六尺五寸 廣二尺五寸) 別紋上席一長(八紋) (長三尺八寸 廣一尺八寸) 別紋席一長(八紋) (長三尺七寸 廣一尺八寸)〈度支準折, 八〉

(4) 가죽을 셀 때 쓰이었다.

가죽에는 원칙적으로 令과 張의 두 가지 단위어가 쓰이고 있는데, 令은 털이 있는 가죽에만 쓰이었고, 張은 털이 없는 가죽에만 쓰이었다. 그러나 대개는 구별하지 않고, 張으로 通用하여 쓰고 있는 것 같다.

皮物(有毛曰令 無毛曰張) 大鹿皮一張 紫的獐皮一張 牛皮一張 白

馬皮一張 〈度支準折, 十一〉

雜彩花席二十張 豹皮六張 水獺皮十張 粘六張 厚油紙十部 〈通文館志, 三, 方物數目〉

二十九年春二月……狗一頭 金二千兩 頭髮八十兩 豹皮十張 〈三國史記, 八, 聖德王〉

(5) 金箔, 皮金, 주석 따위의 넓적한 쇠붙이를 셀 때 쓰이었다.

金箔四十束五張 〈昌慶宮營建都監儀軌, 實入〉

付金次金箔二貼五張 〈正宗殯殿魂殿都監儀軌, 下, 別工作〉

皮金一張(長七寸 廣四寸半 該三十一寸五分) 錫金一張 〈度支準折, 十九〉

(6) 기와나 벽돌 따위를 셀 때에 쓰이었다. 막기와[常瓦], 막새기와[防草], 암키와[女瓦], 수키와[夫瓦] 따위의 기와나 벽돌을 셀 때 누리[訥]의 하위단위어로 쓰이었다.

常瓦一訥(一千張 一駄四十張內 夫瓦十六張 女瓦二十四張 防草一張(常瓦三張) 大方甎一張(常瓦十張) 龍頭一介(常瓦百張) 〈度支準折, 二十八〉

女防草瓦九百六十四張 〈孝宗寧陵山陵都監儀軌, 座目〉

38) 章

큰 재목을 셀 때 쓰이었다.

高麗忠惠王後二年十二月丁卯 大風攀松樹數千章 〈增補文獻備考,

九, 象緯考〉

章 大材木 큰 재목 장 〈字典釋要〉

39) 丁

‘장(張)’ 또는 ‘자루(柄)’를 이르는 말로, 얇고 넓적한 물건이나 기름하게 생긴 물건의 낱개를 셀 때 쓰이었다.

(1) 초(燭)을 셀 때 쓰이었다.

致賻驪山君閔無悔妻喪 紙一百五十卷 蠟燭十丁 仍賜棺槨 〈朝鮮太宗實錄, 二十二, 十一年七月癸亥〉

紅鞓皮一腰 人蔘十兩 花八枝 紅蠟燭三丁 〈高麗史, 六十八, 禮志, 老以賜設儀〉

世傳鄭知常詩曰 三丁燭盡天將曉……余按三丁 猶言三條 今奉常寺祭燭以一柄爲一丁 以三柄爲三丁 〈芝峯類設, 文章, 二百三十三〉

(2) 먹(墨)을 셀 때 쓰이었다. ‘錠’과 같은 뜻으로 서로 통용하여 쓰이었다.

翰林風月眞墨貳丁 〈尙方定例, 二〉

利見大人墨一丁價錢二戔 朱紅墨一丁價錢六分 〈度支準折, 二十六〉

年例 · 粳米十石……眞墨二十四丁(每丁價四分) 〈萬機要覽, 財用, 一, 供上〉

畫龍墨二十丁 〈三名日方物謄錄〉

眞墨五丁 〈仁祖國葬都監儀軌, 下, 二房〉

(3) 얼음장을 셀 때 쓰이었다.

西氷庫別提任元善 別檢梁潤 藏氷時氷丁 或半丁 或寸數不准 或虛踈 或減數 不用意積藏〈朝鮮成宗實錄, 二百八十五, 十二月戊辰〉

賜冰于讓寧大君禔 每日一丁 自五月至七月而止 〈朝鮮世宗實錄, 十一, 三年四月戊午〉

藏氷 東氷庫藏氷一萬二百四十四丁〈萬機要覽, 財用, 五, 總例〉

(4) 활을 셀 때 쓰이었다.

傳于政院曰 命製詩賦 居首藝文館檢閱崔演 賜別造弓一丁〈朝鮮中宗實錄, 六十四, 二十三年十一月乙丑〉

上御後苑觀射 兼司僕崔崇佛等十人 內禁衛嚴貴孫等十人 分左右崇佛等勝 賜別造弓各一丁〈朝鮮成宗實錄, 一百九, 十月己酉〉

丹青監役忠義衛 一等韓瑾・金若裏 各鹿皮一張 二等朴守經・尹師周 各角弓一丁 三等金允濯・李英 各大箭一部〈朝鮮成宗實錄, 二百五, 七月庚子〉

(5) 피륙을 셀 때 쓰이었다.

常時老人亦給官木綿 今亦賜官木綿二丁官正布二丁可也 〈朝鮮中宗實錄, 六十三, 二十三年十月乙卯〉

臣見外方軍士軍器和賣事 當初備邊司議定其價 如甲一部 價直常木綿四五丁 而以五升木緜捧之 其價倍常……〈朝鮮中宗實錄, 六十二, 七月己丑〉

40) 頂

머리에 쓰는 '平天冠 · 雨帽 · 鐵兜 · 戰巾' 따위를 셀 때 쓰이었다.

國王冠服一副 香皂皺紗九旒平天冠一頂 〈朝鮮太宗實錄, 六, 三年十月辛未〉

雨帽七十八頂 〈春官通考, 二, 迎勅禮單〉

鐵兜(每頂四石五斗 兩湖) 〈萬機要覽, 財用, 一, 軍器寺〉

冒段戰巾五十八頂 〈萬機要覽, 軍政, 二, 訓練都監, 軍器〉

頂, 量詞 居頭頂上物一具曰一頂 〈形音義綜合大字典〉

41) 錠

'먹'이나 '알약' 등 덩이진 물건을 낱낱으로 셀 때 쓰이었다. '丁'과 音이 같기 때문에 서로 通用한 듯하다.

油煤墨五十錠 〈春官志, 三, 方物數目〉

墨三百六十二錠 〈春官通考, 二, 迎勅禮單〉

油煤墨五十錠 〈萬機要覽, 財用, 五, 方物〉

黃毛筆五十枝 油煤墨五十錠 〈通文館志, 三, 方物數目〉

錠, 量詞 塊狀物一塊曰一錠 通鋌 磨出一錠兩錠墨 掃出千年萬年樹(圖畫寶鑑) 〈形音義綜合大字典〉

42) 條

'뿌리' 혹은 '줄기'의 뜻으로, 모양이 길게 생긴 물건을 셀 때에 쓰이었다. '莖'과 같은 뜻으로 쓰인다.

右等分爲末 每用藥一兩 葱白二條 細切 〈新編集成馬醫方, 腎部〉

43) 宗

문서 따위의 '통' 또는 '건'을 이르는 말로 이를 셀 때 쓰이었다. '通, 道, 紙'와 같은 뜻으로 쓰인다.

凡照刷有司有印信衙門文卷 遲一宗・二宗 吏典笞一十[直解] 凡有印信爲在 各司文卷乙 刷卷爲乎矣 一道・二道是乃 遲晩爲在乙良 〈大明律直解, 三, 吏律, 照刷文卷〉

宗, 量詞 物一批事一件曰一宗 〈形音義綜合大字典〉

44) 坐

앉거나 누울 수 있도록 만들어서 까는 물건이나 또는 다리가 달려 있어서 세워 놓을 수 있는 물건을 셀 때 쓰이었다.

방석, 등메[登每], 안석[案息] 등은 깔거나 기대는 물건이고, 질솥[土鼎], 가마솥, 노구솥[爐口] 따위는 솥젖이나 솥발이 있어서 걸거나 세울 수 있고, 平床, 龍床, 풍로, 화로 따위는 다리가 있어서 세워 놓을 수 있는 물건들이다.

中爐口一坐 釜子一坐 鐵火爐一坐 〈度支準折, 二十二〉

風爐一坐 土鼎一坐 〈度支準折, 四十一〉

豹皮方席一坐 滿花登每一坐 紅紬案息一坐 〈度支準折, 四十九〉

五峰屛一坐 蓮平床一坐 龍床一坐 〈度支準折, 六十〉

裁折長椵板貳坐 刀鍊椵板參坐 奎章全韻六板 匣肆坐 〈鑄字所應行節目〉

依前例 屠肆五坐許役 〈新補受教輯錄, 禮典, 雜令〉

灰板九坐 〈己丑進饌儀軌〉

硯匣三坐 盥洗大也一坐 銅筧三坐 香床一坐 高足床十坐 書案三坐

陶瓮二十坐 香盒一坐 香爐一坐〈昌慶宮營建都監儀軌, 甘結〉

紫綾褥三坐 方席一坐〈孝宗寧陵山陵都監儀軌, 移文〉

陶東海二坐〈正宗大王殯殿魂殿都監儀軌, 下, 座目〉

銅所羅四十八坐 銅鍋七百十坐 銅釜二坐 銅爐口二百十八坐 刁斗三百七十坐 長鼓二坐〈萬機要覽, 軍政, 三〉

紅漆高足彫刻圓盤四坐〈壬寅進宴儀軌, 三〉

建鼓一坐〈樂器造成廳儀軌〉

書案一坐 每朔杻木半丹 鍮代兒一坐〈純元王后國葬都監儀軌, 二, 稟目〉

鍮實果于里一坐 銀大鉢一坐〈春官通考, 一〉

45) 炷

등잔, 초, 향 등 심지 모양을 한 기름한 물건을 셀 때 쓰이었다.

香五十炷〈春官通考, 二, 迎勑禮單〉

炷, 量詞 燈一盞 燭一支 炷形物一支皆曰一炷〈形音義綜合大字典〉

46) 株

'그루'나 '포기'의 수효를 셀 때 쓰이었다.

小柚子一株 大不等一株 樓柱一株 軆木一株 大朴達木一株 宮材一株〈度支準折, 二十三〉

新造時 小松七十五株 兒松二十六株 稚松五十九株〈萬機要覽, 財用, 二〉

樓柱陸拾株 二年木貳拾株〈尙方定例, 一, 本院元貢〉

大不等三十株 地乃木一百四十株 椞木三百九十四株〈孝宗寧陵山陵都監儀軌, 座目〉

47) 枝

(1) 筆·簪·箭·燭·槍 등 길고 가는 물건을 셀 때 쓰이었다.

青白膽珠四顆 金事件一副 共八十箇件內 金簪一枝 〈朝鮮太宗實錄, 六, 三年十月辛未〉

筆二百六十二枝 竹桿箭九十枝 蠟燭三十枝〈春官通考, 二, 迎勑禮單〉

各紙五卷 筆四枝〈萬機要覽, 財用, 四, 戶曹各掌事例, 別例房〉

白綿紙五百卷 黃毛筆五十枝〈通文館志, 三, 方物數目〉

車槍二百八十八枝〈萬機要覽, 財用, 三, 禁衛營, 軍器〉

火箭二千四百九十四枝〈萬機要覽, 財用, 三, 摠戎廳〉

(2) 동이를 셀 때 쓰이었다.

朱漆小盆五十枝 黑漆鞘柄大刀一十振 〈朝鮮成宗實錄, 二百四十四, 二十一年九月丁卯〉

48) 紙

문서 따위의 '통' 또는 '건'의 뜻으로, 이를 셀 때 쓰이었다. '通, 道, 宗'과 같은 뜻으로 쓰인다.

[號樣一紙] 號樣 謂偺號字樣也 一紙一張也 凡文書一張 必稱一紙

〈吏文輯覽, 二〉

紙, 量詞 文書・字據・圖畫 及空白紙等 一張曰一紙〈形音義綜合大字典〉

49) 振

刀劍을 셀 때 쓰이었다.

朱漆小盆五十枚 黑漆鞘柄大刀一十振〈朝鮮成宗實錄, 二百四十四, 二十一年九月丁卯〉

50) 次

'채'의 취음 표기로, 무게를 헤아리거나, 이불・가마니・방석 따위와 같은 물건을 셀 때 쓰이었다.

(1) 무게를 헤아릴 때 쓰이었다. 인삼은 백근을 한 '채'라고 한다.

王古草一次價錢二分 小笤一次價錢一分〈度支準折, 二十五〉

(2) 수레나 가마니 또는 방석이나 이불 등 큰 기구나 넓적한 물건을 셀 때 쓰이었다.

滿花方席一次(長二尺三寸 廣二尺)〈度支準折, 八〉
白牙口方席一次(白牙口七次) 每次價錢一兩四戔〈度支準折, 六十〉

51) 尺

채색하여 그린 그림을 셀 때 쓰이었다.

貼金小屛風二雙　水晶笠緖三結　革裹大簿匣一備　赤銅木粧火爐二圍 彩畫一尺〈交隣志, 一, 差倭〉

52) 笏

먹을 셀 때 쓰이었다. 笏은 벼슬아치가 朝見할 때 朝服에 갖추어 손에 쥐는 물건으로, 그 모양이 먹과 서로 비슷하기 때문에 쓰인 듯하다.

油煙墨十笏 赤玉墨二笏〈朝鮮成宗實錄, 一百二十九, 十二年五月辛卯〉

油烟墨十笏〈朝鮮宣祖實錄, 四十七, 二十七年正月乙未〉

眞墨五笏〈春官志 下, 四十一, 贈禮單物目〉

大眞墨二百八十五笏 中眞墨一百笏〈萬機要覽, 財用, 五, 信使〉

53) 丸

환약의 개수를 셀 때 쓰이었다.

盤纏(……淸心元二十丸)〈萬機要覽, 財用, 五, 燕使〉

3. 거리

1) 間

(1) 길이의 단위로 周尺으로는 十尺이 된다.

十分爲一周尺 六尺爲一步 十尺爲一間 〈增補文獻備考, 九十一, 樂考, 度量衡〉

(2) 집의 간살을 헤아릴 때 쓰이었다.

堂上三員 假家四間內 溫堗二間 都廳二員 假家連造二間內 溫堗一間 〈仁祖國葬都監儀軌, 都轍, 甘結秩〉

2) 岐路米突

'킬로미터(Kilometre)'의 음역. 1미터의 천배, 尺貫法으로는 三千三百尺에 해당된다.

十赫得米突爲岐路米突 準我三千三百尺 〈增補文獻備考, 九十一, 樂考, 度量衡〉

3) 大可米突

'데카미터(Decametre)'의 음역. 1미터의 10배, 尺貫法으로는 三十三尺에 해당된다.

十米突爲大可米突 準我三十三尺 〈增補文獻備考, 九十一, 樂考, 度量衡〉

4) 大始米突

'데시미터(Decimetre)'의 음역. 1미터의 10분의 1, 곧 10센티미터. 尺貫法으로는 三寸三分에 해당된다.

十先知米突爲大始米突 準我三寸三分 〈增補文獻備考, 九十一, 樂考, 度量衡〉

5) 鏈

길이의 단위로서 '連'과 서로 通用하여 쓰이며, 一鏈은 100周尺이 된다.

一百尺爲一鏈 〈增補文獻備考, 九十一, 樂考, 度量衡〉

6) 釐

길이와 무게의 단위로는 푼(分)의 10분의 1, 화폐의 단위로는 分 또는 錢의 10분의 1이 된다.

度之制 十釐爲分 十分爲寸 十寸爲尺 十尺爲丈 〈經國大典, 工典, 營繕, 度量衡〉

衡之制 黃鍾之管 其容水重八十八分 十釐爲分 十分爲錢 十錢爲兩 十六兩爲斤 〈經國大典, 工典, 營繕, 度量衡〉

7) 馬場

마장은 주로 십 리가 못 되는 거리를 이를 때에, 리(里) 대신으로 쓰이었다.

咸鏡道吉州·長白山內面 二處崩頹 一處長一馬場半 廣一里 一處長一馬場 廣二里 〈朝鮮明宗實錄, 二十五, 十四年六月〉

特進官安潤德曰……臣爲巡察使見之 釜山浦倭館北邊 有可築城之處 其外又有鹽盆而城基之廣 不過二馬場 可以易築 其功必不鉅矣

〈朝鮮中宗實錄, 五十三, 二十年二月壬辰〉

新産十餘日之女 乘憒往返於一馬場之地 方當劇炎 挾暑促命 亦非異事〈秋官志, 二, 詳覆部, 審理, 獄案〉

8) 米突

'미터(metre)'의 음역. 미터법에 의한 길이의 기본단위. 尺貫法으로는 三尺三寸에 해당된다.

十大始米突爲米突 準我三尺三寸〈增補文獻備考, 九十一, 樂考, 度量衡〉

9) 美利米突

'밀리미터(millimetre)'의 음역. 1미터의 1,000분의 1, 곧 10분의 1센티미터. 尺貫法으로는 三釐三毫에 해당된다.

一美利米突 準我三釐三毫〈增補文獻備考, 九十一, 樂考, 度量衡〉

10) 步

거리를 재는 단위. 周尺으로는 六尺이 된다.

十分爲一周尺 六尺爲一步〈增補文獻備考, 九十一, 樂考, 度量衡〉

11) 先知米突

'센티미터(centimetre)'의 음역. 1미터의 100분의 1. 곧 10밀리미터. 尺貫法으로는 三分三釐에 해당된다.

十美利米突爲先知米突 準我三分三釐〈增補文獻備考, 九十一, 樂考, 度量衡〉

12) 丈

(1) 종이 · 책장 · 문서 등을 셀 때 '章'이나 '張'의 뜻으로 쓰이었다. 이는 音이 서로 같기 때문에 서로 通用한 것이 아닌가 한다.

汝矣等設前 其來亦久 卒難禁斷 今姑置之事 受題一丈〈市民謄錄, 乾〉

昨日 得見江陵板舊本 則別集第四編 第六丈第六行爲始至第八丈第十二行刊去〈待百錄〉

戶曹空名告身一萬一百三十四丈 塡名不用告身一百九丈 〈朝鮮宣祖實錄, 一百三十, 三十三年十月〉

(2) 십척(十尺)을 이르는 뜻으로 쓰이었다.

度用鍮尺(十釐爲分 十分爲寸 十寸爲尺 十尺爲丈…) 〈萬機要覽, 財用, 四, 戶曹各掌事例〉

(3) '길'의 뜻으로, 사람의 키의 한 길이를 이른다.

聖德王代 純貞公赴江陵大守(今溟州) 行次海汀晝饍 傍有石嶂 如屛臨海 高千丈 上有躑躅花盛開〈三國遺事, 二, 水路夫人〉

13) 指

中指의 中節로서 길이를 헤아릴 때 쓰이었다. 예전에는 中指

中節을 一寸으로 쳐서 그 열 배를 一尺으로 삼았는데, 이를 지척(指尺)이라 하였다. 이를 기준으로 옛 田制에서는 上田은 20, 中田은 25, 下田은 30指로서 一指尺을 삼았다.

我國田制 初甚疎略 舊制田品 只有上·中·下三等 其所量之尺各者下同 上田尺二十指 中田尺二十五指 下田尺三十指 隨等打量 八道田品非三等所能盡也〈萬機要覽, 財用, 二, 田結, 田制〉

14) 庹

'발'을 뜻하는 단위어이다. 곧 양 팔을 좌우로 벌린 길이를 말한다.

一庹者 兩腕之引長也(庹音託 方言曰발) …乃東語一庹爲之一把(발) 其一拏則無文〈雅言覺非〉

庹, 兩腕向左右所引之長曰庹〈形音義綜合大字典〉

15) 赫得米突

'헥토미터(hectormetre)'의 음역. 100미터를 단위로 일컫는 말. 尺貫法으로는 三百三十尺에 해당된다.

十大可米突爲赫得米突 準我三百三十尺〈增補文獻備考, 九十一, 樂考, 度量衡〉

4. 넓이

1) 結

(1) 결은 속음으로 '먹'이라고 하여 조세를 계산하기 위한 토지 면적의 단위로서 백 짐[百負]곧 일만 파(把)를 일컫는 말이다. 그런데 한 결이라고 하더라도 넓이가 모두 일정한 것이 아니다. 토지 등급은 六等制가 적용되었고, 그 등급에 따라서 토지의 넓이가 달랐다. 그것은 일정한 수확량에 따라 그 기준을 달리하여 그 면적을 산출해 내었기 때문이다. 과세의 기준은 수확량이 전제가 되었기 때문에, 이를 위해 토지의 척박에 따라 6등급으로 토지를 나누어 정한 것이다.

> 量田規式 一等尺 一尺爲一把 十把爲一束 十束爲一負 百負爲一結……一等一結(一萬尺爲一結 一百尺爲一負)……六等二五(四萬尺爲一結 四百尺爲一負) 〈度支準折, 六十〉

(2) 갓끈[笠纓]의 수를 셀 때 쓰이었다.

> 水晶笠緖三結 〈文隣志, 一, 差倭〉

2) 段·町

땅 넓이의 단위어로 段은 한 町의 10분의 1, 곧 300평을 이르는 말이고, (사방 65보), 町은 10段, 곧 3,000평을 이르는 말이다.

御札傳旨戶曹曰 在前逐段定稅 故一野之內 犇馳賂事者免稅 不能賂事者不免……〈朝鮮世宗實錄, 八, 三年八月甲午〉

始定町段 方六十五步爲一段 十段爲一町 〈星湖僿說, 經史, 七〉

七年癸巳 定町段 中人平步兩足相距爲一步 方六十五步爲一段 十段爲一町 〈海行摠載, 申高靈海東諸國記〉

3) 斗·升

'마지기'와 '되지기'의 차자 표기이다. '斗'는 '斗落' 또는 '斗落只', '升'는 '升落' 또는 '升落只'의 약칭이다.

廣州旺倫田六十九斗落 禾利𪍿三百四十五斗 代錢五十一兩七錢五分 畓一斗五升落 禾利租十五斗 代錢三兩 〈華城城役儀軌, 四, 稟目〉

南陽鷗浦田 三十二斗二升五合落 禾利𪍿一百九十三斗五升 代錢二十九兩三分 畓一斗七升四合落 禾利租十五斗七升 代錢三兩一錢四分 〈華城城役儀軌, 四, 稟目〉

4) 斗落

논이나 밭의 넓이의 단위로서, '마지기'의 차자표기이다. 마지기는 볍씨 한 말로 모를 부어 낼 수 있는 논의 넓이, 또는 씨 한 말을 뿌릴 수 있는 밭의 넓이를 말한다. 열 마지기면 한 '섬지기(石落)'가 된다. '斗落只'와 같다.

廣州旺倫田六十九斗落 禾利𪍿三百四十五斗 代錢五十一兩七錢五分 〈華城城役儀軌, 四, 稟目〉

5) 斗落只

'마지기'의 차자 표기이다. '斗落'과 같다.

> 縣二作伏在水同 畓十二斗落只 下西五作伏在橋下 畓八斗落只〈朝鮮史料總覽, 三, 同生中和會成文〉

6) 分

'분'과 '푼'의 뜻으로 토지의 면적, 결실, 시간, 화폐, 무게, 사람을 셀 때 쓰이었다.

(1) 도지 면직의 단위로 쓰이있다.

시대에 따라서 그 크기가 각각 달라지는데, 조선 세종 때에는 사방 24보(步)를 1分으로 정하였다.

> 俱各煩碎 難於行用 今以田 方五尺爲一步 二十四步爲一分 十分爲一畝 百畝爲一頃 五頃爲一字丁〈朝鮮世宗實錄, 一百三, 二十六年正月庚午〉
>
> 準諸中朝畝法 上田之結 貳拾伍畝肆分有奇〈田制詳定所遵守條劃〉

(2) 곡식의 결실 등급으로 쓰이었다.

이 결실의 등급은 조세와 직결되는데, 매해 9월 보름에 그 해의 결실 등급을 정하여 그에 따라 조세를 부과하였다. 그 등급은 9등급으로서 10분(分)에서 1분까지로 나뉘는데 1분은 조세를 면제해 주었다.

世宗甲子 置田制詳定所 視年上下作斂法 每歲九月望前 道臣守令審定年分等第 啓聞施行 年分有九等 實十分爲上上年 每一結收二十斗 九分爲上中年……二分爲下下年 收四斗 一分則免稅 〈萬機要覽, 財用, 二, 收稅〉

(3) 시간의 단위로 쓰이었다. 한 시간을 예순으로 나눈 하나를 이른다.

分분, 六十秒爲一分 〈漢淸文鑑, 一, 時令〉

(4) 화폐의 단위로 쓰이었다. 예전 엽전의 단위로 한 돈의 10분의 1, 곧 돈 한 닢을 이른다.

貨幣最低位爲分 十分爲錢 十錢爲兩 〈增補文獻備考, 一百五十九, 財用考, 錢貨〉

片箭 原一百三十步 每一矢中者 給十五分 貫則倍給 〈武科總要, 一〉

(5) 무게의 단위로 쓰이었다. 한 돈의 10분의 1, 1리의 10배를 이른다.

衡有大中小三等 中小二等 等各有二稱(十釐爲分 十分爲錢 十錢爲兩 十六兩爲斤……) 〈萬機要覽, 財用, 四, 戶曹各掌事例〉

分분, 十釐爲分 〈漢淸文鑑, 十, 衡量〉

(6) 길이의 단위로 쓰이었다. 보통 한 치의 10분의 1을 이른다.

靖宗 二十三年 定量田步數 田一結 方三十三步(六寸爲分 十分爲一尺 六尺爲一步) 〈高麗史, 三十二, 食貨一〉

分분, 一 〈漢淸文鑑, 十, 量度〉

(7) '분'의 取音表記로서 공경하는 뜻으로 사람을 셀 때 쓰이었다.

堂上都廳坐起時所用 印信封標 纓子鹿皮二五里……摠護使一分 堂上三分 都廳二員 黃筆·眞墨 每朔各一式 〈仁祖國葬都監儀軌, 都廳, 甘結秩, 己丑五月三十日〉

7) 石落

'섬지기'의 차자 표기이다. 섬지기는 볍씨 한 섬의 모를 부어 낼 수 있는 논의 넓이로 한 마지기의 스무 갑절, 곧 스무 마지기가 한 섬지기이다.

垌監考二名 給私耕田各一石落 〈華城城役儀軌, 附編二, 節目〉

8) 升落

'되지기'의 파자 표기이다. '되지기'는 볍씨 한 되로 모를 부어 낼 수 있는 논의 넓이, 또는 씨 한 되를 뿌릴 수 있는 밭의 넓이를 말한다. 열 '되지기'면 한 '마지기'가 된다.

廣州旺倫田六十九斗落 禾利麰三百四十五斗 代錢五十一兩七錢五分 畓一斗五升落 禾利租十五斗 代錢三兩 〈華城城役儀軌, 四, 稟目〉

9) 字

무게 또는 토지면적의 단위로 쓰이었다.

(1) 무게의 단위로 쓰이었다. 一字는 二分半의 무게를 이른다.

全蝎五介 乾薑·朱砂·麝香 各二戔半爲末 酒調一字(卽二分半)服〈山林經濟, 救急〉

一字爲二分半〈山林經濟, 治藥下〉

(2) 토지 면적의 단위로 五頃을 一字라 한다.

今量田 以方五尺 積二十五尺爲一步 二百四十步爲一畝 百畝爲一頃 五頃爲一字〈朝鮮世宗實錄, 一百三, 二十年十一月乙丑〉

10) 合落

'홉지기'의 차자 표기이다. '홉지기'는 볍씨 한 홉으로 모를 부어 낼 수 있는 논의 넓이, 또는 씨 한 홉을 뿌릴 수 있는 밭의 넓이를 말한다. 열 홉지기면 한 '되지기'가 된다.

南陽鷗浦田 三十二斗二升五合落 禾利麰一百九十三斗五升 代錢二十九兩三分 畓一斗七升四合落 租禾利十五斗七升 代錢三兩一錢四分〈華城城役儀軌, 四, 稟目〉

5. 용량

1) 桷

桶에 담긴 것을 세는 단위이었다. 桷은 桶의 訛字가 아닌가 한다.

戶曹啓 元貢不足種中 眞魚五十八束……白蝦醢二十五桷三升 當爲加定 〈增補文獻備考, 一百五十一, 田賦考, 貢制〉

2) 鼓

용량의 단위로, 10斗(斛)를 이르는 말이다. 일설에는 12斗라고도 한다.

鼓, 斛也 휘 〈廣才物譜, 庶流, 數〉
斛, 謂之鼓 〈廣雅, 釋器〉
樂浪人呼容十二石者爲鼓 〈釋文〉

3) 古里

'고리'의 취음 표기로, 소주를 고는 그릇, 또는 소주 열 사발을 이르기도 하지만, 여기에서는 소줏고리를 셀 때 쓰이었다.

醋一斗造釀(中米七升 古里次 小麥一升四合 大麥一升四合 曲末一升四合) 折價四戔一分 〈度支準折, 三十九〉
內贍寺燒酒依淸酒式 每石作二十五甁(燒酒每甁所入 粘米二斗 蒸飯酒米 每石燒木二百斤 曲末四升 每石十古里式 每古里煮取 燒木十五斤 〈度支準折, 三十九〉

4) 斛

(1) '휘'의 뜻으로 곡식을 되는 容器의 수를 셀 때 쓰이었다. 스무 말 또는 열 닷 말 들이가 있는데, 스무 말 들이는 全石이라하고, 열 닷 말 들이는 平石이라고 한다.

今國俗以十五斗爲斛 稱平石 官府用之 又以二十斗爲大斛 稱全石 民間例以皮穀 二十斗爲一石〈磻溪隨錄, 一〉

(2) '섬'의 뜻으로 10斗를 이를 때 쓰이었다.

穿地深三尺 闊亦如之 取淨沙三斛實之 以醇酒三升 沃其上……ᄯᅡ홀 ᄑᆞ(시) 기ᄑᆡ 석자히오 너븨도 ᄀᆞ티ᄒᆞ고 조ᄒᆞᆫ몰애 석셤을 메오고 됴ᄒᆞᆫ 수을 서되ᄅᆞᆯ 그 우희 븟고……〈簡易辟瘟方, 虎頭殺鬼元辟瘟〉

斛, 十斗爲斛〈才物譜, 秋, 數〉
斛, 휘 곡 十斗 角斗 平多少之量〈字類註釋, 物類, 名數〉

5) 區

용량의 단위로, 4豆를 말한다.

豆, 二升 又二匊. 區, 四豆〈廣才物譜, 庶流, 數〉
區, 四豆爲區〈才物譜, 秋, 數〉

6) 甌

'잔'의 뜻으로, 사발이나 찻종에 담긴 액체의 양이나 그 수를 헤아릴 때 쓰이었다.

又方凡入瘟疫家 先令開啓門戶 以大鍋盛水二斗 於堂中心 用蘇合元二十圓煎 其香能散疫氣 凡病者 各飮一甌後 醫者却入診視 不致相染 또 모딘 병 ᄒᆞᆫ 지븨 드러가㉦ 몬져 문과 지게ᄅᆞᆯ 열오 큰 소틔 믈 두 말 다마 집온㉦셔 소합원 스므 환을 달히면 그 향이 릉히 모딘 긔 가운을 엽게ᄒᆞᄂᆞ니라 병 ᄒᆞᆫ 사ᄅᆞ미 각각 ᄒᆞᆫ 보ᅀᆞ곰 머근 후에 의원이 드러가 ᄆᆡᆨ자바보아도 서ᄅᆞ 뎐염티 아니ᄒᆞᄂᆞ니라 〈分門瘟疫易解方, 不相傳染門〉

7) 句只

'구기'의 취음 표기로, 술 · 기름 · 죽 따위를 구기로 뜨는 수를 셀 때 쓰이었다. 석 잔(盞)이면 한 구기가 되고, 세 구기면 한 복자[鐥]가 된다.

醴酒一瓶 放榜所用(三盞作一句只 三句只作一鐥 三鐥作一瓶 三瓶作一升) 折價九戔 〈度支準折, 三十九〉

8) 圭

용량의 단위로, 기장알 64개만큼의 용량을 말한다.

圭, 六十四黍 〈廣才物譜, 庶流, 數〉

圭, 六十四黍爲一圭 〈才物譜, 秋, 數〉

9) 擔

(1) 용량을 헤아리는 단위의 하나로, 한 말의 열 갑절, 곧 '섬'을 이르는 말이다. 擔의 중국음은 ㄉㄢ(dan)으로 石의 音과 義가 서로 같기 때문에 사용한 것 같다. '갑'와 같은 뜻으로 쓰이었다.

> 關幾擔○(몃 짐을 투료○所負曰擔 (俗作担) 今按關八擔 則八石也……然今俗皆稱一石爲擔 譯任力所勝 而負擔之也 字俗作갑 音단)〈朴通事諺解, 重刊本, 上〉

> 衡名, 古以百卄斤爲石 今以百斤爲石 量名, 十斗爲石〈形音義綜合大字典〉

(2) '짐'의 뜻으로, 사람이나 마소가 질 만하게 묶은 물건의 뭉텅이를 셀 때 쓰이었다. 한 짐은 평석(平石)으로, 쌀 2石 3斗를 말한다.

> 其餘米石 則孔王二百擔 耿王五十擔 沈志祥六十五擔 尙王五十擔 佟柱國一十擔分給 所謂一擔 卽我國斗平二石三斗也〈瀋陽狀啓, 壬午, 三月十九日〉

10) 壜

'단지'의 뜻으로, 단지에 담긴 물건의 양, 또는 그 수를 셀 때 쓰이었다.

> 石首魚鮓一壜 銀口魚鮓一壜〈朝鮮成宗實錄, 一百八, 十年九月辛未〉

11) 帒
물건을 담은 조그만 주머니나 쌈지의 수를 셀 때 쓰이었다.

鄕封草二十帒 烟筒二十根〈通文館志, 四, 事大, 禮單〉

12) 大可翊突
'데카리터(Decalitre)'의 음역. 1리터의 10배가 되는 용량의 단위. 尺貫法으로는 5升 5合 4勺 3抄 5撮 2圭에 해당된다.

十翊突爲大可翊突 準我五升五合四勺三抄五撮二圭〈增補文獻備考, 九十一, 樂考, 度量衡〉

13) 大斛
'대곡'의 뜻으로, 곡류(穀類) 스무 말을 말한다. '大斛'을 '全石'이라고도 한다.

量之制 十勺爲合 十合爲升 十升爲斗 十五斗爲小斛(平石) 二十斗爲大斛(全石)〈經國大典, 工典, 營繕, 度量衡〉

14) 大始翊突
'데시리터(Decilitre)의 음역. 1리터의 십분의 일. 尺貫法으로는 5勺 5抄 4撮 4圭에 해당된다.

十先知翊突爲大始翊突 準我五勺五抄四撮四圭〈增補文獻備考, 九十一, 樂考, 度量衡〉

15) 刀

되(升)의 취음표기로, 곡식 · 액체 · 가루 등의 분량을 헤아릴 때 쓰이었다. 한 말의 십분의 일. '升'과 같은 뜻으로 쓰이었다.

刀(도) 升也 되 見鷄林類事及公私文簿〈新字典, 朝鮮俗字部〉
升曰刀(音堆)〈鷄林類事, 說郛七〉

16) 東海

'동이'의 취음 차자 표기로, 동이의 수를 셀 때에 쓰이었다.

淸酒一瓶半(十二瓶作一東海)〈度支準折, 三十九〉

17) 斗

'말'의 뜻으로, 한 말은 한 되의 10갑절이 된다.

量之制 十作爲合 十合爲升 十升爲斗 十五斗爲小斛 二十斗爲大斛〈經國大典, 工典, 營繕, 度量衡〉
斗, 十升〈廣才物譜, 庶流, 數〉
斗, 十升爲斗〈才物譜, 秋, 數〉

18) 豆

용량의 단위로, 小斗로는 4升, 大斗로는 2升을 말한다.

四升爲豆(注)又曰㪷〈事類博解, 上, 人道〉
豆, 二升 又二匊也〈廣才物譜, 庶流, 數〉
豆, 二升爲豆〈才物譜, 秋, 數〉

豆, 二匊爲豆 〈才物譜, 秋, 數〉
豆, 四升爲豆 〈左氏, 昭, 三〉
匊, 大于升 禮書曰 匊二升 二匊爲豆 四升 〈正字通〉

19) 㪷

'斗'의 俗字로서, 열 되를 '㪷'라 한다. '斗'와 같은 뜻으로 쓰이었다.

㪷, 말 두 斗(見星) 俗字 十升石 㪷 〈字類註釋, 物類, 名數〉
地黃汁 中以瓷器 盛於一㪷米 飯甑上蒸之(디황즙에 녀허 사그르세 다마 밥 ᄒᆞᆫ 말 ᄧᅵᄂᆞᆫ 시르 우희ᄧᅧ) 〈救急簡易方諺解, 二, 吐血〉

20) 鉢

'사발'의 뜻으로, 사발의 수를 셀 때 쓰이었다. '沙鉢, 椀, 椃'과 같은 뜻으로 쓰이었다.

病重則二匙 輕則一匙半 調幷花水一鉢 〈新編集成馬醫方, 諸黃門〉

21) 柸

'잔, 대접'의 뜻으로, 이의 수를 셀 때 쓰이었다. '柸'는 '杯'의 訛字인 듯하다.

每日早空心一柸(날마다 아ᄎᆞᄆᆡ 공심에 ᄒᆞᆫ 잔곰 머그라) 〈救急簡易方諺解, 一, 白虎風〉

22) 秉

용량의 단위로, 16가마(16斛)를 이르는 말이다. 1石을 1.5斛으로 쳐서 10石 10斗면 16斛이 된다. 1秉은 2鍾이다. 1鍾이 8斛이니, 2鍾이면 16斛이 된다.

十石十斗爲秉(十六斛) 〈事類博解, 上, 人道〉
秉, 二鍾 〈廣才物譜, 庶流, 數〉
秉, 二鍾爲秉 〈才物譜, 秋, 數〉

23) 瓶

'병'의 뜻으로, 차·술·간수(艮水)·기름 따위가 담긴 병의 수를 셀 때 쓰이었다.

黃灰水一瓶(槐花一升五合 木一丹 燒木半丹) 〈度支準折, 十〉
雨前茶一瓶 〈度支準折, 十八〉
艮水一升(四斗作一瓶) 醴酒一瓶(…三鐥作一瓶…) 香醴酒一瓶半 燒酒(…淸酒十五瓶煮取 燒酒四瓶二盞半 淸酒一瓶半(十二瓶作一東海) 〈度支準折, 三十九〉
薄荷油(大一瓶價錢一兩 小一瓶價錢六戔) 〈度支準折, 六十〉

24) 保

'보시기'의 준말로, 김치나 깍두기 같은 것을 담는 작은 그릇의 수를 셀 때 쓰이었다.

痔疾好醋一保·燒酒一保 合之一器 陰火上薰之 薰於糞門 看輕重限半日一日二日後 生鷄肉付之 則雖久痔神效也 〈雲林別錄, 戊申二

月二十三日〉

25) 服

'복'의 뜻으로, 한 벌 달혀 먹을 만한 약의 분량, 또는 '첩(貼)'의 뜻으로도 쓰이었다.

右作一服 入薑三・棗二 水煎服 이 약을 싸흐라 흔복 밍그라 믈 흔 되 다솝과 싱강 세 편 대쵸 둘 녀허 칠 홉 되게 달혀 즈으란 브리고 머그라 〈辟瘟新方〉

右作一貼 水一升半…服日二三服…이 약을 싸흐라 흔 복을 밍그라 믈 흔 되 드솝 브어…머그되 흐르 두 세 복을… 〈辟瘟新方〉

木香(一錢) 㕮咀分二服 每服 用生薑七片…목향 흔 돈과를 사흐라 두 복애 는화 흔 복에 싱앙 닐굽 편곰녀허… 〈救急簡易方諺解, 一, 中風〉

26) 卜子

'복자'의 취음 표기로, 기름 따위의 액체를 헤아리거나 그 수효를 셀 때 쓰이었다.

臙脂水一卜子(紅花五兩 五味子一兩三戔七分) 折價七戔八分 〈度支準折, 十〉

27) 缶

용량의 단위로, 4斛을 말한다.

缶(四斛爲缶) 〈才物譜, 秋, 數〉

28) 釜

용량의 단위로, 6斗 4升을 말한다. 2釜半이면 斞가 된다.

釜(四區) 〈廣才物譜, 庶流, 數〉
釜(四區爲釜) 〈才物譜, 秋, 數〉
六斗四升爲釜 〈事類博解, 上, 人道〉
豆區釜鍾 (注)四區爲釜 釜 六斗四升 〈左氏, 昭, 三〉
斞, 셤 유 量名 二釜半 六十斗 庾通 〈字類註釋, 物類, 名數〉

29) 盆

'동이'의 뜻으로, 그 수를 셀 때 쓰이었다.

又方 羊蹄根(一斤)·艾葉(三斤)·右水一盆 煎至七分 常飮之 〈新編集成馬醫方, 諸黃門〉

30) 匕

'숟가락'의 뜻으로, 그것으로 액체의 양을 헤아릴 때 쓰이었다. '大匕'는 큰 술을 이르는 말이다. '匙'와 같은 뜻으로 쓰이었다.

右等分爲末 每藥一大匕 麵一匕 酢一盞 同熬敷腫處 〈新編集成馬醫方, 諸瘡門〉

31) 沙鉢

'사발'의 취음표기로서, 그 수를 셀 때 쓰이었다. '鉢, 椀, 梡'과 같은 뜻으로 쓰이었다.

肉骨一沙鉢價錢二戔五分〈度支準折, 三十八〉

32) 散

다섯 되[升]의 용량을 단위로 일컫거나, 그만한 양을 헤아릴 때 쓰이었다.

散, 五升〈廣才物譜, 飮食〉

33) 石

'섬'의 뜻으로, 곡식을 담기 위해 짚으로 엮어 만든 멱서리에 담긴 것을 셀 때 쓰이었다. 주로 곡식이나 액체를 다룰 때에 쓰며, 대체로 한 말의 열 갑절이 들어가는 용량의 단위이다. '苫'과 같은 뜻으로 쓰이었다.

中朝麵肉紫炭 皆以斤稱 而我國則 麵以斗 肉以塊 紫以束 炭以石 輕重多小 亦不的矣〈芝峯類說, 雜事〉

今國俗 以十五斗爲斛 稱平石官府用之 又以二十斗爲大斛 稱金石 民間例 以皮穀二十斗爲一石〈磻溪隨錄, 一〉

國例 以十五斗爲石〈星湖僿說, 人事門, 預養兵〉

吾東 公穀十五斗爲一石 私穀二十斗爲一石 又以石爲苫 蓋以東俗編草爲蕢 而納粟斯之 謂苫於是粟米 旣瀉名之曰空石 豈不誣哉 苫本音蟾(섬)〈雅言覺非〉

34) 鏇

鏇은 술을 데울 때 쓰는 그릇으로서, 이 그릇의 수효나, 그릇에 담긴 액체의 양을 헤아릴 때 쓰이었다.

燈油二兩 牛乳一鏇 並椒・薑・蒜細粉等物〈通文館志, 三, 事大, 入京下程〉

35) 鐥

'복자'의 뜻으로, 양푼이나 대야 또는 주전자와 같은 모양을 한 그릇으로서, 단위어인 동시에 우리나라에서만 사용되는 한국한자어이다. 크기에 따라 다르겠지만 3~5盞 정도가 들어갈 만한 크기의 그릇이다.

醴酒一甁(…三盞作一句只 三句只作一鐥 三鐥作一甁 三甁作一升)〈度支準折, 三十九〉

尹鳳求甁鐥家一 角弓一張 童兒求雌牛皮一張 定安求紙一卷 命給之〈朝鮮世宗實錄, 五十三, 十三年八月乙卯〉

仍獻 金鍾三事 金鐥二事 銀鐥八事 獺皮七十七領…〈高麗史, 世家, 二十五, 元宗一〉

遣左常侍金之兼如元 賀皇太子誕日 獻金鐥二 酒鍾二 銀鐥二十 眞紫羅六匹…〈高麗史, 世家, 三十四, 忠宣王二〉

駕至鐥院留都 百官來迎〈朝鮮世祖實錄, 二十六, 七年十月戊寅〉

鐥, 我國 以容酒四盃之器 爲一大也 也字 或是匜字之譌歟 一大也亦稱一鐥 鐥字 字書無之 高麗史 世家 忠宣王 三年 遣左常侍金之兼如元 賀皇太子誕日 獻金鐥二 益自高麗 已用鐥字 俗亦以盥洗盤 稱大也 與酒器名同 而大小懸殊〈盎葉記, 二〉

大也川部曲(一名鐥川 在州西四十里)〈新增東國輿地勝覽, 晉州, 古跡〉

鐥者 量酒之器 吾東之造字也 今郡縣餽贈 以酒五盞 謂之一鐥 中國無此字 方言謂之大也 盥器亦謂之大也 惟大小不同耳 按匜者酒器

亦稱盥器 然則去鐥從匜 不害爲書同文矣 〈雅言覺非, 二〉

量酒升稱鐥(音 선) 〈書永篇, 下〉

鐥 [鮮] 量酒之器 복자 선 〈字典釋要〉

鐥[선] 容酒四盃之器 복자 〈新字典, 朝鮮俗字部〉

北鐥 뒷대야 〈行用吏文〉

36) 先知翊突

'센티리터(Centilitre)'의 음역. 1ℓ의 100분의 1, 尺貫法으로는 5抄 5撮 4圭에 해당된다.

一先知翊突 準我五抄五撮四圭 〈增補文獻備考, 九十一, 樂考, 度量衡〉

37) 石

'石'은 擔의 俗字로서, 음은 담이다. 용량을 헤아리는 단위로 한 말의 열 갑절, 곧 '섬'을 이를 때 쓰이었다. '石'의 중국음은 ㄉㄢ(dan)으로 石의 音과 義가 서로 같기 때문에 통용된 것 같다. '擔'과 같은 뜻으로 쓰이었다.

關幾擔ㅇ(몃 짐을 ᄐᆞ료ㅇ所負曰擔 俗作担 今按關八擔 則八石也……然今俗皆稱一石爲擔 謂任力所勝 而負擔之也 字俗作石 音단) 〈朴通事諺解(重刊本), 上〉

38) 小斛

'소곡'의 뜻으로, 곡류(穀類) 열 다섯 말을 말한다. '小斛'을 平石이라고도 한다.

量之制 十勺爲合 十合爲升 十升爲斗 十五斗爲小斛(平石) 二十斗爲大斛(全石) 〈經國大典, 工典, 營繕, 度量衡〉

39) 所用

'소용'의 취음 표기로서, 기다랗고 자그마하게 생긴 병을 이르는 말이다. 이 병에 들어있는 액체의 양 또는 그 수를 헤아릴 때에 쓰이었다.

眞油一所用 甘醬一缸 艮醬一缸 〈瀋陽狀啓, 仁祖十九年八月二十八日, 別單〉

小口瓶 소용 〈譯語類解, 補, 器具補〉

40) 籔

용량의 단위로, 16斗를 말한다.

籔, 十六斗曰籔 〈才物譜, 秋, 數〉

十六斗爲籔 〈事類博解, 上, 人道〉

41) 手斗

용량의 단위로, 2되 7홉이나 3되 또는 그만한 용량이 들어갈 만한 크기의 용기의 수를 셀 때 쓰이었다.

米(對馬島使臣五手斗 上上官三手斗 上官二手斗 中官一手斗半 下官一手斗 〈增正交隣志, 五, 彼地宴享〉

一行相議 無論使臣與下官 皆以一日三升計受之 餘米還給句管倭人 盖欲省馬島之弊也 所謂手斗 卽升也 容入我國二升七合云 〈海行摠

載, 姜弘重東槎錄〉

所謂一手斗 卽我國三升容入者也 〈海行摠載, 任參判丙子日本日記〉

米(對馬島使臣五手斗 上上官三手斗 上官二手斗 中官一手斗半 下官一手斗 ○…江戶使臣二十六手斗 上上官二十一手斗… 〈通文館志, 六, 下程〉

42) 升

'새' 또는 '되'의 뜻으로 쓰이었다.

(1) 피륙의 날[經]을 셀 때 쓰이었다. 곧 날 80올(縷)을 一升이라 한다. 새가 많고 품질이 좋은 무명은 지목(地木)이라고 하고, 새가 거칠고 품질이 낮은 무명은 하지목(下地木)이라 한다.

三南田稅作木捧上時 升高者爲地木 升麁者爲下地木 江原道田稅捧五升廣布 長皆三十五尺 嶺南火稅木 海西蘆稅木 并捧地木(代錢則二兩三錢) 長皆四十尺 〈萬機要覽, 財用, 二, 收稅〉

縇藍三升 縷子次藍三升 〈尙方定例, 一, 大殿〉

布二十二同十疋十二尺 錢三兩(五升布一同四十七疋五尺 四升布二十同一疋二十四尺五寸 〈萬機要覽, 財用, 二, 收稅〉

七升白綿布(每疋一石五斗 三南) 九升白水紬(每疋六石 三南) 〈萬機要覽, 財用, 一, 均役〉

田稅 綿·苧·正布 準升數 兩端織以靑絲 其長三十五尺 納尙衣院·濟用監·廣興倉 〈大典會通, 二, 戶典, 徭賦〉

(2) 곡식·액체·가루 등의 분량을 헤아릴 때 쓰이었다. 한 말의

10분의 1을 이른다.

量用銅斛(十勺爲合 十合爲升 十升爲斗) 〈萬機要覽, 財用, 四, 戶曹各掌事例〉

量之制 十勺爲合 十合爲升 十升爲斗 十五斗爲小斛(平石) 二十斗爲大斛(全石) 〈經國大典, 工典, 營繕, 度量衡〉

升, 되 승 十合爲升 又成也 登也 進也 卦名 〈字類註釋, 物類, 名數〉

升, 十合 〈廣才物譜, 庶流, 數〉

43) 匙

'숟가락'의 뜻으로, 액체의 양을 숟가락으로 헤아릴 때 쓰이었다. '匕'와 같은 뜻으로 쓰이었다.

病重則 二匙 輕則一匙半 調并花水一鉢 〈新編集成馬醫方, 諸黃門〉

44) 龠

들이의 단위로, 기장의 낱알 천 이백 개가 들어가는 용량, 곧 홉(合)의 10분의 1을 말한다. 一勺과 같다.

龠, 홉 약 容千二百黍 合龠爲合 又樂之竹管三孔 籥通 〈字類註釋, 物類, 名數〉

龠, 千二百黍 〈廣才物譜, 庶流, 數〉

龠, 千二百黍爲一龠 〈才物譜, 秋, 數〉

45) 椀

'사발'의 뜻으로, 액체의 양을 헤아리거나 그 수를 셀 때 쓰이었다. '沙鉢, 鉢, 椀'과 같은 뜻으로 쓰이었다.

右爲末 每用一兩 溫水半椀 童子小便一鍾 同調嚾之〈新編集成馬醫方, 治脾部〉

酒一椀 煎六分 去滓 鷄鳴時服 술 흔사발애 달혀 반남즉거든 즈싀 앗고 둙 울 빼예 머기면〈救急簡易方諺解, 一, 溺死〉

46) 椀

'사빌'의 뜻으로, 액체의 양을 헤아리거니 그 수를 셀 때 쓰이었다. '沙鉢, 鉢, 椀'과 같은 뜻으로 쓰이었다.

右爲末 每用一兩 冷水半椀 調匀草飽嚾之〈新編集成馬醫方, 治肝部〉

47) 甬

용량의 단위로, 열 말 들이로서 지금의 '斛'에 해당된다.

甬, 휘 용 量名 斛也 又甬道 複道築墻 又鍾鼻 又甬草木華也〈字類註釋, 物類, 名數〉

48) 斞

용량의 단위로, 16斗 또는 二釜半의 들이를 말한다. 1釜는 6.4斗이다.

斞, 十六斗 〈廣才物譜, 庶流, 數〉
斞, 音與庾仝 十六斗曰斞 〈才物譜, 秋, 數〉
斞, 셤 유 量名 二釜半 十六斗 庾通 〈字類註釋, 物類, 名數〉
四升爲豆 (注)又曰斞 〈事類博解, 上, 人道〉

49) 翊突

'리터(Litre)'의 음역. 尺貫法으로는 5合 5勺 4抄 3撮 5圭에 해당된다.

十大始翊突爲翊突 準我五合五勺四抄三撮五圭 〈增補文獻備考, 九十一, 樂考, 度量衡〉

50) 勺

1) '작'의 뜻으로, 액체나 씨앗, 곡식 따위를 되는 분량의 하나이다. 한 홉(合)의 10분의 1이 된다.

量之制 十勺爲合 十合爲升 十升爲斗 十五斗爲小斛(平石) 二十斗爲大斛(全石) 〈經國大典, 工典, 營繕, 度量衡〉

2) 지적(地積)의 단위로는 한 坪의 100분의 1이 된다.

地積, 十勺爲合 十合爲把(五周尺平方) 〈增補文獻備考, 九十一, 樂考, 度量衡〉

51) 盞

'잔'의 뜻으로, 술·차·물 따위의 양이나 그 잔 수를 셀 때에 쓰이었다.

醴酒一甁(三盞作一句只 三句只作一鐥 三鐥作一甁 三甁作一升)〈度支準折, 三十九〉

右爲細末 好酒一大鍾 眞油一中盞 鷄子一箇〈新編集成馬醫方, 治脾部〉

52) 丈

1) '장'의 뜻으로, 한 장은 열 자(尺)가 된다.

度之制 十釐爲分 十分爲寸 十寸爲尺 十尺爲丈〈經國大典, 工典, 營繕, 度量衡〉

2) '첩(貼)' 또는 '복(服)'의 뜻으로, 한 번 달여 먹을 만한 약의 분량을 이른다.

以酒服一匕 日移一丈一服 忌蒜 수레 한 술음 프러먹고 약 머근 ᄉᆞᅀᅵ 오라거든 또 ᄒᆞᆫ 복을 머고㉦ 마ᄂᆞᆯ란 먹디 말라〈救急簡易方諺解, 一, 中風〉

53) 全石

곡류(穀類) 스무 말을 말한다. '大斛'과 같은 뜻으로 쓰이었다.

量之制 十勺爲合 十合爲升 十升爲斗 十五斗爲小斛(平石) 二十斗爲大斛(全石)〈經國大典, 工典, 營繕, 度量衡〉

54) 苫

苫은 우리말 '섬'과의 동음 관계에서 쓰인 용량의 단위로, 한 말의 열 갑절을 이르는 말이다. '石'과 같은 뜻으로 쓰이었다.

新羅學士崔致遠 撰初月山崇德寺碑云 益丘壟餘二百結 酬稻穀合二千苫 自註云 苫猶言石也 東俗 以五百畝 減百弓爲結, 斛除一斗爲苫 〈經世遺表, 六, 田制, 六〉

以十斗爲一斛 一斛爲一苫 〈經世遺表, 八, 田制, 十〉

斛者…吾東公穀十五斗一石 私穀二十斗爲一石 又以石爲苫 蓋以東俗 編草爲蕢 而納粟米斯之謂苫…○方言島亦曰苫(本音 셤) 〈雅言覺非, 三〉

苫. [셤]. 正. 졈. 〈全韻玉篇〉

苫. [셤]. 草覆. 〈奎章全韻〉

55) 埕

술을 담는 입이 조그마한 병으로, 이에 담긴 액체의 양을 헤아릴 때 쓰이었다.

今開禮物 錫二千斤 蘇木二千斤 檀香一百斤 丁香一百斤 木香一百斤 象牙四條 犀角六箇 天竺酒一埕 胡椒二百斤 〈朝鮮世祖實錄, 二十六, 七年十二月戊辰〉

埕, 俗字 酒一罎謂一埕 〈中華大字典〉

埕, 酒罐曰埕 (例)酒一埕 〈形音義綜合大字典〉

56) 鍾

'종지'의 뜻으로, 종지의 수 또는 그에 담긴 액체의 양을 헤아릴 때에 쓰이었다. '鍾子'와 같은 뜻으로 쓰이었다.

溫水半椀 童子小便一鍾 同調喂之 〈新編集成馬醫方, 治脾部〉

57) 鍾子

'종지'의 취음 표기로, 종지의 수 또는 그에 담긴 액체의 양을 헤아릴 때에 쓰이었다. '鍾'과 같은 뜻으로 쓰이었다.

豆泡醬一鍾子價錢一分 〈度支準折, 三十九〉
鍾子, 本朝 今稱小器盛醬者曰鍾子 〈古今釋林, 二十八, 東韓〉

58) 撮

(1) '자밤'의 뜻으로, 약재나 나물 또는 양념 같은 것을 손가락 끝으로 집을 만한 정도의 분량이나 그 수를 셀 때 쓰이었다.

乃用皀莢末一撮 吹入鼻中…다시 주엽 ᄀᆞ론 ᄀᆞᆯᄋᆞᆯ 한쟈보믈 고해 부러 드리고… 〈牛馬羊猪染疫治療方, 牛馬醫方〉

(2) 양(量)의 단위로, 규(圭)의 네 배를 말한다. 규는 기장 예순네 알의 양이다.

撮, 合也 四圭 〈廣才物譜, 庶流, 數〉
撮, 合也 四圭爲撮 〈才物譜, 秋, 數〉

59) 觶

석 되 들이의 용기 또는 그만한 양을 헤아릴 때 쓰이었다. 본래는 향음주례(鄕飮酒禮)의 예에 쓰는 뿔잔인데, 일설에는 벌주로 마시게 하는 술잔, 또는 빈 술잔이라고도 한다.

觶, 三升 〈廣才物譜, 飮食〉

60) 桶

'통'의 뜻으로 피륙 또는 통에 담긴 것을 셀 때에 쓰이었다.

(1) 피륙을 일정한 잣수로 잘라 놓은 묶음을 셀 때 쓰이었다.

各色三升一桶(一疋長十一尺　十疋作一桶)　大布一桶(一疋十二尺十疋作一桶) 冒緞一桶 〈度支準折, 二〉

醬色三升拾肆桶 大五桶布 〈尙方定例, 一, 大殿〉

羊彈子十一桶 六百二十碼 〈壬寅進宴儀軌, 三, 排設, 咸寧殿內外排設〉

(2) 알젓 · 새우젓 · 상아 · 뿔 따위를 넣은 통을 셀 때에 쓰이었다.

象牙(一桶價艮二十兩) 大黑角一桶 黃角一桶 病缺角一桶 〈度支準折, 十三〉

蘇魚醢一桶(二十介作一升　三斗作一桶) 白蝦醢一桶 卵醢一桶(一介卽二折里 十介作一升 三斗作一桶) 〈度支準折, 四十〉

冬音石魚一千五百九束　白蝦醢二十五桶三升 〈增補文獻備考, 一百五十一, 田賦考, 貢制〉

象牙壹桶〈尙方定例, 一, 大殿〉
白蝦醢四十桶二斗一升 卵醢十四桶二斗〈萬機要覽, 財用, 一〉

(3) 용량의 단위로, 곡식 같은 것의 분량을 재는 6되 들이의 네 모진 용기의 수, 또는 그만한 양을 헤아릴 때 쓰이었다.

桶, 퀴 용 筩也 方斛 又통 木方器受六升〈字類註釋, 物類, 名數〉

61) 平石
곡류 열다섯 말을 말한다. '小斛'과 같은 뜻으로 쓰이었다.

量之制 十勺爲合 十合爲升 十升爲斗 十五斗爲小斛(平石) 二十斗爲大斛(全石)〈經國大典, 工典, 營繕, 度量衡〉

62) 包
(1) '쌈'의 뜻으로, 바늘은 스물 네 개를, 피륙은 다듬기 알맞은 분량으로 싸 놓은 것을, 금이나 돈은 백 냥쭝을 이른다.

一包 흔 쌈 一云一隻〈老乞大諺解, 下〉
一百兩을 흔 쌈 민들고〈淸語老乞大, 八〉

(2) 일정한 양으로 싼 인삼 스무 냥을 이를 때 쓰이었다. 20냥은 한 包, 10근은 8包라 하였다. 그 후에는 점차 그 양이 늘어 10근을 한 包라고 하였다.

人蔘二十兩爲一包 十斤爲八包 今則蔘入禁條 以銀代蔘 每蔘一斤代銀二百兩 並稱八包 〈大典會通, 五, 刑典, 禁制〉

國初 赴京人員帶銀貨 以爲盤費貿易之資 至宣德年間 以金銀非國產奏請免貢 自是赴京買賣 禁賫銀貨 代以人蔘 人各十斤 後漸濫觴其數浸多 至崇禎初 每人許賫八十斤 此所謂八句也 其後又許帶銀子蔘每斤折銀二十五兩 八十斤共銀二千兩 爲一人八包 〈萬機要覽, 財用, 五, 燕行八包〉

(3) 포대(包袋)의 뜻으로, 종이 · 피륙 · 가죽 같은 것으로 만든 자루의 수를 셀 때 쓰이었다.

米一萬包(九千包 仁祖十九年 減九百包 仁祖二十五年 減實本白米三十包……) 〈度支志, 外篇, 經費司, 初定歲幣〉

米一萬包(崇德六年 減九千包 順治四年 減九百包 雍正二年 減六十包 時存四十包) 〈萬機要覽, 財用, 五, 歲幣〉

63) 合

(1) '홉'의 뜻으로 한 홉은 한 되(升)의 10분의 1이 된다.

量之制 十勺爲合 十合爲升 十升爲斗 十五斗爲小斛(平石) 二十斗爲大斛(全石) 〈經國大典, 工典, 營繕, 度量衡〉

(2) 지적(地積)의 단위로, 勺의 10곱절, 把의 10분의 1이 된다.

地積 十勺爲合 十合爲把(五周尺平方) 〈增補文獻備考, 九十一, 樂考, 度量衡〉

64) 呷

'모금'의 뜻으로, 약 · 물 · 술 따위의 액체가 입 안에 차는 분량 또는 한 번 머금는 분량을 이른다.

用生薑自然汁一呷(싱앙즛 디허 뽄즙 ᄒᆞᆫ 머곰만ᄒᆞ야) 〈救急簡易方諺解, 一, 中風〉

65) 缸

항아리의 뜻으로, 이의 수 또는 그만한 양을 셈 잡을 때 쓰이었다.

青蟹醢二缸(每缸價三兩二錢) 〈萬機要覽, 財用, 一, 供上, 人殿〉

66) 赫得翊突

'헥토리터(hectolitre)'의 음역, 100리터를 이르는 단위. 量貫法으로는 五斗 五升 四合 三勺 五抄 二撮 四圭에 해당된다.

十大可翊突爲赫得翊突 準我五斗五升四合三勺五抄二撮四圭 〈增補文獻備考, 九十一, 樂考, 度量衡〉

67) 壺

(1) 들이의 단위로, 한 말 또는 그만한 양을 됨 질 할 수 있는 용기의 수 또는 그만한 양을 셈잡을 때 쓰이었다.

壺, 一斗 〈廣才物譜, 飮食〉

(2) '병'의 뜻으로, 물이나 술의 양을 헤아리거나 그 수를 셀 때 쓰이었다.

我援琴一張 酒一壺 · 내 琴一張 酒一壺ᄅᆞᆯ 가지고 〈朴通事諺解, 下〉

68) 㪷

열 다섯 말의 용량 또는 그 용량을 되는 용기의 수를 셀 때 쓰이었다. 이는 '斛'의 중국음 ㄏㄨˊ(hu)와 音이 相似한 까닭에서 쓴 음차 표기가 아닌가 한다.

着斛起 ㅇ휘로 되게ᄒᆞ라 〈朴通事諺解(重刊本), 上, 十二〉
㪷 휘 入十五斗斛也 휘 見俗書 〈新字典, 朝鮮俗字部〉

6. 무게

1) 㪍

무게의 단위로서, 3냥쭝을 이른다.

㪍, 倍捷 三兩 〈廣才物譜, 庶流, 數〉
三兩爲㪍 〈事類博解, 上, 人道, 財寶〉
㪍, 倍捷爲㪍 〈才物譜, 秋, 物譜, 數〉

2) 久攬

'그램(gram)'의 음역, 尺貫法으로는 二分 六釐 六毫 六絲 七忽에 해당된다.

十大始久覽爲久覽 當我二分六釐六毫六絲七忽〈增補文獻備考, 九十一, 樂考, 度量衡〉

3) 匀

무게의 단위로, 30斤을 말한다. 이 匀字는 鈞字와 그 뜻이 서로 같은데, 匀字에는 원래 30斤이란 뜻은 없다. 그런데도 鈞字와 같은 뜻으로 쓰인 것은 두 글자의 음이 '균'이라는 동음관계 또는 鈞字의 略字로서 편의상 사용한 것이 아닌가 한다.

匀, 三十斤爲匀〈才物譜, 秋, 數〉

4) 鈞

무게의 단위로, 30근을 말한다.

鈞, 三十斤〈廣才物譜, 庶流, 數〉

鈞, 근즁 균 宣祖初諱 三十斤爲鈞 四鈞爲石……〈字類註釋, 物類, 名數〉

三十斤爲鈞〈事類博解, 上, 人道, 財寶〉

5) 斤

'근'의 뜻으로, 열 엿 냥을 한 근으로 하기도 하고, 100돈쭝을 한 근으로 하기도 한다. '觔'과 같은 뜻으로 쓰인다.

衡之制 黃鍾之管 其容水重八十八分 十釐爲分 十分爲錢 十錢爲兩 十六兩爲斤〈經國大典, 工典, 營繕, 度量衡〉

斤, 근 근 十六兩 又釿通 斫木 斤斤察也 仁也〈字類註釋, 物類,

名數〉

十六兩爲斤(凡三百八十四銖)〈事類博解, 上, 人道, 財寶〉

二十四銖爲兩 十六兩爲斤〈漢書, 律歷志, 上〉

6) 觔

저울로 다는 무게의 단위로, 열 엿 냥을 한 근(觔)이라 한다. '斤'과 같은 뜻으로 쓰이는 글자이다.

洪武十二年三月間 陪臣沈德符 回自京師 欽賫手詔及錄旨 節該今歲貢馬一千匹 明年貢金一百觔 銀一萬兩〈高麗史, 一百三十六, 辛禑列傳〉

遣中樞府同知事金良璥……雜綵花席二十張 人蔘一百觔 松子二百觔 雜色馬二十匹〈朝鮮世祖實錄, 四十六, 十四年四月乙卯〉

三月丁巳朔 度支奏 京兆府奉先縣界鹵池側近百姓 取水柏柴燒灰煎鹽 每一石灰 得鹽一十二觔一兩 亂法甚於鹹土 請行禁絶〈舊唐書(斷句本), 十七上, 文宗〉

觔, 今俗多作斤字〈字彙〉

7) 岐路久覽

'킬로그램(kilogram)'의 음역, 1그램의 천배. 尺貫法으로는 二十六兩 六錢 六分 六釐 六毫 六絲 七忽에 해당된다.

十赫得久覽爲岐路久覽 當我二十六兩六錢六分六釐六毫六絲七忽〈增補文獻備考, 九十一, 樂考, 度量衡〉

8) 大可久覽

'데카그램(decagram)'의 음역, 1그램의 10배. 尺貫法으로는 二錢 六分 六釐 六毫 六絲 七忽에 해당된다.

十久覽爲大可久覽 當我二錢六分六釐六毫六絲七忽 〈增補文獻備考, 九十一, 樂考, 度量衡〉

9) 大始久覽

'데시그램(decigram)'의 음역, 1그램의 10분의 1. 尺貫法으로는 二釐 六毫 六絲 七忽에 해당된다.

十先知久覽爲大始久覽 當我二釐六毫六絲七忽 〈增補文獻備考, 九十一, 樂考, 度量衡〉

10) 兩

(1) 25명을 한 단위로 한 군대의 항오(行伍)를 이를 때 쓰이었다. 5명은 一伍, 5伍는 一兩이 된다.

兩, 五伍 〈廣才物譜, 軍旅〉
伍, 五人 〈廣才物譜, 軍旅〉
伍, 五人爲伍 五伍爲兩 〈周禮, 地官, 小司徒〉

(2) 무게의 단위로, 기장 2,400개의 무게를 말한다. 十黍는 一絫, 十絫는 一銖, 二十四銖는 一兩, 곧 2,400개의 무게를 기준으로 하였다. 한 냥은 엽전 백 닢, 곧 100문(文) 또는 100돈 [錢]의

무게를 이르는 말이다. 본래 엽전 한 닢의 무게는 한 관(貫)의 1,000분의 1에 해당하므로 천문 또는 천 돈이면 한 관이 된다.

衡有大中小三等 中小二等 等各有二稱(十釐爲分 十分爲錢 十錢爲兩 十六兩爲斤……)〈萬機要覽, 財用, 四, 戶曹各掌事例〉

一貫者……吾東百錢一串爲之一兩〈雅言覺非〉

衡之制 黃鍾之管 其容水重八十八分 十釐爲分 十分爲錢 十錢爲兩 十六兩爲斤〈經國大典, 工典, 營繕, 度量衡〉

絫, 十黍, 銖, 十絫 兩, 二十四銖〈廣才物譜, 庶流, 數〉

兩, 량 량 二十四銖 두 량 再也 耦也 匹也 車數〈字類註釋, 物類, 名數〉

兩, 二十四銖爲兩〈才物譜, 秋, 數〉

(3) 수레나 차의 수를 셀 때 쓰이었다.

兩, 량 량 二十四銖 두 량 再也 耦也 匹也 車數〈字類註釋, 物類, 名數〉

(4) 화폐의 단위로 쓰이었다.
한 푼(分)의 백 곱, 곧 십 전(錢)이면 한 냥이 된다.

貨幣分爲四種 一曰銀 二曰白銅 三曰赤銅 四曰黃銅 貨幣最低位爲分 十分爲錢 十錢爲兩〈增補文獻備考, 一百五十九, 財用考, 錢貨〉

國幣用銅錢(……百文爲兩 十兩爲貫)〈大典會通, 二, 戶典, 國幣〉

11) 鋝

무게의 단위로, 6냥을 이르는 말이다. '鍰'과 같은 뜻으로 쓰이었다.

鋝鋝倍擧六兩 卽鍰也 又北方以二十兩爲一鋝 又說文鋝十銖二十五分之十三也 〈廣才物譜, 庶流, 數〉

鋝, 엳량 렬 六兩鋝爲鍰 或曰 二十兩不然 〈字類註釋, 物類, 名數〉

12) 絫

무게의 단위로, 기장 10개의 무게를 말한다.

絫, 十黍 銖, 十絫. 兩 二十四銖 〈廣才物譜, 庶流, 數〉

絫, 녈기장 류 十黍爲絫. 거듧 류 重也 累古字 〈字類註釋, 物類, 名數〉

絫, 音類 十黍爲絫 〈才物譜, 秋, 數〉

13) 裹

무게의 단위로 2근 4냥을 이르는 말이다.

二斤四兩爲裹 〈事類博解, 上, 人道, 財寶〉

14) 微

'미'는 화폐의 단위어이다. 홀(忽)의 10분의 1을 말한다.

椵木一条 一尺(該一千八十寸) 折價一兩一戔四分二里八戶 方一寸 折價一里五糸八忽一微 楸木一条 一尺(該一千八十寸) 折價一兩一戔四分二里八戶 方一寸 折價 一里五糸八忽一微 〈度支準折, 二十

三〉

15) 美利久覽

'밀리그램(milligram)'의 음역, 1그램의 1,000분의 1. 尺貫法으로는 二絲 七忽에 해당된다.

一美利久覽 當我二絲七忽 〈增補文獻備考, 九十一, 樂考, 度量衡〉

16) 糸

'사'는 '絲'의 약자로, 화폐의 단위어이다. 홀(忽)의 10배, 또는 호(戸)의 10분의 1을 말한다. '微'를 참조.

後髢鎦(排目具) 一部 小一部(重十五兩六錢 折價四分七里七戸二糸) 圓環(排目具) 中一部 小小一部(重一兩六戔五分 折價四分七里三戸五糸五忽) 〈度支準折, 二十二〉

17) 石

(1) 무게의 단위로, 4鈞을 말한다. 1鈞은 30斤, 4鈞이면 120斤이다.

石, 四鈞 〈廣才物譜, 庶流, 數〉
四鈞爲石 〈事類博解, 上, 人道, 財寶〉

(2) 용량의 단위로, 15斗를 말한다.

十五斗爲石(一作碩) 〈事類博解, 上, 人道〉

18) 先知久覽

'센티그램(centigram)'의 음역, 1그램의 100분의 1. 尺貫法으로는 二毫 六絲 七忽에 해당된다.

十美利久覽爲先知久覽 當我二毫六絲七忽 〈增補文獻備考, 九十一, 樂考, 度量衡〉

19) 銖

무게의 단위로, 양(兩)의 24분의 1, 또는 10루(十絫). 곧, 기장 낟알 10개의 무게로 1銖의 10분의 1이다.

銖, 十絫 〈廣才物譜, 庶流, 數〉
二十四銖爲兩 〈事類博解, 上, 人道, 財寶〉
銖, 칙슈 슈 十絫爲銖 錙銖 又鈍也 〈字類註釋, 物類, 名數〉

20) 溢

24 냥쭝의 무게를 말한다. 鎰과 같은 뜻으로 쓰이었다.

溢, 二十四分升之一 〈廣才物譜, 庶流, 數〉
二十四分之一 〈才物譜, 秋, 數〉

21) 鎰

24냥쭝의 무게를 말한다. 일설에는 20냥, 또는 30냥이라고도 한다. 溢과 같은 뜻으로 쓰이었다.

鎰, 金數也 國語二十四兩爲鎰 孟康云 二十兩 鄭玄云 三十兩 秦

以一鎰爲一金 漢以一斤爲一金〈廣才物譜, 庶流, 數〉

鎰, 근량 일 二十兩 一曰四十兩〈字類註釋, 物類, 名數〉

二十四兩爲鎰〈事類博解, 上, 人道, 財寶〉

22) 廷

무게의 단위로, 자세한 것은 모름.

太和七年三月日 菁州蓮池寺 鍾成內節傳合入金七百三十廷 古金四百九十八廷 加入金百十廷〈菁州蓮池寺鍾, 鍾記, 新羅 興德王八年〉

23) 捷

무게의 단위로, 1량 반을 이른다. 1捷은 34銖, 2捷은 擧라 한다.

兩有半爲捷〈事類博解, 上, 人道, 財寶〉

捷, 兩有半爲捷 卽一兩五錢〈才物譜, 秋, 數〉

捷, 兩有半 卽一兩五錢〈廣才物譜, 庶流, 數〉

二十四銖曰兩 兩有半曰捷 位捷曰擧〈小爾雅, 衡〉

24) 錘

무게의 단위로, 8수(銖)를 일컫는다. '銖'는 양(兩)의 24분의 1이다.

錘, 저울츄 츄 權謂之錘 垂也 或作鎚 又八銖 又十二兩 又爐錘鍛器〈字類註釋, 物類, 名數〉

25) 錙

무게의 단위로, 6수(銖)를 일컫는다. '銖'는 양(兩)의 24분의 1이다.

錙, 치슈 치 六銖也 〈字類註釋, 物類, 名數〉
錙, 六銖謂錙 〈才物譜, 秋, 數〉
六銖謂錙 〈事類博解, 上, 人道, 財寶〉

26) 秤
무게의 단위로, 15근을 일컫는다.

十五斤謂秤 〈事類博解, 上, 人道, 財寶〉

27) 稱
(1) '벌'의 뜻으로 옷의 수를 셀 때 쓰이었다.

贈使臣衣冠各一稱 其伴人有差 〈朝鮮太宗實錄, 五, 三年正月甲午〉
衣單複並具曰稱 卽單衣複衣各一襲之合稱 〈形音義綜合大字典〉

(2) '저울' 또는 '칭'의 뜻으로, 무게 100근을 말한다. 칭(稱)과 칭(秤)은 서로 통용되는 글자로서, 우리나라에서 새로운 뜻을 첨가시킨 國義字이다.

貼白絲一稱(百斤) 平白絲一稱(百斤) 〈度支準折, 四〉
生銅一稱(百斤) 價艮三十兩 含錫一稱(百斤) 價艮三十兩 豆錫一稱(百斤) 價艮二十二兩 鍮鐵一稱(百斤) 價錢一百兩 〈度支準折, 二十一〉
秤 [鮮] 百斤 칭 칭 稱通 〈字典釋要〉

28) 赫得久覽

'헥토그램(hectogram)'의 음역, 100그램. 尺貫法으로는 二兩 六錢 六分 六釐 六毫 六絲 七忽에 해당된다.

十大可久覽爲赫得久覽 當我二兩六錢六分六釐六毫六絲七忽 〈增補文獻備考, 九十一, 樂考, 度量衡〉

29) 衡

무게의 단위로, 10斤을 말한다.

衡, 起於黃鍾之重 一龠之黍 重十一銖 二十四銖爲一兩 三百八十四銖爲一斤 〈才物譜, 秋, 數〉

十斤爲衡 〈事類博解, 上, 人道, 財寶〉

30) 戶

'호'는 '毫'와 同音 관계에서 차용하여 쓴 글자로서, 무게, 길이 또는 화폐의 단위어이다. 이(釐)의 10분의 1, 또는 사(絲)의 10배를 말한다. 예문은 '微'를 참조.

31) 毫

무게 또는 길이의 단위로, 絲의 10배, 이(釐)의 10분의 1이 된다.

毫, 터럭 호 長銳毛 至秋極纖 秋毫 一絲曰毫 〈字類註釋, 物類, 名數〉

32) 忽

'홀'은 화폐의 단위어로, 사(絲)의 10분의 1 또는 미(微)의 10배를 말한다. 예문은 微를 참조.

33) 鍰

무게의 단위로, 6량을 말한다. 원래는 周代의 화폐의 무게를 이르기도 하였다.

> 鍰, 六兩爲鍰 〈才物譜, 秋, 財寶〉
> 鍰, 六兩爲鍰 〈事類博解, 上, 人道, 財寶〉
> 鍰, 엳량 환 六兩 又구리 환 黃鐵 〈字類註釋, 物類, 名數〉

7. 짝이나 벌

1) 件

'벌'의 뜻으로 옷이나 그릇같은 것이 짝을 이루거나 여러 가지가 한데 모여서 갖추어진 물건을 셀 때 쓰이었다.

이는 이두식 표기인 '벌'로서 우리 옛말로는 '불'이니, 한 건을 'ᄒᆞᆫ 불', 두 건을 '두 불'이라고 하였다. 그런데 근대로 내려오면서 '불'이 변하여 '벌'이 되어 이제는 '한 벌, 두 벌'이라고 한다. 지금도 물품명이나 금액을 벌리어 적어 놓은 종이를 '발기'라고 하는데 한자로는 '件記'라고 쓴다.

이 '벌'은 관(冠), 띠[帶], 갓끈[纓子], 놋젓가락, 도롱이[蓑衣], 동정(同正), 책, 두건(頭巾), 행전(行纏), 혁대, 보[袱], 똬리쇠갑[座鐵匣], 요, 호수(虎鬚), 중단(中單), 신, 단령(團領), 버선 따위를 셀

때 쓰이었다.

白巾一件 十二升白苧布四幅袱一件 紅木頭巾一件 紅紬裳一件 紅紬冠帶一件 坐鐵匣一件 御拜位裖一件 〈度支準折, 三〉

靑木行纏一件 蓑衣一件 冠纓子一件 〈度支準折, 四十一〉

烏皮履一件 同正次(每三件) 〈度支準折, 四十五〉

傳曰 懸吐大學衍義二件入內 〈朝鮮中宗實錄, 五十八, 二十一年十二月丙子〉

白布頭巾一百二十七件 白木仰三件 〈孝宗寧陵山陵都監儀軌, 座目〉

袱二件 〈昌慶宮營建都監儀軌, 甘結〉

覆巾一件 揮巾一件 〈正宗大王殯殿魂殿都監儀軌, 上, 實入〉

銀鉢里所裏多紅木四幅襦袱二件 〈每件價二十三兩六錢七分〉 〈萬機要覽, 財用, 一〉

各一件雙(注) 件以襖袴言 雙以鞋言 〈吏文續輯覽〉

件記 발긔 物目置薄也 〈行用吏文〉

件 量詞 計算事物一事 或一物曰一件 〈形音義綜合大字典〉

2) 具

'벌'의 뜻으로, 여러 개가 한데 모여 갖추어진 물건을 낱낱으로 셀 때 쓰이었다.

竹冊一副 八十簡紫絲條聯紅錦裝背冊匣一具 〈高麗史, 二, 惠宗世家〉

一具 농긔 ᄒᆞᆫ 벌 〈漢淸文鑑, 十, 産業, 農工〉

3) 段

(1) '벌'의 뜻으로, 옷의 수를 셀 때 쓰이었다.

仍賜奴婢十三 田一百五十結 銀子十兩 表裏一段 內廐馬一匹 〈李忠武公全書, 教書, 策宣武元勳〉

(2) '도막'의 뜻으로, 짤막하고 작게 자른 동강을 셀 때 쓰이었다.

一段魚 ㅇ흔 토막 〈漢清文鑑, 十二, 營造, 飯肉〉

4) 對

'짝, 벌, 켤레'의 뜻으로, 두 짝이 합하여 한 '벌'이 되는 물건을 셀 때 쓰이었다.

羚羊角(一對價錢八戔 一兩價艮二戔八分五里七戶) 〈度支準折, 十六〉

禮部咨曰 欽依給賜 朝鮮國王并王父 段匹書籍等件…纍絲金翟一對 金簪一對… 〈朝鮮太宗實錄, 六, 三年十月辛未〉

賜檢校漢城尹宋希靖 衣一襲 靴一對 米豆十石 希靖年老家貧 上憐之是賜 〈朝鮮太宗實錄, 十九, 十年三月丁卯〉

贈琉球國王……短珠一貫 簇子二對 錫硯滴十事 〈朝鮮世祖實錄, 四十三, 十三年八月庚戌〉

寄書大監李珍等曰 我國世爲藩守 前此上國 亦有徵兵之時 武備不可不嚴 弓角非我國所產 而天朝法禁甚嚴 一年常數二百對外 不得私貿 以故前者大人 奉使來時 爲陳奏之意 大人已知之矣 〈朝鮮燕山君日記, 五十六, 十年十月甲戌〉

牛角(每對 兩湖四斗 江原三斗五升) 〈萬機要覽, 財用, 二〉

整水牛角二百對(順治四年 減一百對 十二年 一百對) 〈萬機要覽, 軍政, 二〉

對 物竝峙 答也 揚也 當也 〈全韻玉篇〉

對 딱 ㊀ 又答也 〈訓蒙字會, 下, 十四〉

對 成雙之物曰對 〈形音義綜合大字典〉

5) 領

'벌'의 뜻으로, 옷이나 가죽 또는 철갑(鐵甲)등의 물건을 셀 때 쓰이었다.

(1) 가죽을 셀 때 쓰이었다. '令'과 同音關係에서 서로 통용하였으며, 털이 있는 가죽을 셀 때에만 사용되었다.

贈貂皮百領……獻桂皮二斤 麻黃五斤 甸皮四領 斜皮四領 〈朝鮮太宗實錄, 三十四, 十七年七月癸未〉

豹皮(一百領內五十領 本色五十領 折銀 每領價錢一兩 二錢 〈度支志, 外篇, 經費司, 都求請〉

(2) 옷을 셀 때 쓰이었다.

襦衣 (每領米兩南一石五斗)……內拱(每領木二十二尺五寸) 襦衣(每領木三疋四十尺) 〈萬機要覽, 財用, 一, 宣惠廳五十貢〉

襦衣一領(生木四十尺 綿花二斤 麻糸一戔) 〈度支準折, 十七〉

(3) 갑옷을 셀 때 쓰이었다.

鐵甲(每領十六石十斗) 〈萬機要覽, 財用, 一, 宣惠廳五十貢〉

丁卯……別幅鎧一領 諸緣具薄色淡黑屛風二張 白練綃一十匹 小紅綾五匹 楊扇一百柄 紫石文硯一十枚 朱漆鎚一十本 朱漆小盆五十枚 黑漆鞘柄大刀一十振 〈朝鮮成宗實錄, 二百四十四, 二十一年九月丁卯〉

6) 每也

'매'의 차자표기로, 젓가락의 한 쌍을 셀 때 쓰이었다. '每伊'와 같은 뜻으로 쓰이었다.

銀筯二每也 〈祭器都監儀軌, 都監單子, 孝陵〉

7) 每伊

'매'의 차자표기로, 젓가락의 한 쌍을 셀 때 쓰이었다. '每也'과 같은 뜻으로 쓰이었다.

飯工邑所用……銅罐盖具 一坐 鍮長筯一每伊 〈仁祖國葬都監儀軌, 下, 三房〉

8) 件

'질, 벌'의 뜻으로, 여러 권으로 된 책 한 벌을 셀 때 쓰이었다. '本, 秩'과 같은 뜻으로 쓰이었다.

金日早朝 上使亦遣人贈臣以聖 人圖一軸 許氏說文一件 此皆上國人所贈 故敢啓 〈朝鮮中宗實錄, 四十二, 十六年七月辛酉〉

伴張弛之信期 〈楚辭, 九章, 悲回風〉

9) 本

'질, 벌'의 뜻으로, 여러 권으로 된 책 한 벌을 셀 때 쓰이었다. '件, 秩'과 같은 뜻으로 쓰이었다.

又天成三年戊子 黙和尚入唐 亦載大藏經來 本朝睿廟時 慧照國師奉詔西學 市遼本大藏三部而來 一本今在定惠寺(海印寺有一本 許參政宅一本)〈三國遺事, 三, 塔像, 前後所藏舍利〉

10) 副

'벌'의 뜻으로, 옷이나 그릇 같은 것의 짝을 이루거나 여러 가지가 한데 모여서 갖추어진 한덩이를 셀 때 쓰이었다. '部'와 음이 같기 때문에 서로 통용한 것이 아닌가 한다. '副當'과 같은 뜻으로 쓰이었다.

竹冊一副 八十簡紫絲條聯紅錦裝背冊匣一具〈高麗史, 二, 惠宗世家〉

水牛角弓面二百副(一百副 順治丁亥減一百副 則甲午代以好大紙一千卷·小好紙一千五百卷)〈通文館志, 三, 事大, 方物數目〉

副, 猶件也〈吏文輯覽, 三〉

琥珀頂子一百副 ○ 호박 잉ᄌᆞ 일ᄇᆡᆨ ᄇᆞᆯ〈老乞大諺解, 下〉

11) 副當

'副'와 같은 뜻으로 쓰이었다.

一副當 一件也 溪訓〈語錄解, 三字類〉

一副當 一件也 增注 退溪曰 吏文凡物一件 謂一副當者語辭〈古今

釋林, 十五, 洛閩語錄〉

12) 部

'뜸 · 켤레 · 보 · 벌' 또는 '짝'의 뜻으로 쓰이었다.

(1) '뜸'을 셀 때 쓰이었다.

'部'와 '浮'는 음이 서로 같기 때문에 서로 통용하여 쓴 것 같다. 곧 우리말 '뜸'의 차자표기로서 비 올 적에 물건을 덮거나 볕을 가리기 위하여 만든 물건을 이르는 말이다. 아래의 예문을 보면 서로 통용하였음을 알 수 있다.

㉠ 油芚七十浮 〈萬機要覽, 軍政, 二〉
油芚九十九部 〈萬機要覽, 軍政, 二〉
㉡ 布帳一百十浮 〈萬機要覽, 軍政, 二〉
甲布帳九十七部 〈萬機要覽, 軍政, 二〉
㉢ 布後遮帳二浮 〈萬機要覽, 軍政, 二〉
後遮帳二部 〈萬機要覽, 軍政, 二〉
㉣ 木甲布帳二百三十九浮 〈萬機要覽, 軍政, 二〉
木甲布帳一百部 〈萬機要覽, 軍政, 二〉
㉤ 大地衣二浮 〈萬機要覽, 軍政, 二〉
大地衣三部 〈萬機要覽, 軍政, 二〉

(2) '켤레'의 뜻으로, 신, 버선 따위와 같은 것의 한 '벌'을 셀 때 쓰이었다. 종이신[紙鞋], 짚신[草鞋], 발막[分土], 은혜[溫鞋], 삽혜[靸鞋] 따위를 셀 때 쓰이었다.

紙鞋一部 草鞋一部 後分土一部 繩鞋一部 熟麻鞋一部 〈度支準折, 四十一〉

漆皮靴子一部 靸鞋一部 溫鞋一部 〈度支準折, 四十三〉

油紙七十部 靴襪二部 〈春官通考, 二, 迎勑禮單〉

今遣弘文館典翰韓亨允 賫賜裌衣領 單衣一領 笠一事 靴二部 幷賜宣醞以示予意 〈朝鮮燕山君日記. 三十六, 六年正月戊寅〉

(3) '보'의 뜻으로, 저담(猪膽)이나 웅담 따위나 고기 부위를 통째로 셀 때, 또는 우황, 사향, 등심[心肉], 처녑[千葉], 간, 양지머리[兩支頭], 콩팥[豆太], 염통[靈通], 곤자소니[昆者手], 명란(明卵), 어란(魚卵) 등을 셀 때 쓰이었다.

唐熊膽一部 唐麝香一部 〈度支準折, 十六〉

鄕麝香一部 牛黃一部 〈度支準折, 十七〉

牛豆太一部 兩支頭一部 牛肝一部 牛千葉一部 猪心肉 · 牛頭 · 昆者手 · 牛靈通 各一部 猪後脚一部 〈度支準折, 三十一〉

魚卵一部 明卵一部 〈度支準折, 四十〉

虎骨(每部八斗 江原) 牛黃(每部十五石) 麝香(每部二石) 〈萬機要覽, 財用, 二〉

(4) '벌' 또는 '짝'의 뜻으로, 옷이나 그릇같은 것이 짝을 이루거나 여러 가지가 한데 모여서 갖추어진 물건을 셀 때 쓰이었다. 안경, 초립, 유지대(油紙帒), 밀부(密符) 따위나 돌적이[乭迪耳], 열쇠, 말다래[月乃], 저울 따위에 쓰이었다.

四張付油紙帒一部 梳貼一部 〈度支準折, 三〉

乭油耳大一部 城門鎖鑰一部 〈度支準折, 二十三〉

五十斤稱子一部 分稱一部 眼鏡一部 月乃一部 〈度支準折, 四十一〉

油紙七十部 靴韈二部 〈春官通考, 二, 迎勑禮單〉

東宮修理後 世子白玉半束帶一部 白玉吐環多繪俱一部 〈朝鮮中宗實錄, 九十四, 三十五年十一月壬寅〉

鎖鑰開金具一部 樻子具鎖鑰一部 〈昌慶宮營建都監儀軌, 實入〉

鞍赤一部 箭帽二部 弓帽二部 〈三名日方物謄錄〉

13) 事

'벌'의 뜻으로, 짝을 이루거나 여러 가지가 한데 모여서 갖추어진 한 덩이로 된 물건, 또는 날개를 셀 때 쓰이었다. 갈모[笠帽]나 향합, 띠[帶], 연적 따위를 셀 때 쓰이었다.

笠帽一事 〈度支準折, 四十一〉

銀鍾 · 銀盂各一事 苧麻布各五匹 〈朝鮮太宗實錄, 十一, 六年正月丁未〉

贈琉球國王……坐子二事 鞍子二面……〈朝鮮世祖實錄, 四十三, 十三年八月庚戌〉

表筒二 犀金帶三事 〈朝鮮成宗實錄, 一百八十四, 十六年十月甲申〉

今遣弘文館典翰韓亨允 賚賜裌衣領 單衣一領 笠一事 靴二部 〈朝鮮燕山君日記, 三十六, 六年正月戊寅〉

以太上誕日 遣都承旨李文和 獻表裏及衣襨……網笠一事 段子衣一領 〈朝鮮定宗實錄, 二, 元年十月甲辰〉

生栗十斗 大棗十斗 銀香盒一事 畫龍燭一雙 〈通文館志, 三, 方物數目〉

銀香盒一事 螺鈿梳函(一事價錢十六兩 工曹造作進排) 〈萬機要覽, 財用, 五, 方物〉

螺鈿梳函一事 〈三名日方物謄錄〉

嘗借庫銀器數事 寄郎將李允平家〈高麗史, 一百, 白任至列傳〉

油鞍籠一事〈朝鮮端宗實錄, 十三, 三年正月癸丑〉

14) 雙

(1) '쌍' 또는 '매'의 뜻으로, 둘씩 짝을 맞추어 물건을 셀 때에 쓰이었다. 비둘기의 깃[伐月只羽], 등자(鐙子), 향꽂이, 촛대, 금관자[金圈子], 젓가락, 농(籠) 따위를 셀 때 쓰이었다.

帖金屛風一雙 畫鶴松黑漆鞘柄大刀一十把 螺帖柄鑓子一十把〈朝鮮成宗實錄, 二百四, 十八年六月甲申〉

馬粧一部 豹皮一張 三枝鎗一雙 腰刀一把……〈朝鮮宣祖實錄, 四十七, 二十七年正月乙未〉

屛風二十雙 銀臺子二餙〈通文館志, 六, 交隣〉

豆錫小圓環菊花童具二雙〈正宗大王殯殿魂殿都監儀軌 中, 品目〉

中炙金一雙 長三尺五寸〈孝宗寧陵山陵都監儀軌〉

籍足鐵十雙 雙劍十雙 棍棒五雙〈萬機要覽, 軍政, 三〉

鍮大燭臺二雙〈昌慶宮營建都監儀軌, 甘結〉

香座兒一雙(香串之一雙)〈壬寅進宴儀軌, 二〉

伐月只羽一雙〈度支準折, 十二〉

鐙子(銀入絲)一雙〈度支準折, 二十二〉

行用(二兩)燭一雙 房燭每雙(重三兩) 折價三戔六分〈度支準折, 四十二〉

玉圈子一雙 青遠香一雙 金圈子一雙 鍮筋一雙 鍮箸一雙 漆木箸一雙〈度支準折, 四十一〉

大殿紗籠十雙〈度支準折, 六十〉

貼金小屛風二雙 〈交隣志, 一, 差倭〉

各一件雙(注)件以襖袴言 雙以鞋言 〈吏文續輯覽〉

雙, 兩雙 〈廣才物譜, 庶流, 數〉

雙, 쌍 상 兩隻 偶也 又隻二枚 〈字類註釋, 物類, 名數〉

(2) 땅의 넓이를 헤아릴 때 5畝의 뜻으로 쓰이었다.

雙, 五畝 〈廣才物譜, 人道〉

15) 扇

'짝(隻)'의 뜻으로, 골패(骨牌)나 배의 키 따위와 같이 넓적한 물건을 낱낱이 셀 때 쓰이었다.

遇晩忽遭西北風颶大作 將本船打至深水下洋去訖 及將舵一扇罷壞至十四日 漂至不知地名海中山島內抛泊 〈吏文, 二, 咨奏申呈照會, 二十九〉

一扇, 猶一隻也 〈吏文輯覽, 二〉

扇, 骨牌一片曰扇 흔 짝 〈廣才物譜, 技戱〉

人牌, 重紅二扇 十六點 象仁義禮智發爲四端也 〈廣才物譜, 技戱〉

16) 襲

'벌'의 뜻으로, 옷이나 그릇 같은 것이 짝을 이루거나 여러 가지가 한데 모여 갖추어진 물건을 셀 때 쓰이었다.

大緞團領, 方紬單衫袴, 各一襲 〈萬機要覽, 財用, 五, 燕使〉

賜袍一襲 〈高麗史, 五, 顯宗世家〉

17) 折里

'자래'의 취음 표기로, 쌍으로 된 생선의 알주머니를 셀 때 쓰이었다.

卵醢一桶(一介卽二折里 十介作一升 三斗作一桶) 〈度支準折, 四十〉

18) 秩

'질'의 뜻으로, 여러 권으로 된 책 한 벌을 셀 때 쓰이었다. '秩'은 '帙'의 와자(譌字)가 아닌가 한다. '件, 本'과 같은 뜻으로 쓰이었다.

東醫寶鑑二秩 四幅袱二件 〈度支志, 外篇, 經費司, 都求請〉

褙板一立 全韻玉篇一秩 寫字官所用 黃筆三十同 眞墨二同 〈壬寅進宴儀軌, 二, 節目〉

19) 隻

(1) '짝'의 뜻으로, 두 개 이상이 모여 한 벌이 되는 물건의 낱개를 세거나, 한 쌍 가운데 하나를 나머지 하나에 대하여 이르기도 하고, 고기의 어느 한 부위나, 갈비의 여러 대가 합쳐서 한 덩이가 된 것을 셀 때에도 쓰이었다. 밀부(密符)나 병부(兵符), 쇠갈비[牛乫非], 쇠볼기[牛乶只], 쇠안심고기[牛內心肉] 따위를 셀 때에도 쓰이었다.

禮葬時紅燭籠一隻 〈度支準折, 二〉

牛乶只一隻 牛內腎一隻 猪背肉一隻 牛後脚一隻 牛乫非一代 價錢二戔(一部 重二斤 一隻六代 〈度支準折, 三十一〉

密符一部(左二隻內上 右一隻 監司所佩)一隻 兵符一部(隻數上同)一隻 〈度支準折, 五十七〉

斜窓二十二隻 烟窓障子八隻 班子一百隻 〈昌慶宮營建都監儀軌, 實入〉

ᄧᅡᆨ爲隻 〈訓民正音, 合字解〉

隻 외ᄧᅡᆨ 쳑 〈訓蒙字會, 下, 十四〉

隻 외ᄧᅡᆨ 쳑 〈新增類合, 下, 四十七〉

(2) '척'의 뜻으로 배의 수를 셀 때 쓰이었다.

法聖(在靈光地 船二十八隻) 羣山(在沃溝地船十七隻) 〈度支準折, 六十〉

慶尙右兵使金應瑞狀啓……十二日 風勢極順 淸正管下船一百五十餘隻 西生浦出來 淸正率管下之船一百三十餘隻 〈朝鮮宣祖實錄, 八十四, 三十年正月甲寅〉

漕船押領官 每運以三十隻作綜 〈增補文獻備考, 一百三十六, 刑考, 諸律類記〉

正月望前 無遺領來亦爲白乎旀 留陣戰船五十餘隻以恒留待變爲白齊 〈壬辰狀草, 萬曆二十一年十一月十七日〉

(3) '쪽, 편'의 뜻으로 쓰이었다. 여기에서는 소송하는 당사자 중의 어느 한 편, 또는 어느 한 쪽을 이른다.

三度得伸云者 按訟三度之內 一隻再伸之謂也 〈續大典, 五, 刑典, 聽理〉

(4) '마리' 또는 '필(匹)'의 뜻으로 쓰이었다.

慶興居出身劉孝吉 以潛商稱云 牛一隻奪去爲旀 又驛子仲德處 古羅雌馬二匹 以刷馬持去後 致死稱云 不爲還給爲有置〈瀋陽狀啓, 壬午十一月二十三日〉

烏雞一隻 合毛杵一千二百 下好苦酒(됴흔 초)一升 相和得所 以新布搨患處(오계 흔나홀 짓조쳐 일쳔 이빅번을 디코 됴흔 초 흔 되와 섯거 고르게 ㅎ고 새 뵈로 알픈 싸해 펴 노코)〈救急簡易方諺解, 一, 溺死〉

隻, 외 쳑 物單曰隻 奇也 又鳥一枚〈字類註釋, 物類, 名數〉

(5) 쌈의 뜻으로, 바늘 스물네 개를 이를 때 쓰이었다.

一包 흔 쌈 一云一隻〈譯語類解, 上, 算數〉

(6) 모자(帽子)를 셀 때 쓰이었다.

每年帽隻 多下過四五百隻 少或爲三四百隻 千隻充數已無可言 而又自辛丑因靑布廛捄弊 帽子一百隻 特許免稅貿來〈萬機要覽, 財用, 五, 公用〉

(7) '짝'의 뜻으로, 난간(欄干)을 셀 때 쓰이었다.

左右衛護船十二隻 欄干二百四十隻(舟橋左右排設)〈萬機要覽, 財用, 五, 舟橋〉

(8) 화살을 셀 때 쓰이었다.

竹簳箭二百隻 一百隻貼金 一百隻貼銀 木簳箭二百隻 〈高麗史, 二, 惠宗世家〉

(9) '결레'의 뜻으로, 신을 셀 때 쓰이었다.

時野中松上有一青鳥 呼曰休醍 和尙 忽隱不現 其松下有一隻脫鞋 師旣到寺 觀使行方物白綿紙一隻偸取 私賣於淸人者 勿論首從 並只梟示境上 〈新補受敎輯錄, 刑典, 贓盜〉

音座卜乂有前所見脫鞋一隻 方知前所遇聖女 乃眞身也 〈三國遺事, 三, 洛山二大聖〉

(10) '짝'의 뜻으로, 농(籠)을 셀 때 쓰이었다.

各道卜定(…禿匙二丹 塗籠十五隻) 〈萬機要覽, 財用, 五, 信使, 盤纏〉

(11) 짐짝을 셀 때 쓰이었다.

使行方物白綿紙一隻偸取 私賣於淸人者 勿論首從 並只梟示境上 〈新補受敎輯錄, 刑典, 贓盜〉

20) 層

'벌'의 뜻으로, 옷 따위와 같이 짝을 이루는 물을 셀 때 쓰이었다.

芥菜子 治疫氣初覺頭痛 取子爲末 塡臍中 以熱物 隔衣一層熨之 卽汗而愈(개ᄎᆡᄌᆞᄂᆞᆫ 병 긔운이 처음으로 머리 알커든 계ᄌᆞᄡᅵᄅᆞᆯ ᄀᆞᄅᆞ ᄆᆡᆼ그라 ᄇᆡᆺ복 가온대 메오고 군옷 ᄒᆞᆫ불을 펴고 더온 거스로 울ᄒᆞ면 즉시 ᄯᆞᆷ이 나ᄃᆞᆫᄂᆞ니라 〈辟瘟新方, 瘟疫表證宜汗〉

8. 기타

지금까지 ① 묶음이나 덩이 ② 낱개 ③ 거리 · 넓이 ④ 용량 ⑤ 무게 ⑥ 짝이나 벌에 대하여 알아보았다.

기타에는 뒤늦게 발견된 것이나, 앞의 어느 항목에도 해당되지 못하는 것, 또는 뜻갈래가 다른 것에 한하여 정리하여 싣는다.

1) 架

마리의 뜻으로, 매[鷹]를 낱낱으로 셀 때 쓰이었다. '連, 聯'과 서로 같은 뜻으로 쓰이었다.

連(及也 并也 조쳐 又秤一把 曰一連 又鷹一箇 亦曰一連 字又作聯) 〈朴通事諺解, 單子解〉

前請鷹子十餘架 諸府郡以送何如 〈朝鮮宣祖實錄, 八十八, 三十年三月庚申〉

2) 家

'째'의 뜻으로, 차례대로 헤아려 그 수만큼 해당되는 때나 물건, 또는 순서나 등급을 나타낼 때 쓰이었다.

頭家 첫재. 二家 둘재. 末家 말재 〈漢淸文鑑, 九, 技藝, 賭戱〉

3) 角

'통(通), 건(件)'의 뜻으로, 공문서 · 편지 · 증서 따위를 셀 때 쓰이었다. '通, 宗, 紙, 道'와 같은 뜻으로 쓰이었다.

內官金希顔承令 戶部咨文一角 賫送爲白在果 〈瀋陽狀啓, 己卯二月初八日〉

往時公文一封曰一角 〈形音義綜合大字典〉

4) 刻

시헌력(時憲曆)의 15분 동안을 이른다. 예전에는 밤과 낮을 100刻으로 나누어 춘분과 추분에는 밤과 낮을 50각으로, 동지에는 밤을 60刻, 낮을 40刻으로 하였으며, 하지에는 동지의 반대로 하였다.

十五分爲一刻 八刻爲一時 〈事類博解, 天時〉

十五分爲一刻 〈廣才物譜, 天道〉

刻, 按古晝夜作百刻 〈說文通訓定聲〉

刻, 十五分爲一刻 〈漢淸文鑑, 一, 時令〉

5) 脚

간짓대를 잘라 옷을 걸 수 있게 만든 횃대나 서가와 같은 긴 물건이나 다리가 달린 물건을 셀 때 쓰이었다.

參判前別幅金小屛風二雙 水晶笠緖三結 彩花衣桁一脚…[裁判差

倭]…參議前別幅 彩花書架一脚〈通文館志, 五, 交隣, 差倭〉

6) 間

넓이의 단위로, 쓰는 목적과 시대에 따라 달라지기도 하는데 대체로 가로 10보(步), 세로 6보 사방의 넓이를 말한다. 座와 같은 뜻으로 쓰인다.

凡公廨基 每南北六步 東西十步爲一座 俗稱一間〈磻溪隨錄, 一, 田制上〉

7) 甲

(1) 갑은 전세(田稅)의 수세율(收稅率)을 계산할 때 쓰는 단위어이다. 갑에는 단갑(單甲)과 이갑(二甲)이 있는데, 단갑은 한전(旱田) 1결(結)에 전미(田米) 5되 3홉 3작, 콩 1말 6되를, 수전(水田) 1결에는 쌀 2말 6되 6홉 6작을 징수하였다. 전세의 분수(分數)의 하나로 납세하는 방법은 한전 10분(分)을 표준으로 하여 4분은 조밭, 6분은 콩밭으로 하여 연분(年分)의 3분의 1을 징수하였다.

이갑은 전세를 단갑의 배로 징수하는 읍으로, 한전 1결에는 전미 5되 6홉 6작, 콩 1말 7되, 수전에는 쌀 3말 3되 3홉 3작을 징수하며, 수전의 결세를 감(減)하는 방법은 단갑과 같으나 실제의 수량은 단갑의 배가 되므로 도로 두 배를 감해 주었다.

江邊七邑及平壤(單甲) 旱田每結內(十分四粟田 十分六太田) (朔州·義州·楚山·昌城·渭原·碧潼·江界 七邑) 平安道三十四邑

(二甲) 旱田一結內(十分四粟田 十分六太田) (中和・順安・肅川…甑山・三登 三十四邑) 〈度支準折, 六十〉

開西平壤及江邊七邑 (義州・朔州・昌城・碧潼・楚山・渭原・江界) 謂之單甲邑…二甲則旱田水田倍之 還減二斗 〈萬機要覽, 財用, 二, 收稅〉

中和等三十四邑二甲 粟田每結 小米二斗內 減三分一仍爲甲 而粟田豆田合元數中 每結小米五升式磨鍊 以其數還減於元收稅 二甲小米中 實小米一斗四升一合六勺零 〈增補文獻備考, 一四九, 田賦考, 租稅〉

(2) '겹・곱・배(倍)'의 이두식 표기로서, '三甲所'는 세 겹으로 꼰 밧줄을 말한다.

四朔一改 油紙三卷…三甲所三艮衣 〈萬機要覽, 財用, 一, 供上, 大殿〉

結紅熟麻三甲所二艮衣 〈樂器造成廳儀軌, 啓辭秩〉

8) 匣

물건이 담긴 작은 상자의 수를 헤아릴 때 쓰이었다. 담배, 떡, 과자, 채[茶] 따위에 쓰이었다.

大匣草一匣價艮四戔 小匣草一匣價艮二分 別菓子一匣價艮錢三兩 〈度支準折, 四十一〉

葉茶一匣價錢一兩 桂花茶一匣價(唐艮)二戔 (桂花茶膏一匣價錢七戔) 倭蜜膏一匣價錢三戔 〈度支準折, 十八〉

9) 杠

짐을 운반하는 멜대, 곧 '장강(長杠)'의 수를 셀 때 쓰이었다. 장강은 길고 굵은 나무에 물건을 올려 놓거나 매어달아 앞뒤로 들거나 어깨에 멜 수 있도록 된 멜대를 이르는 말이다.

平安道監司報 使臣三月十五日到義順館 櫃子四十杠猪二杠 羊二杠 軍指揮一千戶一 鎭撫一百戶三 舍人三十三名 旗軍三百四名〈朝鮮世宗實錄, 十九, 五年三月戊戌〉

10) 介

'個, 箇, 芥'와 함께 낱으로 된 물건을 셀 때 쓰이었다.

(1) 수리나 꿩 또는 기러기나 거위의 깃이나, 소의 꼬리를 셀 때 쓰이었다.

半白雕羽一介 雉尾羽十介 唐鴈羽一介 牛尾一介 白鵝(二十介價錢一分 一兩價錢一戔)〈度支準折, 十二〉

(2) 뿔의 수를 셀 때 쓰이었다.

常角一介價錢五分〈度支準折, 十三〉

(3) 구슬이나 참옥의 수, 또는 그것들로 만들어진 농(籠)이나 사슬[沙乙], 고리 따위를 셀 때 쓰이었다.

五色珠(一百介 燕貿艮九戔) 白玉鞋纊珠一介 白眞玉珠一介 白眞玉雕籠一介 眞玉七星錢一介 靑玉(沙乼一介 環一介) 〈度支準折, 十四〉

(4) 무쇠나 시우쇠로 만든 국화동자목[菊花童], 활비비[弓非排], 몽둥이[水夢同伊], 장도리[長道里], 집게[執介], 남날개[南飛介], 인두[引刀], 쇠스랑[小時郎], 까뀌[加耳] 따위를 셀 때 쓰이었다.

菊花童一介 甘佐非(丁具)大一介 代波㕚一介 弓非排一介 水夢同伊大一介 長道里大一介 執介大一介 南飛介一介 引刀一介 小時郎一介 加耳一介 〈度支準折, 二十二〉

(5) 서까래, 대부등(大不等), 소나무, 욋가지[椳木], 가랫장부[加乃杖夫], 문둔테나무[屯太木] 따위를 셀 때 쓰이었다. 욋가지는 20개가 한 단(丹)이 되고 다섯 단이면 한 동(同)이 된다.

椳木一同一丹七介 一同(二十介作一丹 五丹作一同) 眞椽木一介 槐木一介 加乃杖夫一介 屯太木一介 二十尺松木一介 別大不等一介 〈度支準折, 二十三〉

(6) 싸리가지로 만든 삼태기[杻三太], 고리[杻古里], 소쿠리[杻所昆里], 홰[杻中炬]따위를 셀 때 쓰이었다. 홰는 10개가 모이면 1동(同)이 된다.

杻三太一介 杻所昆里一介 杻古里一介 杻中炬一同(十介) 〈度支準折, 二十四〉

(7) 항아리, 병, 동이(盆) 따위의 그릇을 셀 때 쓰이었다.

白沙瓶一介 唐盆子一介 白沙缸一介 唐磁碗一介 〈度支準折, 二十七〉

(8) 용두(龍頭), 토수(吐首), 북수(北首), 잡상(雜像) 따위를 셀 때 쓰이었다.

龍頭一介(常瓦一百張) 吐首一介(常瓦一百張), 北首一介(常瓦一張) 雜像一介(常瓦五十張) 〈度支準折, 二十八〉

(9) 물고기나 조개, 새우 따위를 셀 때 쓰이었다.

明太一介 凍明太一介 落蹄一介 加佐味一介 切全卜一介 大紅蛤一介 銀魚一介 醬蟹一介 〈度支準折, 三十二〉

(10) 가지, 동아[冬苽], 청참외[青苽], 순무우[蔓菁根], 마늘 따위를 셀 때 쓰이었다.

茄子一介(四十介作一斗) 冬苽一介 青苽一介 蔓菁根一介(十介作一丹) 生蒜五介 〈度支準折, 三十四〉

(11) 배, 모과[木瓜], 유자(柚子), 홍시(紅柿), 수박[西果], 참외[眞苽] 따위의 과실을 셀 때 쓰이었다.

生梨一介 木瓜一介 柚子一介 紅柿一介 西果一介 眞苽一介 〈度

支準折, 三十五〉

(12) 담뱃대[烟竹], 참빗[眞梳], 솔[省], 시룻방석[甑蓋], 시룻밑[甑本] 따위를 셀 때 쓰이었다.

別小烟竹一介 眞梳一介 猪毛省一介 甑蓋一介 甑本一介 〈度支準折, 四十一〉

11) 芥

'개'의 뜻으로, '介, 個, 箇'와 같은 뜻으로 쓰이었다.

琥珀(一名江環 琥珀拾芥) 〈雜同散異, 一, 珍寶品〉

12) 個

'介, 箇, 芥'와 같은 뜻으로, 낱낱의 물건을 셀 때 쓰이었다.

烟竹三十根 銅鍾三個 〈瀋陽狀啓, 癸未五月十四日〉

13) 箇

'介, 個, 芥'과 같은 뜻으로, 낱낱의 물건을 셀 때 쓰이었다.

大長道里三十三箇 〈昌慶宮營建都監儀軌, 實入〉
全鰒二箇 〈己丑進饌儀軌, 二, 饌品〉
紅氈笠七十七箇 〈萬機要覽, 軍政, 三, 禁衛營, 軍摠〉
周巨一箇 〈純元王后國葬都監儀軌, 一, 祭器, 魂殿〉
阿里鐵一千四百二十箇 〈萬機要覽, 軍政, 三, 御營廳〉

甑本二箇〈正宗殯殿魂殿都監儀軌, 一房, 各處手木〉

14) 迲

'자래' 또는 '자내'라고 하는데, '아름, 단(丹), 동(同), 바리'의 뜻으로, 풀이나 나뭇단을 셀 때 쓰이었다. '迲乃, 自乃'와 같은 뜻으로 쓰이었다.

我國用字 以水田爲畓 米穀未滿石者爲乷 柴束之大者爲迲 皆意作也〈芝峯類說, 七, 文字部, 字義〉

我國有迲字 而不合於劉夫人碑字 州・縣以鐵索束柴以量之曰・二迲 無音義 只稱ᄌᆞ래〈盎葉記, 三, 迲〉

穀草二十二迲半束〈鐵山府邑誌, 事例〉

柴二十迲〈鐵山府邑誌, 事例〉

迲, [鮮] 物不滿束, 자래 거〈字典釋要〉

迲, [겁] 官司以鐵索量柴曰—자내・자래, 見旬五志又郡名杆城別號〈新字典, 朝鮮俗字部〉

[『東洋學簡報』 5집(1986), 6집(1987), 7집(1987), 8집(1988), 9집(1989), 10집(1990) 수록]

단위어 '箇'자에 대하여

朴 成 勳*

〈老乞大諺解〉와 〈朴通事諺解〉에서 단위어로서의 '箇'자는 어떤 뜻을 가지고 있는지, 기간 사전과 서로 비교하여 그 수효와 뜻갈래를 나열하여 보고자 한다. 이들 문헌은 중세 국어의 변천을 알아보는 데에도 중요하지만, 당시의 백화어 연구에도 매우 중요한 위치를 차지하고 있다. 그렇기 때문에 통시적으로 볼 때 당시 백화어에 사용되었던 단위어에는 어떤 것이 있으며, 그 뜻은 어떤 것인지를 알아보는 것도 의미가 있을 것으로 생각된다.

Ⅰ. 기존 사전이나 자전에서의 뜻갈래

현재 기존 사전이나 자전 중에서 가장 많은 문자와 어휘가 수록된 것으로는 일본에서 간행된 [大漢和辭典]과 중국에서 간행된 [漢

* 전 단국대학교 동양학연구소 한한대사전 편찬원

語大詞典] 및 [漢語大字典]이 있다. 이들 사전과 자전에 실린 '箇' 자의 뜻갈래 중 단위에 관한 뜻으로는 ① 긴 모양으로 된 물건의 수효를 세는 단위, ② 일반적으로 물건의 수효를 세는 단위, 두 가지 뿐이다. 그 외에 ③ 물건이나 장소를 가리키는 대명사, ④ 어조사, ⑤ 개(个)·개(介)·개(個)와 통용, ⑥ 106운(韻)의 하나, ⑦ 성(姓) 등의 뜻이 있다. 단위에 관한 뜻이 여러 가지 있으나, 대사전으로서 너무 세세한 뜻갈래까지 나열할 수 없기 때문에 가장 공통적이고 대표되는 뜻만 수록한 것이다.

Ⅱ. 노걸대언해와 박통사언해에서의 뜻갈래

노걸대·박통사언해에서도 기존 사전과 같이 물건이나 사람 등의 수효를 낱으로 세는 데 썼다. 그 뜻 갈래와 용례를 보이면 다음과 같다.

1 탁자(卓子)의 수효를 세는 데 썼다. 一箇高卓兒上脫下衣裳, ᄒᆞᆫ 노픈 卓子 우희 옷 벗고.《朴中, 1ㅈ》 2 궤(櫃)의 수효를 세는 데 썼다. 木匠家裏旋做一箇櫃子, 木匠의 집의 ᄒᆞᆫ 櫃ᄅᆞᆯ 마초이 되.《朴中, 2ㅎ》 3 '필(匹·疋)'의 뜻으로, 일정한 길이로 짠 피륙을 하나치로 세는 데 썼다. 貴眷稍的十箇白毛施布, 貴眷이 브틴 열 필 흰 모시뵈과. 五箇黃毛施布, 닷 필 누론 모시뵈와. 五箇黑帖裏布, 닷 필 거믄 텰릭뵈ᄅᆞᆯ.《朴上, 46ㅈ》 這十箇絹裏, 이 열 필 깁에셔. 五箇大紅碾着, 닷 필은 다홍 드려 다ᄃᆞᆷ고.《朴中, 3

ㅎ》 4 '척(隻)'의 뜻으로, 배의 수효를 세는 데 썼다. 五六箇賊船, 대엿 賊船이. 圍着一箇西京來的載黃豆的船. ᄒᆞᆫ 西京으로셔 오ᄂᆞᆫ 黃豆 시른 ᄇᆡ를 에오고. 《朴中, 13ㅈ》 5 대쪽이나 찌의 수효를 세는 데 썼다. 每一箇竹簽上, 每 ᄒᆞᆫ 대ᄧᅩᆨ에. 《老上, 3ㅎ》 將簽筒來搖動, 사 솔통 가져다가 흔드러. 內中撤一箇, 그 듕에 ᄒᆞ나흘 ᄲᅢ혀. 《老上, 3ㅎ》 6 나무 도막의 수효를 세는 데 썼다. 攪料棒也沒一箇, 콩 버므릴 막대 ᄒᆞ나토 업ᄉᆞ니. 《老上, 29ㅎ》 7 '마리'의 뜻으로, 그리마의 수효를 세는 데 썼다. 그리마는 다리가 많은 벌레의 한 가지이다. 不知道那裏躧死了一箇蝤蜒, 아디 몯ᄒᆞ게라 어㉦ ᄒᆞᆫ 지차리 ᄇᆞᆯ펴 죽엇ᄂᆞ뇨 《朴下, 2ㅈ》 8 난로(煖爐)의 수효를 세는 데 썼다. 前面做一箇煤爐, 앏픠ᄒᆞᆫ 煤爐를 ᄆᆡᆫᄃᆞᆯ라. 《朴下, 5ㅈ》 9 씨의 수효를 세는 데 썼다. 三藏說是一箇桃核, 三藏이 닐오㉦ 이 ᄒᆞᆫ 복셩화 ᄡᅵ로다. 《朴下, 21ㅎ》 10 '송이'의 뜻으로, 꽃송이의 수효를 세는 데 썼다. 做一箇賞花筵席, ᄒᆞᆫ 賞花ᄒᆞᄂᆞᆫ 이바디를 ᄒᆞ며. 《朴上, 1ㅈ》 11 '장(張)'의 뜻으로, 가죽의 수효를 세는 데 썼다. 使的六箇猠皮, 여ᄉᆞᆺ 猠皮를 ᄡᅳ리로다. 《朴上, 29ㅈ》 12 '닢'의 뜻으로, 엽전의 수효를 세는 데 썼다. 黑豆五十箇錢一斗, 거믄콩은 쉰 낫 돈애 ᄒᆞᆫ 말이오. 草一十箇錢一束, 딥픈 열 낫 돈애 ᄒᆞᆫ 무시라. 《老上, 16ㅎ》 13 독이나 항아리의 수효를 세는 데 썼다. 一箇長甕兒窄窄口裏頭盛着糯米酒, ᄒᆞᆫ 긴 독 조븐 부리 안히 촙ᄡᆞᆯ술 담은 거시여. 《朴上, 37ㅎ》 14 사발의 수효를 세는 데 썼다. 椀與一箇, 사발 잇거든 ᄒᆞ나 다고. 《老上, 38ㅈ》 15 바리때의 수효를 세는 데 썼다. 賜唐僧金錢三百貫金鉢盂一箇, 唐僧을 金돈 三百貫과 金에우아리 ᄒᆞ나ᄒᆞᆯ 주고. 《朴下, 24ㅎ》 16 합(盒)의 수효를 세는 데 썼다. 鹿角盒兒一百箇, 노각으로 ᄒᆞᆫ 면

합자 일 빅 낫.《老下, 61ㅎ》 ⑰ '량(輛)'의 뜻으로, 수레의 수효를 세는 데 썼다. 那的有 箇小車兒, 뎌 네 적은 술위 이시니. 《朴上, 13ㅈ》 ⑱ 갓이나 모자의 수효를 세는 데 썼다. 這一箇帽子, 이 ᄒᆞᆫ 갓은.《老下, 47ㅈ》 桃尖椶帽兒一百箇, 쑈롯ᄒᆞᆫ 총갓 일 백 낫. 《老下, 61ㅈ》 我只有一箇油絹帽兒裏, 내게 다만 ᄒᆞᆫ 油絹帽ㅣ 잇고.《朴上, 57ㅎ》 ⑲ 점(店)의 수효를 세는 데 썼다. 有箇酒店, ᄒᆞᆫ 술 ᄑᆞᄂᆞᆫ 뎜 잇ᄂᆞ니.《老上, 44ㅈ》 有箇草店兒, ᄒᆞᆫ 초가로 지은 뎜이 이시니.《老上, 56ㅎ》 ⑳ 연지(臙脂)의 수효를 세는 데 썼다. 綿臙脂一百箇, 소옴연지 일 빅 낫.《老下, 61ㅈ》 ㉑ '채'의 뜻으로, 차고(車庫)의 수효를 세는 데 썼다. 在順城門官店街北一箇車房裏下着, 順城門 官店거릿 븍녁 ᄒᆞᆫ 술윗방의 부리워 잇노라.《老下, 5ㅈ》 ㉒ 글월의 수효를 세는 데 썼다. 我寫了這一箇契了, 내 이 ᄒᆞᆫ 글월 쓰과라.《老下, 14ㅎ》 ㉓ '통(通)'의 뜻으로, 문서(文書)나 서류(書類)의 수효를 세는 데 썼다. 師傅與免帖一箇, 스승이 免帖 ᄒᆞ나흘 주고.《老上, 3ㅈ》 你饋我寫一箇狀子, 네 날을 ᄒᆞᆫ 고장을 써 주고려.《朴下, 53ㅎ》 ㉔ 활의 강약의 정도, 또는 그 무게를 헤아리는 데 썼다. 활의 무게 12근(斤)을 1개(箇)라 한다. 你要打幾箇氣力的弓, 네 언머 힘에 활을 ᄆᆡᆼ돌고져 ᄒᆞᄂᆞᆫ다(氣力. 音義云, 弓强弱之力, 重十二斤曰一箇. 氣力, 今按舊本, 以斗石爲重, 續綱目, 兩石弓. 註, 三十斤爲鈞, 鈞爲石, 重百二十斤也).《朴上, 52ㅎ》 ㉕ 골짜기의 수효를 세는 데 썼다. 把那賊圍在一箇山峪裏, 그 도적을 다가 ᄒᆞᆫ 뫼솔의 에워.《老上, 27ㅈ》 ㉖ 발[足]이나 다리의 수효를 세는 데 썼다. 一箇脚行時去不得, ᄒᆞᆫ 발로 거르면 가디 못ᄒᆞᄂᆞ니라.《老下, 40ㅈ》 却怎麽不見一箇後腿, ᄯᅩ 엇디 ᄒᆞᆫ 뒷다리 업ᄉᆞᄂᆞ뇨.《老下, 35ㅈ》 一箇脚上三壯家灸的, ᄒᆞᆫ

발 우희 三壯식 뜨되. 《朴上, 35ㅎ》 ㉗ '마리'의 뜻으로, 양(羊)이나 말[馬]의 수효를 세는 데 썼다. 賭一箇羊, 혼 양을 던으쟈. 《老下, 33ㅈ》 那裏有一箇土黃馬好本事, 뎌긔 혼 고라몰이 이셔 직죄됴호되……一箇赤馬生的十分可喜, 혼 졀다몰이 얼굴이 ᄀ장 고오되 《朴上, 55ㅎ》 騎着一箇墨丁也似黑五明馬, 혼 墨丁 ᄀ튼 가라간쟈 ᄉ죡빅 몰을 ᄐ고. 《朴上, 26ㅈ》 ㉘ 날짜 또는 그 기간을 헤아리는 데 썼다. 再着五箇日頭到了, 또 닷쇄만ᄒ면 가리라. 《老上, 9ㅎ》 知他是幾箇明日, 모로리로다 이 몃 ᄂ일 인디. 《朴上, 32ㅈ》 ㉙ 수건(手巾)의 수효를 세는 데 썼다. 三四十箇手帕也遞不句, 셜 마은 手帕ㅣ라도 드리기 유여티 못ᄒ리라. 《朴中, 55ㅈ》 ㉚ 화대(花臺)의 수효를 세는 데 썼다. 前面壘一箇花臺兒, 前面에 혼 花臺를 무으고. 《朴下, 13ㅈ》 ㉛ 시수(尸首)의 수효를 세는 데 썼다. 都搜出三四十箇血瀝瀝的尸首和那珠子布絹, 셜 마은 피 뿟듣는 尸首와 진쥬 布絹을 다 뒤여내고. 《朴中, 28ㅎ》 ㉜ 구덩이의 수효를 세는 데 썼다. 正房背後掘開一箇老大深淺地坑, 正房 뒤헤 혼 크고 기픈 디함을 픽고. 《朴中, 27ㅈ》 ㉝ '마리'의 뜻으로, 연극에서의 소품인 두꺼비의 수효를 세는 데 썼다. 放着一箇三隻脚鐵蝦蟆兒便是, 혼 세 발 가진 쇠두텁이 노흔 거시 곳이라. 《朴下, 7ㅎ》 ㉞ 성(城)의 수효를 세는 데 썼다. 到一箇城子, 혼 셩에 가니. 《朴下, 17ㅎ》 ㉟ '채'의 뜻으로, 집의 수효를 세는 데 썼다. 每日十數箇幇閑的家裏, 每日 열아믄 노롯바치 집의. 《老下, 44ㅎ》 我典一箇房子裏, 내 혼 집을 典儅ᄒ려 ᄒ야. 《朴上, 20ㅈ》 ㊱ 굴뚝의 수효를 세는 데 썼다. 那西邊做一箇竈洞, 뎌 셔편의 혼 굴을 ᄆ들라(竈洞, 音義云, 取灰之處, 今按굴). 《朴下, 5ㅎ》 ㊲ '번'·'차례'의 뜻으로, 잔치를 하는 횟수를 세는 데 썼다. 咱賭一箇筵席着, 우리 ᄒᆞᆫ 이바디ᄅᆞᆯ 나기ᄒᆞ쟈. 《朴上, 49ㅈ》 [38] 못[釘]의 수효를 세는 데 썼다. 將幾箇磨果釘子來, 여러 머리 뭉긘 못 가져다가. 《朴中, 44ㅎ》 [39] 배목의 수효를 세는 데 썼다. 배목은 문고리나 삼배목(三排目)에 꿰는 쇠이다. 兩箇㞐鉞兒, 두 빈목과. 《朴中, 2ㅎ》 [40] '명(名)'·'인(人)'의 뜻으로, 사람의 수효를 세는 데 썼다. 箇. 一枚也. 俗呼一枚爲一箇, 亦曰箇把. 又箇箇, 난나치. 單言箇字, 亦爲一枚之意. 有箇人, ᄒᆞᆫ 사ᄅᆞ미. 《老朴單子解》 ① 나그네의 수효를 세는 데 썼다. 店主人和三箇客人立地看馬, 店 主人과 세 나그내 셔셔 ᄆᆞᆯ 보더니. 《老下, 7ㅈ》 ② 주릅, 곧 거간꾼의 수효를 세는 데 썼다. 一箇是牙子, ᄒᆞᆫ나ᄒᆞᆫ 즈름이러라. 《老下, 7ㅈ》 ③ 의원(醫員)의 수효를 세는 데 썼다. 兩箇先生合賣藥一箇坐一箇跳, 두 先生이 모다 약 ᄑᆞ노라 ᄒᆞ나ᄒᆞᆫ 안잣고 ᄒᆞ나ᄒᆞᆫ 뛰노ᄂᆞᆫ 거시여. 《朴上, 38ㅈ》 ④ 벗의 수효를 세는 데 썼다. 我有一箇火伴落後了來, 내 ᄒᆞᆫ 벗이 이셔 떠뎌 오매. 《老上, 1ㅎ》 ⑤ 어린아이의 수효를 세는 데 썼다. 我今日買一箇小厮兒, 내 오ᄂᆞᆯ ᄒᆞᆫ 아ᄒᆡᄅᆞᆯ 사되. 《朴中, 9ㅎ》 ⑥ 중의 수효를 세는 데 썼다. 一箇和尙偷弄別人的媳婦, ᄒᆞᆫ 즁이 ᄂᆞᆷ으 겨집을 도적ᄒᆞ여 어ᄅᆞ노라. 《朴上, 32ㅎ》 ⑦ 관원(官員)의 수효를 세는 데 썼다. 內中一兩箇官人, 그 듕에 ᄒᆞᆫ 두 官人이. 《朴中, 59ㅈ》 ⑧ 부모(父母)의 수효를 세는 데 썼다. 便是一箇父母生的弟兄一般, 곳 ᄒᆞᆫ 父母의게 난 형뎨과 ᄒᆞᆫ 가지니. 《老下, 42ㅈ》 ⑨ 악공(樂工)의 수효를 세는 데 썼다. 叫教坊司十數箇樂工和做院本諸般雜技的來, 教坊司의 여라믄 樂工과 院本에 여러 가지 雜技ᄒᆞᄂᆞ니를 블러오라. 《朴上, 5ㅎ》 ⑩ 어른이나 장정의 수효를 세는 데 썼다. 到箇村裏着了一百箇壯漢, 村의 가 一百 壯漢을 시겨. 《老上, 27ㅈ》 ⑪ 선

비[學童]의 수효를 세는 데 썼다. 寫着一箇學生的姓名, 흔 션븨 일홈을 쓰고.《老上, 3ㅎ》⑫ 궁수(弓手)의 수효를 세는 데 썼다. 那賊便將一箇弓手, 그 도적이 곳 흔 弓手를 다가.《老上, 27ㅈ》⑬ 도둑의 수효를 세는 데 썼다. 被一箇賊到那裏見了, 흔 도적을 만나 게와 보고.《老上, 25ㅈ》[41] '장(張)'의 뜻으로, 짚자리나 돗자리의 수효를 세는 데 썼다. 這的三箇藁薦與你鋪, 이 세 낫 지즑을 너를 주니 설라.《老上, 23ㅈ》要幾箇席子藁薦來, 여러 돗과 지즑을 달라 흐야 오고.《老上, 62ㅈ》[42] 짐승의 대가리의 수효를 세는 데 썼다. 只落下一箇虎頭, 그저 흔 범의 머리만 떠러뎌시니.《朴下, 24ㅎ》五錢銀子買一箇羊腔子, 닷 돈은에 흔 양의 얼골을 사(韻會云, 骨体曰腔. 音義云, 羊無首之名, 羊有首, 則人厭看, 今按漢俗, 屠羊出賣者, 皆去其首).《老上, 59ㅈ》[43] 일이나 작업장의 수효를 세는 데 썼다. 一箇薄薄的生活, 흔 薄薄흔 셩녕이로다.《朴中, 2ㅎ》[44] 뿔의 수효를 세는 데 썼다. 鞍子是一箇烏犀角邊兒帽玳瑁, 기르마는 이 흔 烏犀角 변으에 玳瑁를 서랏고.《朴上, 26ㅈ》[45] 귀신이나 정령(精靈)의 수효를 세는 데 썼다. 行者敎千里眼順風耳等兩箇鬼, 行者ㅣ 千里眼과 順風耳等 두 鬼神으로 흐여.《朴下, 22ㅈ》一箇小鬼拿着大紅羅傘, 흔 小鬼ㅣ 大紅 羅傘을 잡고……前面一箇鬼, 앏픠 흔 귀졸이.《朴下, 47ㅎ》元來是一箇虎精, 본㉦ 이 흔 虎精이랏다.《朴下, 24ㅎ》[46] 작두의 수효를 세는 데 썼다. 別處快鍘刀借一箇來, 다른 ㉦ 드는 쟉도 흐나흘 비러오라.《老上, 17ㅈ》[47] 사슬통의 수효를 세는 데 썼다. 一箇簽筒兒裏盛着, 흔 사슬통애 담아.《老上 , 3ㅎ》[48] 정사(政事)를 보는 횟수를 세는 데 썼다. 恁麽沒一箇聽事的, 엇디 흔 聽事 흐리도 업느뇨.《朴中, 5ㅈ》[49] '벌'의 뜻으로, 옷의 수효

를 세는 데 썼다. 句做一箇襖子麽, ᄒᆞᆫ 오슬 ᄌᆞ래 지을ᄭᅡ. 《老下, 25ㅎ》 [50] 월(月)의 수효, 또는 그 기간을 헤아리는 데 썼다. 到今半箇月, 이제 반 ᄃᆞᆯ에 다ᄃᆞ라ᄡᅥᄃᆞᆫ. 《老上, 1ㅈ》 到那裏住三箇月, 뎌기 가 석 ᄃᆞᆯ을 머믈면. 《朴上, 48ㅎ》 [51] 채롱의 수효를 세는 데 썼다. 着兩箇荊籠子裏, 두 채롱애. 《老上, 26ㅈ》 [52] '회'·'차례'의 뜻으로, 공중제비를 하는 횟수를 세는 데 썼다. 一箇跟阧, ᄒᆞᆫ 번 跟阧질 ᄒᆞ여. 《朴下, 23ㅈ》 [53] 연극에서의 소품인, 종달새의 수효를 세는 데 썼다. 又是一箇銅觜·鑞觜造化, ᄯᅩ ᄒᆞᆫ 부리 노론 수죵다리 부리 프른 암죵다리 노롯호(시). 《朴中, 1ㅎ》 [54] '마리'의 뜻으로, 매[鷹]의 수효를 세는 데 썼다. 連, 及也, 并也, 조쳐. 又秤一把曰一連. 又鷹一箇, 亦曰一連. 字又作聯. 《老朴單字解》 [55] 비파(琵琶) 따위 악기의 수효를 세는 데 썼다. 墻上一箇琵琶任誰不敢拿他, 담 우희 ᄒᆞᆫ 琵琶ᄅᆞᆯ 아므도 감히 뎌ᄅᆞᆯ 잡디 몯ᄒᆞᄂᆞᆫ 거시여. 《朴上, 37ㅈ》 [56] 말이나 수수께끼의 수효를 세는 데 썼다. 我說幾箇謎, 내 여러 슈지엣말 니ᄅᆞᆯ 거시니. 《朴上, 36ㅈ》 [57] '알'의 뜻으로, 구슬이나 옥석(玉石)의 수효를 세는 데 썼다. 攀胸下滴溜着一箇珠兒網蓋兒罕荅哈, 가슴거리 아ᄅᆡ ᄒᆞᆫ 구슬로 망ᄆᆡ자ᄭᅵᆫ 罕荅哈ᄅᆞᆯ 드리웟더라. 《朴上, 27ㅈ》 前面放一箇玉石玲瓏酒卓兒, 前面에 ᄒᆞᆫ 玉石으로 玲瓏히 ᄒᆞᆫ 酒卓을 노핫고. 《朴上, 61ㅈ》 [58] 빛깔의 수효를 세는 데 썼다. 嘀將那一箇顏色的旗來說時, 아므 ᄒᆞᆫ 빗체 旗ᄅᆞᆯ 므러 오라 니ᄅᆞ면. 《朴中, 2ㅈ》 [59] 저울추의 수효를 세는 데 썼다. 一箇了弔兒都不壯, ᄒᆞᆫ ᄃᆞ림쇠 다 壯티 아니ᄒᆞ니. 《朴中, 2ㅎ》 [60] 구멍의 수효를 세는 데 썼다. 咱打那一箇窩兒, 우리 어← ᄒᆞᆫ 굼글 티료. 《朴下, 35ㅈ》

Ⅲ. 기타 단위어의 뜻갈래

기간 사전이나 노걸대·박통사언해 이외에 우리 나라에서 쓰인 단위어를 살펴보면 다음과 같다. 사물마다 모두 출전과 예문이 있으나 지면 관계로 출전과 예문은 생략하고 그 뜻갈래와 용례만 들었다. 자세한 것은 [單位語辭典](民衆書林, 1998, pp.25~30)을 참고.

1 구기[勺·提子]·떡메[餅ケ赤]·동이[東海]·막자(莫子)·소래기[所羅]·방구리[方文里]·병(甁)·부젓가락[火箸]·사발(沙鉢)·석쇠[鑍金]·석자[鑍煮]·숟가락[匙]·소반(小盤)·시루밑[甑本]·자배기[者朴只]·대접[大楪]·접시[楪匙]·주발[碗]·주전자[ケ飛介]·종지[種子]·주걱[周특]·조리[助乃]·적쇠[炙金]·삼발이[阿耳鐵]·탕기(湯器)·표주박[瓢子]·화로(火爐) 따위의 그릇이나 기구의 수효를 세는 데 썼다. 2 '닢'·'푼'의 뜻으로, 엽전의 수효를 세는 데 썼다. 3 깃[翎·羽]의 수효를 세는 데 썼다. 동(同)의 하위 단위로, 1동은 깃 1백 개이다. 4 남날개[南飛介]·동개[筒兒]·마름쇠[菱鐵]·활시위[弓弦]·이화통[梨花筒]·잠철(箴鐵)·족철(足鐵)·주장(朱杖)·총(銃)·칼[刀子]·탄환[鉛丸]·화살[箭] 따위 무기의 수효를 세는 데 썼다. 5 가위[剪刀]·다리미[熨刀]·바늘[針]·인두[引刀]·전반[剪板] 따위 바느질에 필요한 물건의 수효를 세는 데 썼다. 6 징[錚]이나 징채[錚槌] 따위의 수효를 세는 데 썼다. 7 '명(名)'·'인(人)'의 뜻으로, 동남(童男)·동녀(童女)의 수효를 세는 데 썼다. 8 단연(短椽)·머름산[遠山]·산륜(散輪)·서돌[西道里]·운각(雲

角)·인방(引防)·잡상(雜像)·장여[長舌] 따위의 재목이나 건축 장식물의 수효를 세는 데 썼다. [9] 포(脯)의 수효를 세는 데 썼다. [10] 귀얄[歸也]·빗[梳]·솔[省]·풀솔[草省] 따위의 수효를 세는 데 썼다. [11] 대나무·도피(桃皮)·연죽(烟竹)·화살대[箭竹] 따위의 수효를 세는 데 썼다. [12] 계란[鷄子]·마늘[蒜]·무[菁根] 따위의 수효를 세는 데 썼다. [13] 항아리의 수효를 세는 데 썼다. [14] 부대·주머니의 수효를 세는 데 썼다. [15] '알'의 뜻으로, 구슬의 수효를 세는 데 썼다. [16] 대부등(大不等)·땔나무·물푸레나무[水靑木]·싸리나무·서까래·조리목(條里木) 따위 나무나 목재의 수효를 세는 데 썼다. [17] 줄기와 가지를 갖춘 조화(造花)의 수효를 세는 데 썼다. [18] 감귤(柑橘)·동아[冬苽]·모과[木果]·밤·배·석류·수박[西果]·유자·참외[眞瓜] 따위 과실의 수효를 세는 데 썼다. [19] 멱(冪)·조(罩) 따위의 수효를 세는 데 썼다. [20] 연적(硯滴)의 수효를 세는 데 썼다. [21] '마리'의 뜻으로, 게·오징어[烏賊魚]·은구어(銀口魚)·전복(全鰒)·조기[石首魚]·조개·청어(靑魚)·해삼(海蔘)·홍합(紅蛤) 따위 해산물의 수효를 세는 데 썼다. [22] 농(籠)의 수효를 세는 데 썼다. [23] 대패[大波]·도끼·마치[亇赤]·모루받침[毛老臺]·몽둥이[蒙同]·바곳[朴串]·방망이[方亇赤]·도래송곳[道乃松串]·장도리(長道里)·저울·지레[地乃]·집개(執介) 따위 연장의 수효를 세는 데 썼다. [24] 가래[加乃]·갈퀴[乫只]·광주리·괭이[錁耳]·되[升]·삼태기[三太]·삽·키[箕] 따위 농기구의 수효를 세는 데 썼다. [25] 감잡이[甘佐非]·거멀못[巨勿釘]·대접쇠[大貼金]·배목(排目)·비녀못[釵釘] 따위의 수효를 세는 데 썼다. [26] 뼈·뿔 따위의 수효를 세는 데 썼다. [27] 거울[銅人勝]의 수효를 세는 데 썼다. [28] 모자·비녀·전대(戰帶)·전립(氈笠) 따위의 수효를 세는 데 썼다. [29] '마리'의 뜻으로, 매[鷹]의 수효를 세는 데 썼다.

기존 사전에서 제시한 뜻 이외에 노걸대·박통사언해에서는 피륙[疋·匹]·배[船]·동물이나 벌레·꽃송이·수레·갓이나 모자·가게나 집·글월·문서·차고(車庫)·활 힘의 강약·골짜기·발[足]이나 다리·날짜·구덩이·성(城)·횟수나 차례·귀신이나 정령(精靈)·짚자리나 돗자리·옷·악기 따위에 쓰였고, 기타 우리나라에서 쓰인 것으로는 그릇이나 기구·엽전·깃·무기·바느질 기구·재목이나 건축물·항아리·나무·과실·물고기나 해산물·연장·농기구 따위 유형 무형의 온갖 사물에 쓰였다.

'箇'자는 '介'·'個'자와 함께 단위어 중 가장 많이 사용되는 단위어이다. 우리가 어떤 물건에 대하여 적당한 단위어가 생각나지 않을 때 흔히 붙여 사용하여도 어색하지 않고 무난하게 사용할 수 있는 것이 바로 이 단위어이다. 그러나 각 물건에는 그에 알맞은 단위어가 있다. 종이의 수효를 셀 때 '장(張)'이라는 단위어를 사용하지 않고 '개(箇)'라는 것을 사용하면 어색하게 느껴지는 것이 바로 그 것이다.

위의 물건에는 모두 '箇'의 단위어가 표기되어 있는데, 이들 물건 중에는 그 물건에 가장 잘 어울리며 현재 우리 말에 알맞은 단위어로 바꾸어 사용해야 할 것도 있다. 같은 사물이라도 문헌에 따라 각기 다른 단위어로 표기되어 있는데, 이 또한 그 물건에 가장 잘 어울리는 단위어를 가려 뽑아 설정하는 일도 매우 중요한 일 중의 하나이다.

[『東洋學簡報』 12집(2001) 수록]

필자 약력(원고 수록순)

1. 이건식

【主要履歷】

檀國大 國語國文學科 卒業, 檀國大 大學院 國語國文學科(文學博士), 古典國語學 專攻

現在, 檀國大學校 國語國文學科 教授, 東洋學研究院 編纂室長

【主要著作】

「한국 고유 한자 㖨의 시대별 용례와 始原的 意味」, 『국문학논집』 21, 2011.

「均如 鄕歌 請轉法輪歌의 내용 이해와 語學的 解讀」, 『구결연구』 28, 2012.

「朝鮮 時代 文獻 資料에 나타난 말의 部分 毛色 名稱 借用語의 起源에 대하여」, 『국어학』 64, 2012.

「『華嚴經傳記』 德圓傳과의 내용 비교를 통한 「新羅華嚴經寫經造成記」 語彙의 해독 재고」, 『구결연구』 29, 2012.

「『經國大典註解』의 系統과 國語 語彙에 대하여」, 『국문학논집』 22, 2013.

2. 笹原宏之

【主要履歷】

早稻田大學 文學部 卒業, 早稻田大學 大學院 文學研究科(文學博

士), 日本語學 專攻
現在, 早稻田大學 社會科學總合學術院 教授
【主要著作】
『当て字当て読み漢字表現辞典』, 三省堂, 2010.
『漢字の現在, リアルな文字生活と日本語』, 三省堂, 2012.
『新明解国語辞典第七版』(共編), 三省堂, 2012.
『훈독을 통해 본 일본의 한자문화와 동아시아의 한자문화(訓読みのはなし 韓国語版)』, 人文社(韓国), 2012.
『方言漢字』, 角川学芸出版, 2013.

3. 吳英喆
【主要履歷】
現在, 內蒙古大學 蒙古學學院 教授
【主要著作】
『契丹語靜詞語法範疇研究』, 內蒙古大學出版社, 2007.
『契丹文中之若幹蒙古語式詞語的解讀』, 中央民族大學, 2012.
New Materials on the Khitan Small Script-a Critical Edition of Xiao Dilu and Yelü Xiangwen, Global Oriental, 2010.

4. 鄭雨峰
【主要履歷】
高麗大學校 및 大學院 國文學科 卒業(文學博士). 韓國漢文學 專攻
現在, 高麗大學校 國語國文學科 教授
【主要著作】
『아침은 언제 오는가 : 李學逵 散文選』, 태학사, 2006.
『새 民族文學史講座 1』(共著), 창비사, 2009.

『韓國漢詩鑑賞』(共編), 보고사, 2010.
『유니코드 漢字情報辭典』(共編), 고려대 민족문화연구원, 2013.

5. 李江魯

【主要履歷】

忠南 牙山 屯浦公立普通學校 卒業, 國語學 專攻
朝鮮語學會(뒤에 한글학회) 辭典編纂員, 仁川教育大學 教授, 檀國大 教授, 東洋學硏究所 漢韓大辭典 編纂室長

【主要著作】

『朝鮮文學硏究(短歌解釋)』, 1948.
『月印千江之曲』 上, 신구문화사, 1962.
『국어 교육의 바른 길』, 박영사, 1970.
『한글과 한자의 만남』, 신구문화사, 1987.
『사성통해의 음운학적 연구』, 박이정, 2004.

6. 李忠九

【主要履歷】

成均館大 大學院 國語國文學科(文學博士), 民族文化推進會 國譯硏修院 修了
成均館大 講師, 傳統文化硏究會 教務委員, 國史編纂委員會 古典硏究委員
現在, 誠信女大 硏究教授

【主要著作】

『通鑑節要』, 뿌리문화사, 1993.
『漢字部首解說』, 전통문화연구회, 1998.
『果川拓本資料集』, 과천문화원, 2001.

『譯註國語』(共譯), 전통문화연구회, 2006.
『海東金石零記』(共譯), 과천문화원, 2010.

7. 金東吉

【主要履歷】

檀國大 東洋學硏究所 漢韓大辭典 編纂室長, 敎學社 敎學大漢韓辭典 編纂主幹

8. 朴成勳

【主要履歷】

仁川敎育大學 卒業, 西京(國際)大學 卒業, 檀國大 大學院 卒業
檀國大 東洋學硏究所 編纂員

【主要著作】

『韓國三才圖會』(上 · 下), 시공사, 2002.
『老乞大諺解辭典』, 태학사, 2009.
『飜譯朴通事辭典』, 태학사, 2010.
『朴通事諺解辭典』, 태학사, 2012.
『訓蒙字會注解』, 태학사, 2013.

동아시아 고유한자와 사전편찬

2014년 2월 20일 초판 인쇄
2014년 2월 25일 초판 발행

엮은곳 _ 단국대학교 동양학연구원 편찬실
펴낸이 _ 장호성
기 획 _ 이재석
제 작 _ 김남필
편 집 _ 성두현 · 박보혜
펴낸곳 _ 단국대학교출판부
등 록 _ 1968.2.27 : No. 제03-00095호
주 소 _ 경기도 용인시 수지구 죽전로 152
전 화 _ 031-8005-2405
팩 스 _ 031-8021-7154

값 25,000원

ISBN 978-89-7092-519-6 94700
ISBN 978-89-7092-489-2 (세트)

이 도서는 2013학년도 단국대학교 교비 지원으로 출판되었음